JN236097

ものと人間の文化史　130

広告

八巻俊雄

法政大学出版局

はじめに

私は「広告とは媒体を使用した有料で行うマス・コミュニケーション」と定義している。この定義の中には「媒体」「有料」「マス・コミュニケーション」という三つの要素が入っている。広告の大部分は商売の拡大をねらったものだが、媒体のない時代には、人が声をはり上げて、商品を売った。しかし、媒体の誕生で、流通コストは大幅に引き下げられた。媒体は看板、チラシからマス・コミの誕生によって、到達範囲は無限に近く広がり、かつ到達者当たりの費用が安くなった。したがって、商業革命、産業革命、情報革命を経て、消費者の受けとる商品の流通コストは引き下げられた。

日本は商業革命を十六世紀に、産業革命を十九世紀に、情報革命を二十世紀にそれぞれ経験し、世界の先進国となった。

私が広告の仕事を始めて半世紀が過ぎた。最初は科学的な広告研究をアメリカに倣い、広告の注目率調査、到達者の実態調査、コミュニケーション効果などを追究してきた。しかし、一九八四年に東京でＩＡＡ（International Advertising Association 国際広告協会）の大会が開かれ、アメリカの広告学者ジョン・レッケンビィ、イギリスの市場調査会社社長ドーン・ミッチェル氏とパネル・ディスカッションをすることになった。テーマは「広告効果測定――その可能性と限界」である。聴衆は外国人五〇〇人、日本人一〇〇〇人と多かった。ここで、私は日本代表として、日本は欧米に倣って来たということを言うことはためらった。日本が江戸時代から広告効果測定をしており、さらに、その後、アメリカで発表されたブランド資産論やＩＭＣ（Integrated Marketing Communication 統合的マーケティング・コミュニケーション論）なども、室町時代、江戸時代を通して実践されていたことなどを発表したら、多くの外国人の出席者から好意的な反応が返ってきた。

ここから、日本の広告論、広告実践をまとめるきっかけを得た。その前、一九七一年から五年間にわたり通商産業省（現経済産業省）から広告の経済効果研究を依頼され、最後に広告の国際比較を取りあげた。このため、広告業の実態を五〇か国を回って、追究し、三〇か所余りで、講演したり、会議の司会をする機会を得た。本書執筆の動機はここにある。私の大学における最終講義も「さよなら西洋、こんにちは東洋」とした。しかし、東洋の広告については、まだ、追究不足が残ったような気がする。この最終講義に出席した中国浙江大学の李思屈、胡暁云両教授から二〇〇四年十一月「東方智慧与廣告傳播国際学術研討會」（国際阴阳科学会、浙江大学新聞与伝播学院主办）の基調講演を依頼された。このため、筆者の大学院生博士課程卒業朱磊氏の協力を仰いで補足した。

日本の広告の歴史は海外からの影響とこれを国内で熟成する過程をくりかえしている。広告は、大和朝廷時代に市ができ、中国の制度に倣って、標（広告）が生まれたことに始まる。八世紀のことである。しかし、公式の中国とのルートが閉鎖した九世紀以降は、独自の広告が生まれ栄えた。のれん、看板である。十三世紀にはブランドも登場する。戦国時代から一六三九年までの間は、中国、南蛮貿易が栄えた。マルコ・ポーロ（一二五四―一三二四年）はヨーロッパ人に、日本に対するあこがれを抱かせた。

鎖国以降は再び独自の広告が栄え、広告効果測定やＩＭＣ、歌舞伎の中のＣＭも登場し、広告コピー集、看板集、引札集、景物本なども刊行された。反面、産業革命には遅れをとり、明治以降は欧化政策で追いついたが、平和のシンボルでもある広告は軍国主義の犠牲となった。今日では対米追随政策で躍進、情報化時代には再び先進国への道を歩んでいる。

最後に、原稿の仕上げを手伝って下さった関根建男氏（東京企画代表取締役）ご夫妻、京都、滋賀、奈良等の史蹟を案内して下さった広瀬久也氏（神戸芸術工科大学教授）、中学時代以来の親友川本常男氏とご家族、および古文の解釈をいとわず手伝って下さった大学時代の親友条川光樹氏（明治学院大学教授）また、中国の資料を豊富に提供して下さった朱磊氏の各氏に感謝のことばを記したい。また、長い間、執筆を見守ってくれた法政大学出版局の前理事・編集代表故稲義人氏、編集担当の松永辰郎氏に深く感謝の辞を捧げたい。

八巻俊雄

二〇〇五年六月

目次

第九章　昭和の広告　179

第十章　平成の広告　227

第一章　大和時代の広告

大和地方に政権が誕生したのは四世紀ごろという。『日本書紀』の記録をそのまま採用すると、初代天皇の神武が即位したのは紀元前六六〇年であるが、戦後の歴史書はアジア諸国の記録や発掘を通じて、四世紀ごろとしている。天皇の名前では四十三代までがほとんど大和地方に一代ごとに王宮を構えた。最後の三代が藤原京に十六年の政権を維持した。

一　市の誕生と広告

「広告は媒体を使用した有料で行うマス・コミュニケーション」と定義される。今日の広告はほとんどが商業目的だが、商業目的でない広告もたくさんある。遺失物、求人、求職、公共目的の広告もある。定義にあるように媒体を使用することが広告の第一条件である。媒体は今日ではテレビ、新聞などのマス媒体が頭に浮かぶが、最も古い媒体は看板、立札などである。媒体は人が行うマス・コミュニケーションの代行をする。人が多数の人たちにコミュニケーションをする場合は、一対一なら、何度もくり返さなければならない。一対多なら大声で話さなければならない。しかし媒体は人に代わって情報を伝えてくれる。自給自足の時代には広告の必要はなかったが、少しでも余剰物資が出ると、その交換を通じて、利益を求めることが始まった。余剰物資の交換の場が市場である。余剰物資の交換は異なる生産地の人々の間で始まった。このための場所は交通の便のよい、目につきやすい場が市となった。

日本語の市は集道（いち）、あるいは五十路（いそぢ）の約音とか、神祭に関係のある斎（いつき）、あるいは衆人の歓楽の場である歌垣（かがい）などが市の起源といわれる。余剰物資としては農産物、海産物、農具、衣類などから始まり、やがて生活物資全般に及んでくる。この間に、天皇を中心とした官僚もふえ、いわばサービス業に従事する人も対象とした市場が発達した。

今、奈良県の地名をみると、越、秦庄、百済など中国・朝鮮人が大勢住んでいた町名が残っている。奈良そのものが朝鮮語の나라（ナラ、国の意味）からきたもので、朝鮮の南西にあった百済は日本語でクダラといった。これはあの国（クナラ、ユ나라）のなまったものだ。六六三年の白村江の戦のあと百済から二千数百人の朝鮮人が帰化した。

これら市の遺跡は近年、次々に発掘され、その存在が証明されている。三番目の海石榴市（つばいち）は小野妹子が聖徳太子の使いとして隋に行き、帰国のとき隋から裴世清（はいせいせい）の一行が十二名の下客を連れてやって来た。聖徳太子は七五頭の馬を仕立てて盛大に迎えたという。この市は大和川を通じて大坂とも連結していた。

海石榴市は古くから存在し、「いち」は相対的に新しい。これらの市に広告の原型である店や扱い商品を知らせる看板や立札があったと考えられるが、その証拠物件は日本では見つかっていない。しかし、中国の北宋時代（九六〇～一一二七）の都・開封（東京）の様子を描いた「清明上河図」ではたくさんの看板・立札が見える。黄河から貿易船が上下している（五二ページ図）。

大化の改新のあと、天武天皇はようやく成長・拡大してきた天皇中心の政治、これを取り巻く官僚の増加、加えて中国、朝鮮の政治情勢の影響がある。特に中国との情報交換が藤原京の建設に貢献したと思われる（次ページ図）。遣隋使は六〇七年小野妹子が最初で、「日出る処の天子書を日没する処の天子に致す。恙無（つつがな）きや」で知られる。

翌年、隋から裴世清と共に帰国した。隋の洛陽を見て、これに倣ったのが藤原京の建設であろう。[1] このあと舒明天皇の六二九年から、遣唐使は十五回に及ぶが、藤原京の成立には、未だ唐の状況は詳しくは伝わっていなかったのであろう。その後の唐の都、長安の状況がくわしく伝わるにつれ、藤原京では不足との意見が強くなり、わずか十六年で遷都してしまった。その情報をもたらしたのが遣唐執節使粟田真人（あわたのまひと）である。三十三年ぶりに渡航した粟田は則天武后に会い、白村江の戦いで途絶えていた国交を回復した。彼は初めて長安城、大明宮を訪問し、藤原京との差を実感した。

藤原京の時代に大宝律令が成立（七〇一）、その少し前に富本銭（ふほんせん）という銅銭が発行された（六八三年）。富本銭の文字の配列は隋の五銖銭と似ていて、その後の和同開珎が唐の開元通宝をまねているのと好対照である（次ページ図）。

しかし、その後の発掘調査の結果、市はあったことが証明された。藤原宮跡の発掘現場で長さ二五センチ、幅二センチたらずの一枚の木簡が見つかった。それには「書記にあたる役人の津史岡万呂が市で糸九十斤を売却するために宮の北の門を通過する」と書いてあった。[3] 物資を宮城の外に運び出す許可証である。北の門を通って市へ行くというので、藤原宮の市は宮の北方にあったと推測される。この点からも、藤原京の形はのちの平城京や平安京とかなり違っていたことがわかる。この点について、寺崎保広氏は「藤原宮遷都は飛鳥を捨てて宮が移ったのではなく、飛鳥に依存しながら拡大をはかった側面も相当にみられ、それが「新益宮（あらましのみやこ）」という名称にも表れているように思う[4]」と述べている。

市の場所も、平城京、平安京では大極殿の南、朱雀大路の左右にあったのに、藤原京では大極殿の北に

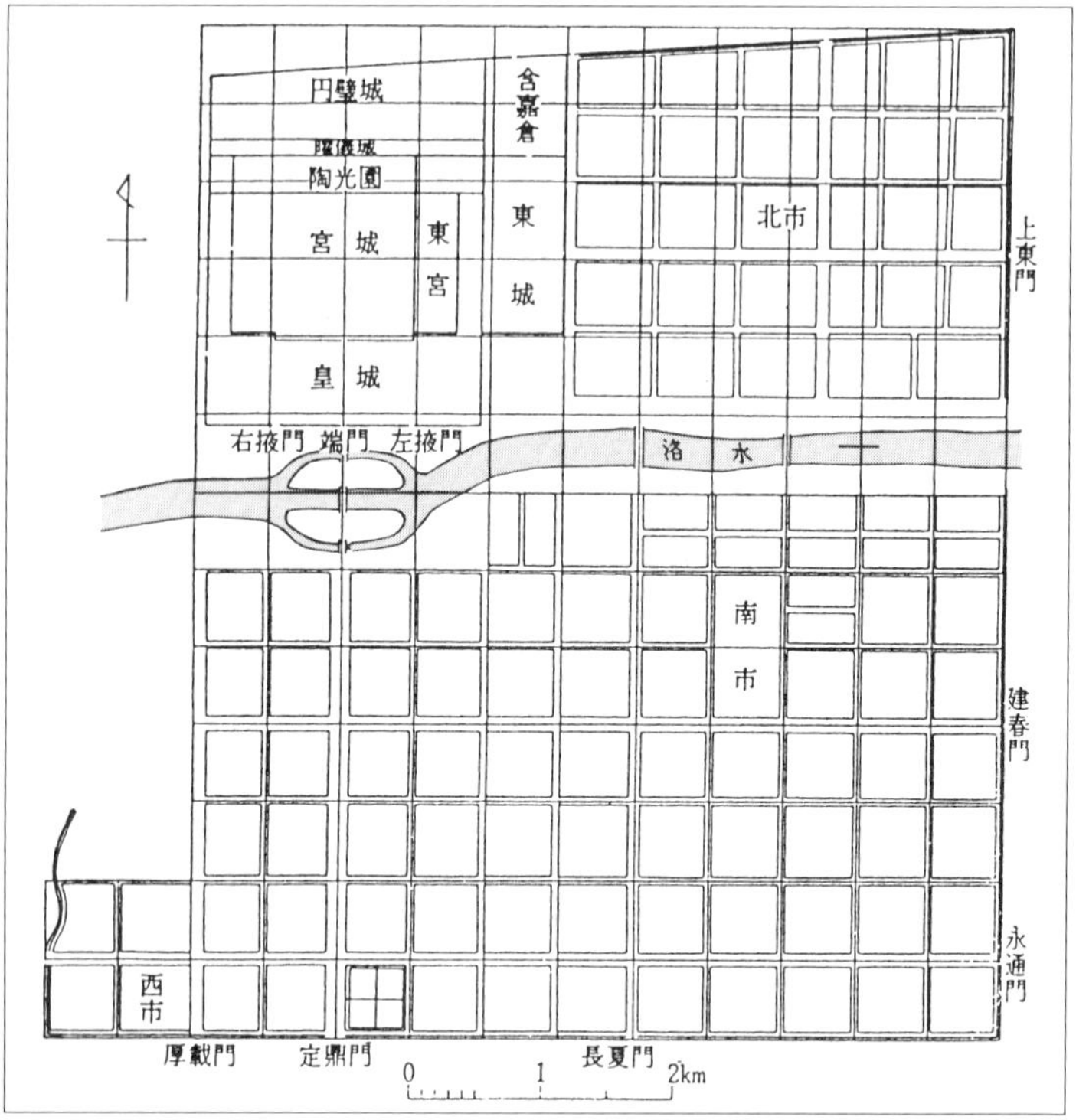

藤原京が模倣したと思われる隋の都・洛陽城の地割図．市の位置が北市と南市とになっていて，その後の都がすべて西市・東市となったのとは違っていた.[2]

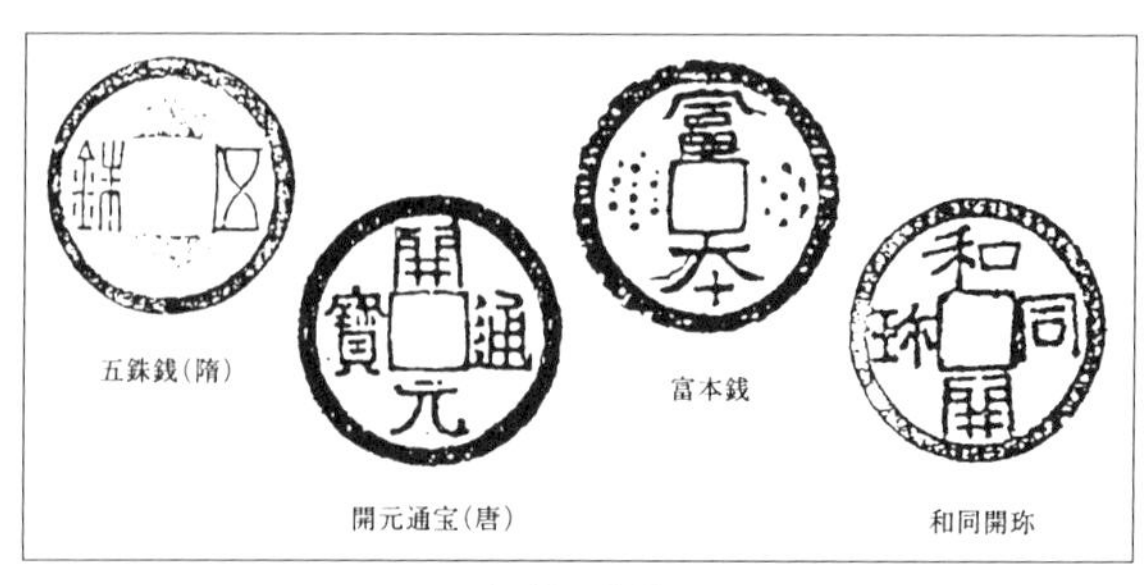

五銖銭（隋）

開元通宝（唐）

富本銭

和同開珎

初期の銅銭

置かれたという。

西洋でも市の登場は古い。ギリシャにはアゴラ、ローマにはフォルムと呼ぶ市が発達していた。商取引の場であると同時に、定期的な市は祭礼とかかわり、時に政治的な役割も果たした点、日本と同様である。ここには広告があった。しかし、中米のマヤ文明は四世紀ごろから栄えたが、市はあってもmurmur market（ささやく市）と呼ばれるように積極的な販売意欲に欠けていた。

藤原京の市がどこにあったのか。前掲の木簡は、糸を京の市に売りに行くときに発行された明細書で、市内の通行証でもある。広瀬久也氏によると、東市は市杵嶋（いちきしま）神社のところにあったという。左京北一条三～四坊の位置。西市は同名の市杵嶋神社で、右京四条三～四坊にあったという。両市とも大和川の本流米川に添っており、物資を運ぶのに便利であったと思われる。（次頁、「大藤原京復元諸説」参照）

この市が誕生したのは『書紀』によると神武天皇のころから、十代崇神、十二代景行、二十一代雄略、二十七代安閑、三十代敏達、四十代天武天皇在位中の市の名前が記録されている。前記の広瀬氏はこのうち大市（おほち）、海柘榴市（つばいち）、餌香市（えかのいち）、阿斗桑市（あとのくはのいち）、軽市（かるのいち）および藤原京の東西市のことを書いている。(5)

二　大宝律令に広告法規

日本で広告を規定した最初の法律は大宝律令の中の「関市令」である。この関市令に次の規定がある。大宝律令は大宝元（七〇一）年、刑部親王、藤原不比等らによって編纂された。この律令は現存しないが、ほとんどが養老律令（七五七）に引きつがれ、その解釈を行った令義解（りょうぎげ）が残っている。八三三（天長十）

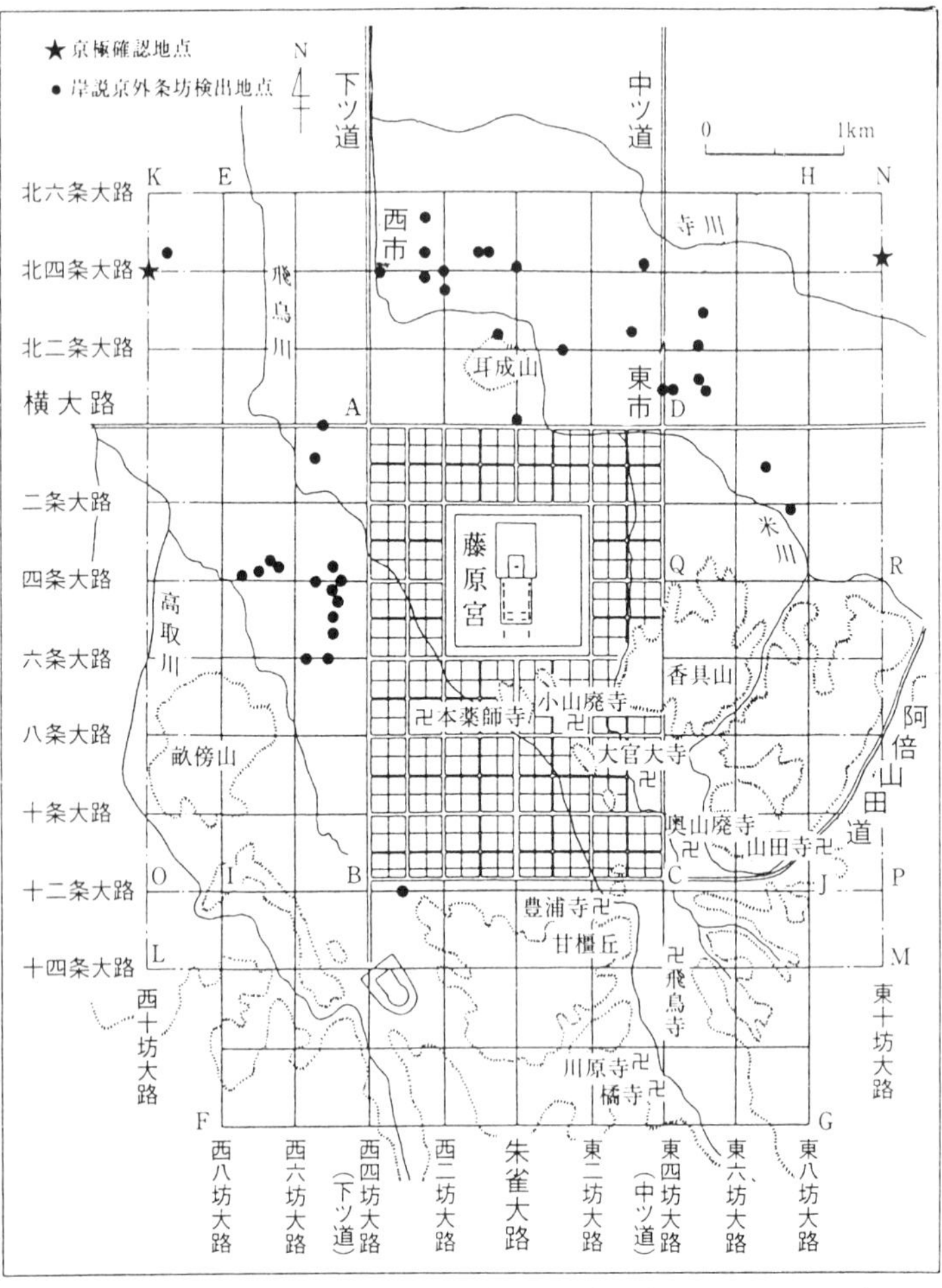

大藤原京復元諸説（寺崎保広「藤原京の形成」日本史リブレット p. 71，2002年，山川出版社より）

凡市毎肆立標題行名。市司准貨物時價為三等。十日為一簿。在市案記。季別各申本司。

標（701年）

年のことである。

律令は隋（五八一～六一八）唐（六一八～九〇七）の時代につくられ、日本はこれを順次移入、ほとんど同じ規定のまま制定した。このようなことは明治維新のあとヨーロッパの法律を取り込んだ際にも、第二時大戦後にアメリカの法律、政治制度を取り入れたときも同じであった。いずれの時も本国の進んだ経済状態を前提に作られている法律や政治制度を取り入れているので、実情に合わないこともしばしば起きた。

「関市令」の中の第十二条に「凡市にては肆ごとに標を立て行名を題せ」とある。

この市は隋唐でも官営の市を指していた。しかし当時、藤原宮にはその指し示している東西市は京の北方にあった。実際に東西市が揃ったのは奈良時代（七一〇～七九四）の平城京からである。この規定では肆（店）ごとに標をたてて、行名を記せというのだが、令義解では肆市中陳物處としている。しかし、一九二五年に発表された加藤繁説では、肆は行の古名であって、同業商店のことだという。唐令がこれを使ったのは隋の旧令を踏襲しただけであり、またすぐ下の行名を肆名とすると重複するからという。したがって、行名は中国では同業組合（ギルド）の名前をわかるように書けというのだが、日本には同業組合が結成されていないので、単に扱い商品名を書けということになる。令義解では絹肆と布肆を例に掲げている。この標は看板の始まり、あるいは看板そのものという考えには異論はあろう。しかし、その後の発掘調査の結果、市があったことが証明された。藤原宮跡の発掘現場で長さ二五センチ、幅二センチたらずの一枚の木簡が見つかった。それには「書記にあたる役人の津史岡万呂がこれで糸九十斤を売却するために宮の北の門を通過する」と書いてあった。物資を宮城の外に運び出す許可証であるという。北の門を通って市へ行くというので、藤原宮の市は宮の北方にあったと推定される。

肆あるいは行という名前を掲げたのは事実であろう。やがて、この官営の市は十世紀になると自然消滅し、民間の市へと移行していく。

このあとの規定は「市の司は貨物の時価にしたがって三等級に分けろ」といい、その次の規定は「十日に一帳簿をつくって、市において記入し、季別に本部に報告せよ」とある。適性価格を見守るよう指示しているのである。現在の独禁法の精神に通じるものがある。

このほか、「関市令」には「欠陥商品、偽物商品を売ってはいけない。剣、槍、鞍、漆器などを売る者はその作者の名前を書け」(第十七条)とあり、今日の「不当景品類及び不当表示防止法」の精神と一脈通じるものがあるし、「欠陥商品、偽造商品が売買されたら没収しなさい」(第十九条)は消費者保護基本法やPL法とも通じるものがある。

これらの行政を担当するのが市の司で、今日の公正取引委員会に当たる。この市の司は今日の国家公務員法にあたる「考課令」でその役割を規定されている。考課令最後の三六項には「市廛乱れず、奸濫(姦盗や欠陥商品、名目と異なる偽物を売ること)行われずは、市司の最とせよ」といっている。律令初期にはこのように取引も厳しく取り締まられていたのである。

肝心の広告ということばを標といっているが、これは中国で使われたことばである。標識幌は旗幌を指し、その中で酒旗が最も多かった。

また、市のようすを描いた市の絵には、公開処刑が市で行われたことを示している。これも中国の模倣で、このため中国ではこの官営の市での商取引はやがて衰えていったという。日本でも同様で、平安時代中期には官営の市は機能しなくなった。

三　広告ということばの歴史

広告ということばは明治五年に『横浜毎日新聞』が英語の advertisement を訳して使い始めたといわれている。日本語では『日本書紀』（七二〇年）の記述の中で、最初は「ひろめ」ということばを使っている。商業目的ではないが、神武天皇即位前紀己未年三月の条には

誠に皇都を恢き廓めて大壮を規り摹るべし。而るを今運屯蒙にあひて、民の心朴素なり。巣に棲み穴に住みて、習俗惟常となりたり。夫れ大人制を立てて、義必ず時に随ふ。

とあり、「広くする」という意味だが、同じ『書紀』の推古天皇三年（五九五）五月の条には

五月の戊午の朔丁卯に、高麗の僧慧慈帰化く。則ち皇太子、師としたまふ。是歳、百済の僧慧聰来けり。此の両の僧、佛教を弘演めて、並に三宝の棟梁と為る。

とあり、弘報あるいは広告の意味に使っている。のち、商業目的の広告にも使われるようになり、江戸時代の初め、一六〇三年に刊行された『日葡辞書』（VOCABVLARIO DA LINGOA IAPAM）にはFirome（ヒロメ）ということばが収録されており、「教法などを弘布すること」と解説されている。[1] 広告ということばが作られるまでは「ひろめ」が最も長く、広く使われていた。

このほか、大伏肇氏の見解では「たな」あるいは「なのり」も広告と同じように使われていたという。例をあげると、『古事記』上巻に

> 此の時伊邪那岐の命、大く歓喜びて詔りたまひしく、「吾は子生み生みて、生みの終に三はしらの貴き子を得つ。」とのりたまひて、即ち御頸珠の玉の緒母由良邇取り由良迦志て、天照大御神に賜ひて詔りたまひしく、「汝命は、高天の原を知らせ。」と事依さして賜ひき。故、其の御頸珠の名を、御倉板擧之神と謂ふ。

とあり、タナの意味は今と同じ棚で、棚あるいは畚に乗せて見やすいようにすることである。人間の肩の位置が高さの基準という。「なのり」の例は『万葉集』巻一の雑歌の中に大泊瀬稚武天皇（雄略天皇、五世紀）の歌として有名な

> 天皇の御製歌
>
> 籠もよ　み籠持ち　掘串もよ　み掘串持ち　この丘に　菜摘ます子　家告らせ　名告らさね　そらみつ　大和の国は　おしなべて　われこそ居れ　しきなべて　われこそ座せ　われこそは　告らめ

家をも名をも

がある。

日本で広告ということばが最初に使われたのは一八七二（明治五）年の『横浜毎日新聞』だという。[2]これが朝鮮、中国でも使われるようになった。しかし、中国では唐の時代に広告ということばが『大蔵経』の中で使われていた。書いた人は律宗の道宣（五九六―六六七）である。広告ということばがあるのは次の一行。

「又有厭割人世生送深林。廣告四部望存九請。既失情投僶俛従事、道俗讃善。」（『大正新脩大藏經』續高僧傳／巻二九／四、唐雍州新豊福緣寺釋道休傳『高僧傳合集』（梁）慧皎等撰、上海古籍出版社、一九九一年、三六〇ページ）

意味は「ある人は人の世を厭うがために深林に入って生活を送る。このことを希望する人は多い。かつ再び生き返るように希望することを四部（仏教の各学派）に広く告げるよう。かつ、これらの人たちは一般の人の感情と好みを失い、そのため、一生懸命仕事をして森の中で隠居したいと思う。その追随者もほめてあげよう」と。

したがって、今日の広告とは使われ方が異なる。

なお、道宣については次のような経歴がある。

中国唐代の律僧。中国の律宗史上の第一人者。道宣の家柄は南朝系の貴族官僚。九歳で詩を賦し幼少より秀才で、当時の士大夫としての教養も一応身につけていた。二十歳のとき大荘厳寺の智顗によって具足戒を受けた。智顗は四分律宗の正統に属し、道宣は智顗から律を習ったが、修禅の志ももっていた。六四五（貞観一九）年玄奘の訳経に参加を要請され筆受・潤文となった。同年名著『續高僧伝』が著され、のち『四分律比丘含注戒本』『釈迦方志』などが世に出、南山律宗の確立を見るとともに、仏教史学者としての名声もあがった。道宣は抽象的な理論仏教よりも、律・禅のような実践仏教に重点をおき、また華やかな説教講議よりも地味な歴史的著作に興味をもち、世俗的栄達よりも清貧・質素を求めた。また逸民の風があり、山林に心をひかれ、つねに南山を慕い、それゆえ律宗は南山律宗といわれた。わが国に律宗を伝えたのは鑑真（六八八〜七六三）である。

中国の広告というと韓非子（?—二三三）の酒旗が有名だが、その根拠は『韓非子』第三四外儲説篇の中にある。「周の時代、宋の国に酒屋があって、酒旗を掲げ、サービスがよく、お客に笑顔で対し、酒の計量も正しくしているのに売れない。そこで年輩の人楊倩（ヨウセン）にコンサルティングを頼んだところ、店の犬が猛犬なのでお客がこわがるからだという。特に子供にお使いを頼むと、この店には行きたくないという。」この、犬を広告に扱った例はポンペイにもあるが、中国では唐の時代、新疆ウイグル地方に「家にこわい犬がいるから、気をつけて」という広告が残っている。

『韓非子』には広告に関する話がいくつかある。有名なのは「矛盾」ということばで、矛と盾を売る店が、自社の矛はどんな盾でも打破するといい、同時に、盾はどんな刀でもこわれないと広告したという。それでは、その矛でその盾を突いたらどうなるかと問われたら、返事ができなかったという。

また「狗猛酒酸」（こわい犬がいると酒がすっぱくなる）ということばもある。

広告ということばを世界の人々は何といっているか。広告といっているのは漢字を使っている中国、台湾、韓国、ベトナム、日本などで、人口からみると十億人を超すので、何といっても使用率はいちばん高い。しかし、韓国や日本には広告という中国語を使用する前に、それぞれ「トルチダ」や「ひろめ」ということばがあった。

二番目は英語の「アドバタイジング」で、ラテン語のアドベルティーレ（ふり向かせる）から来た。イギリスとその植民地だったところ、つまりアメリカ、カナダ、オーストラリア、南アフリカなどで使われているから四億人ぐらいが使用している。

三番目はドイツ北東、東欧、北欧が使用する「レクラム」で、同じく四億人弱が使用している。レクラムはクラーモ（叫ぶ）から来ており、クライヤー（叫び屋）の伝統が生きている。

四番目がラテン系民族の使用する「プブリシダ」、「ピュブリシテ」など。広めるというラテン語から来ている。人口は三億人。

五番目がイスラム系民族の使用する「イアラン」で、人口は三億人。これも知らせるという意味である。インドネシアではイスラムに改宗してからイクランを使用するが、古くは「パリワラ」ということばを使っていた。

六番目はヒンズー語の「ビッディアパン」（知らせる）で、約二億人ぐらい。ヒンズー語を話す人は一億三〇〇〇万人といわれるが、周辺の地方で、ヒンズー語に近いものを入れると三億人ぐらいになるかも知れない。

あとは一億人未満の言葉である。タイ語では「コーサナー」といい、パーリ語の「ゴーサ」、サンスクリット語の「ゴーラ」から来ており、もともとは鳴り響かせるという意味である。ウルドゥ語では「イシュトハール」といい、パキスタン人六六〇〇万人とインド内のジャンム地方の人口二三〇〇万人を加えると九〇〇〇万人近くになる。北欧のフィンランドでは「マイノンタ」という。

両用語の中間点にある国では双方のことばが使われている。トルコなどでは、「レクラム」、「アドバタイジング」が混在しているのも興味深い。

広告はいうまでもなく、余剰物資が取り引きされるようになって始まる。オーストラリアにはアボリジニという原住民がいる。二〇世紀初めまで狩猟・採集生活を送っていた。アボリジニの使用していた言葉の辞書があるが、英語の advertising に当たることばはない[3]。ペルーのケチュア語の辞書にもスペイン語のプブリシダに当たることばはない[4]。アイヌ語イラスト辞典[5]にも同様である。

第二章　奈良時代の広告

この時代に初めて、日本の広告の現物が残されている。木簡に書かれた尋ね馬、尋ね牛の広告である。商業目的ではないが、初期の広告であるといえるだろう。この章では世界各国に残された最古の広告の実物も取り上げていく。

奈良時代は大和時代の末期から大陸との交流を始め、政治・経済システムのみならず漢字の導入など大陸文化の導入が進んだ。『古事記』『日本書紀』『万葉集』などの刊行、墾田永年私財法の成立、人口の増加など、経済成長が進んだ。このことは物価上昇に象徴される。（次ページ図）（奈良国立文化財研究所、朝日新聞大阪本社企画部編『平城京展図録』、朝日新聞大阪本社企画部発行、一九八九年、八九ページ）

一　市と広告〝標〟

大和時代にひきつづき、市の状況から述べていきたい。しかし残念ながら商業目的の広告の証拠物件がない。また、市の状況を描いた絵に「関市令」で規定した〝標〟が見えない。やや時代が下がるが、中国の宋の時代に首都開封の事情を描いた「清明上河図」に店の幌子（ひょうし）という看板が描かれている。一九八七年に無錫（むしゃく）を訪問したときに私が市場で見た風景も似たような風景だった。

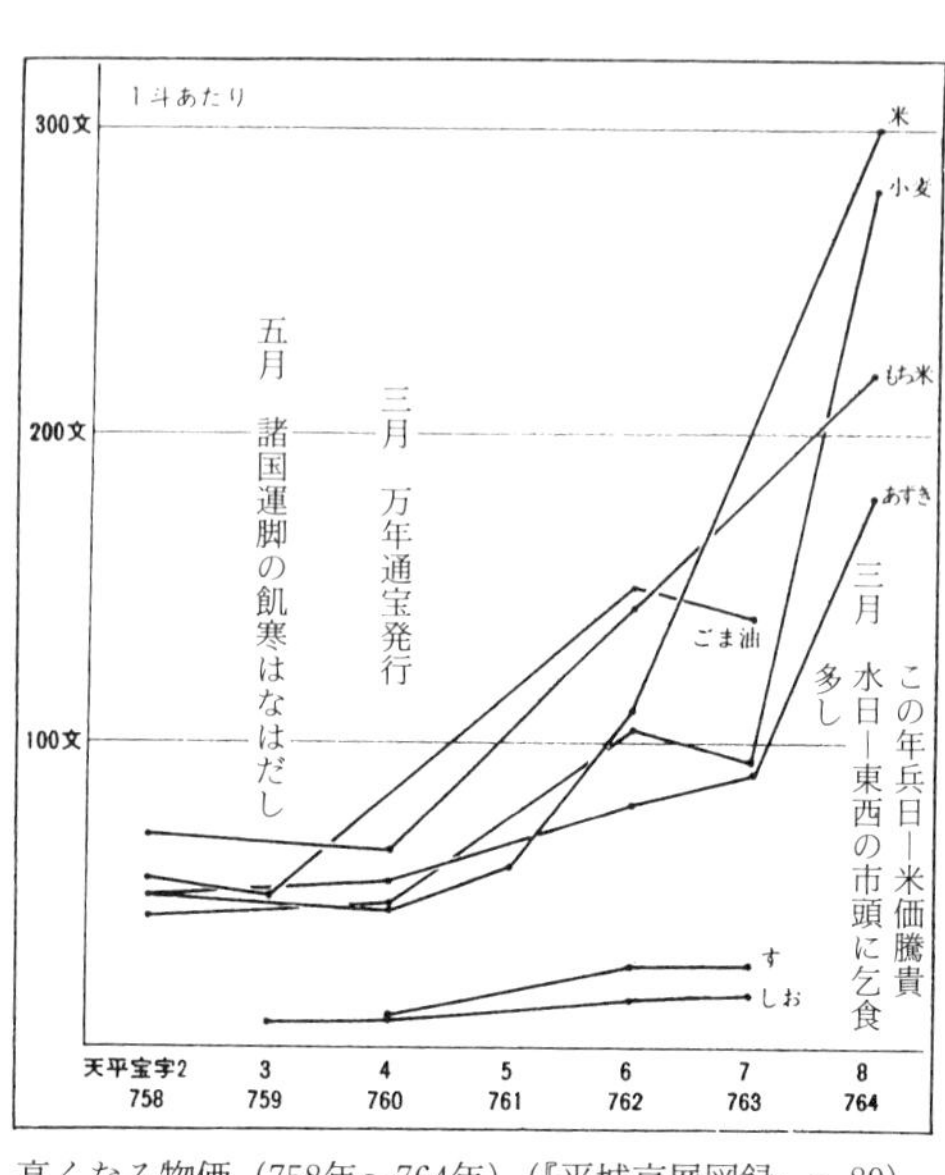

高くなる物価（758年〜764年）（『平城京展図録』p. 89）

奈良に都が置かれたのは七一〇（和銅三）年三月から、七八四（延暦三）年までの時代。七九四（延暦一三）年までの長岡京の時期も奈良時代に入れる。天皇の名で言うと元明（七〇七〜七一五）元正（七一五〜七二四）聖武（七二四〜七四九）孝謙（七四九〜七五八）淳仁（七五八〜七六四）称徳（七六四〜七七〇）光仁（七七〇〜七八一）桓武（七八一〜八〇六）の八人である。このうち四人が女性であった。

この時代に初めて、広告の実物が遺されている。商業目的ではないが、広告の原点は各国ともこのような遺失物の発見依頼や支配者の権威発揚のもの、政治目的のものが多かった。日本では商業目的の広告で残っているのは平安時代以後になる。これに対して、イタリアのナポリ近郊のベスビオス火山によって埋没したポンペイには売春宿の広告が残っている。紀元元年前後のことである。（三三ページ参照）

中国では商（あるいは殷）時代（紀元前一一〇〇年）の告子士とは広告の意味で、商売にはすべて告子士を出さなければならなかった。この時代に格伯という人が馬を売った。その交易は銘文として青銅器に刻まれている。この殷墟から発掘された銘文が中国では最初の広告の証拠物件である。エジプト、ローマと

並んで世界最古の広告の宝物である。(1)

この間、日本は朝鮮、中国と密接な関係を維持し、毎年のように、人々は移動した。その遺物は言葉にも残されている。言葉の共通性については朴炳植(2)や、江上波夫が書いている。(3)「あすか」は慶尚南道の方言で「最高の場所、将来よりよくなる場所」の意味である。「カシワラ」は「クシフル」、「山の都」の意味で、ソウルが首都「ソフル」というのと同じである。神武天皇の服装は古代の朝鮮服と同じだともいっている。

二　平城京の東西市

平城京の東西市の場所は、藤原京と違ってはっきりしている。特に西市については平城京西市跡保存会（会長米山祐司氏）がしっかりした資料を作っている。

平城京は南北約五キロメートル、東西約六キロメートルと広大なものである。遣唐使粟田真人の持ち帰った唐の長安城についての報告に倣ったものだ。

東西市も藤原宮と異なり、朱雀大路を中心に左右に置かれていた。

東市は奈良市杏(からもも)町付近で今、辰市神社のあるところ。この方は市の遺跡らしいものがない。しかし西市は大和郡山市北郡山町にあったことがわかり、平城京西市跡保存会が一九九三年に郡山町に「平城京西市跡」の記念碑を建立した。この東西市はともに平城京の中にあり、奈良時代の流通の中心となっていた。市場内では木簡で作った「西市交易銭」が流通していた。ここは、役人だけでなく東大寺などの大寺、地

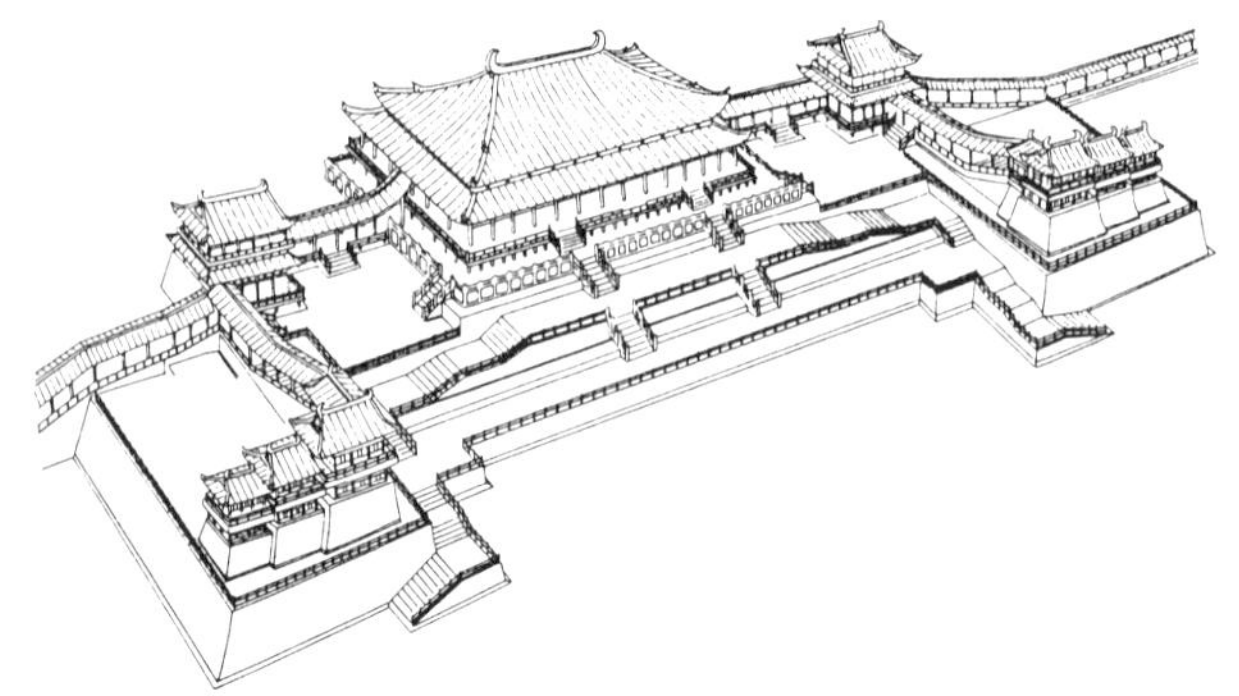
大明宮含元殿復元図

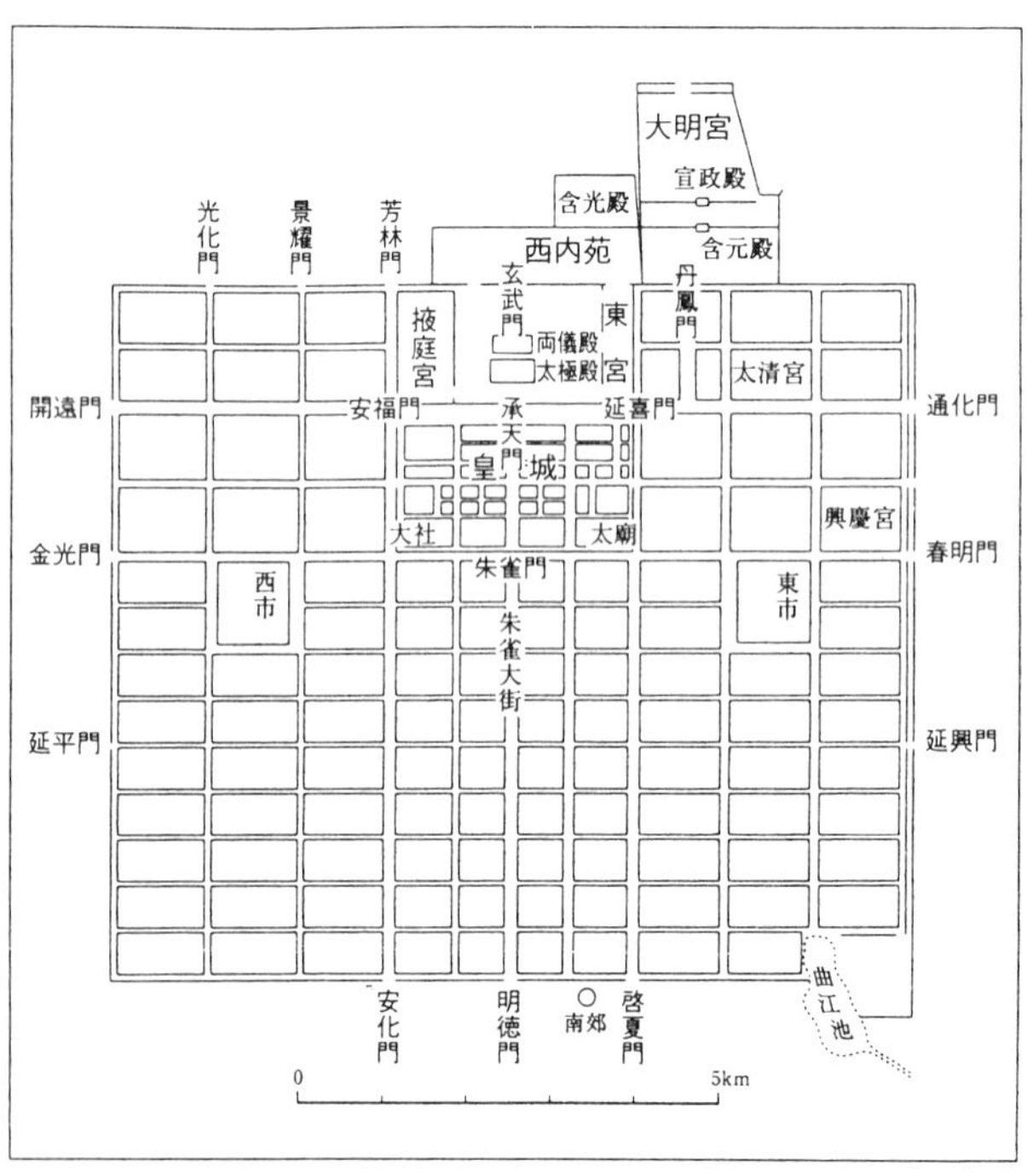

唐長安城平面図

方の国主たちの物資調達の場であり、庸調などの貢進物の集積地として使われた。もちろん一般人もここで交易した。和同開珎という日本で二度目の硬貨も発見されているので、木簡の銭と両方使われていたのであろう。

ここで買い物をした人の感想が『万葉集』に残っている。

西の市にただ独り出でて眼並べず
買ひてし絹の商（あき）じ懲りかも（『万葉集』巻七、一二六四）
（西の市は現在大和郡山市）

辰市神社（平城京・東市があったところ）

「西市交易銭」木簡。西市（司）交易銭は市司におかれた交易銭を指し、この銭を用いて市司は京職等の官司が必要とする物品を市で購入したと推定される。平城宮ＳＫ八二〇出土。『平城宮木簡』一―四八七。同時に出土した木簡に「西市司交易銭」同一―四八九「・西市司□・天平十九年□月廿□」同一―四八八などがある。（奈良国立文化財研究所編、奈良県教育委員会発行）

（西の市に　ただ一人出て、自分ひとりの眼だけで買った絹の、買いぞこないをしたことよ）

当時の模様を描いた絵を米山祐司氏（平城京西市跡保存会会長）の店で売っている。

三　日本最初の野外広告――木簡による告知札

日本でいちばん古い広告の証拠物件はなにか、今のところ天平宝字八（七六四）年、奈良時代・淳仁天皇（在位七五八―六四）のころ、奈良市内に立てられた木簡の立札である。東野治之『木簡が語る日本の古代』によると次のような内容である（次ページの写真参照）。

日本でいちばん古い広告は、この木簡に書かれた馬の逃亡を知らせる広告であった。八世紀だから、エジプトほど古くはない。（しかし、後述するようにエジプトの広告の実在には疑問がある）

奴隷のことを牛馬にたとえるが、日本で最古の広告はやはり「牛馬の逃亡を知らせ、見つけ、あるいは連れもどす」ことを求めた広告である。協和広告の常務取締役を経た高桑末秀氏は、商業目的ではないから広告ではないとしているが、そう厳密に考えなくても、今でも公共広告や案内広告も広告のうちに入れてさしつかえがない。

媒体は木簡で、当時は紙がまだ広く一般に用いられていなかった。紙の発明は中国で二世紀初め、日本に紙が伝わったのは七世紀の初めであった。これに印刷技術が加わったのは七七〇年、百万塔陀羅尼（だらに）が最初である。したがって木簡はあらゆる点で、紙の代わりをつとめた。科挙の試験を受ける人がノート代わりに使ったり、荷札や徴税の記録もすべて木簡に書いている。

当時、金目（かねめ）の遺失物は厩牧令（くもく）や捕亡令で、役所に届け出ることと役所の門に「公告」するように規定されていた。この点もエジプトの奴隷逃亡についてと同様の法律があった。また日本では昔から、馬を毛色で分けていた。この馬は鹿毛（かげ）であるが、青毛、栗毛、月毛、河原毛、雲雀毛（ひばり）、葦毛（あしげ）、糟毛（かすげ）、鼠毛（はいげ）などの基本色に加えて、連銭葦毛とか黒雲雀などの名称もあった。人間の相性にあった馬に乗るのがよいというので、毛色が問題にされたのである。

また令の制度によって官の牧場で馬が二歳になると左の股外に官の焼印を押した。この馬も大学の所属だから官の馬であり、この焼印のあとがあったのであろう。この焼印は西欧ではブランドの原点であった。この馬の逃亡広告は義務として出すと同時に、つかまえた馬を持っているという広告もあるので、あるいは、この馬を引き渡すとき、金銭的な条件をつけたのかも知れない。

日本で最初の広告は官営の市で出される標を、大宝律令の中の「関市令」に規定している。しかし、この方は物件として残っていない。

海外での広告の最初は紀元前一〇〇〇年ごろ建設されたエフェソス（トルコの西海岸）にある古い港で発見された大理石に彫られた売春宿の広告であるという。(1) リディア王国の港町で、アッシリア帝国滅亡後

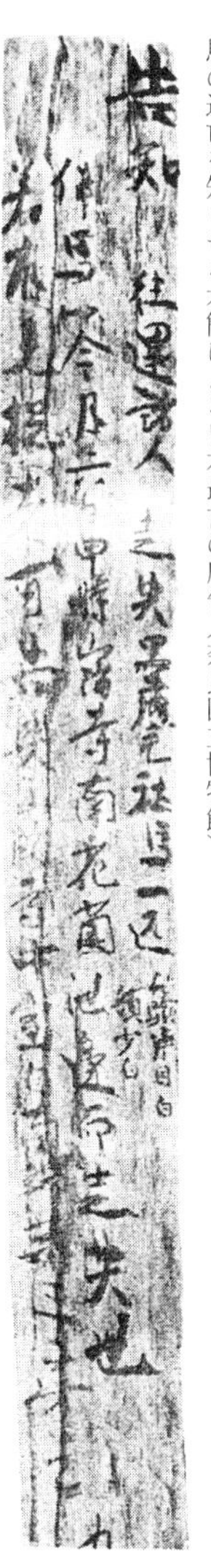

馬の逃亡を知らせる木簡による日本最古の広告（奈良国立博物館）

に栄え、王国はBC五四六年にペルシャに滅ぼされた。

しかし、多くの広告の本ではエジプトのパピルスに書かれた広告を最古としている。これについて筆者は長年にわたり探索したが、未だに未解決である。一九六四年以来、いろいろ手を尽くしたが、正解はまだない。

四　幻の世界最初の広告——パピルスのポスター

世界で一番古いメディアの証拠物件は大英博物館（British Museum, Great Russell St. WC-London, U. K）に保存されているパピルス（パピルス草から作った紙状のもの）に書かれたポスターだという。この点に関して、筆者は三〇年前から直接同館に赴き、直接、職員たちに聞き、またいろいろな手づるを通じて聞いているのだが、原物を見ていない。最初に訪問したのは一九六四年の九月だった。パピルスの展示室に行って、百点ほどの現物を一つ一つチェックしてみたが見当たらない。「なぜあんなに有名なのに」と職員に聞くと、彼らも一緒に見てくれたが、「ない」という。あとでわかったが、それこそ数万点のパピルスがあるので簡単にはわからない。ここで写真を御覧に入れたいと思うのだが、同館のエジプト考古学部のミリアム女史からは「そのようなポスターは大英博物館にはない」というつれない返事をもらったこともある。

しかし、この広告界では有名なポスターが存在しないはずがない。イギリス人R・S・カプランの書いた『広告入門』（*Advertising: A General Introduction*, 1959, R. S. Caplin Ltd., London）（邦訳は鴨田重行・田中寿夫・森村稔訳、大学広告社、一九六二年）には「初期の広告の中で記録の残っている限り、もっとも古いものは大英博物館でみることができる。それは三千年以上も前に、エジプトのパピルスに書かれたもので、逃亡した奴隷をつかまえた者に賞金を与えるという知らせである[1]」とある。イギリス人で、この広告が大英博物館にあると書いたのは初めてである。筆者の訳したフランス人ロ・ズカの『ポスター』には、「A Londes est conserve un papyus-affiche par lequel un Egyptian annonce la perted un esclave.（ロンドンには一人のエジプト人が奴隷逃亡を知らせたパピルスのポスターが残っている）」と書いている。大英博物館とは書いていない[2]。

アメリカの資料では『プリンタース・インク』誌の一九六三年の「広告の過去、現在、未来」という特集号で、ジュディス・ドルジンスというフリーランスのコピーライターが次のように書いている。

「ことばを純粋に追求する人たちは三千年前にエジプトの地主が逃げた奴隷が戻ってくるようにとの広告をパピルス紙切れに書いたといっている。この広告はテーベの遺跡で発掘され、大英博物館にある。しかし、この広告が出されたのかの記録はない。」と書いている[3]。

日本では「パピルスの奴隷逃亡の広告が大英博物館に保存されている」という話はいろいろな本で引用されている。どうやら原本は一九三一年刊行の粟屋義純の『広告原論』（青山堂書店）らしく、粟屋がどこからこの話をもってきたか、きちんとした引用にはなっていないが、ロバート・ラムゼイの本を引用しているので、ラムゼイの「Effective House Organ 1920, Appleton & Co.」あたりが根拠かもしれない[4][5][6][7]。

一九六四年にイギリスに行ったときから、大英博物館に問い合わせ、その後は日本経済新聞社のロンドン駐在員を通じて、問い合わせをしてきたが、はっきりした返事がない。プレスブレイの『広告論』の中にジェイムズ・プレイステッドウッド（James Preysted Wood）という人が「ストーリ・オブ・アドバタイジング」（Ronald Press Co., 1953）という本の中で、このパピルスの広告の中身を次のように訳していることを知った。

The man-slave, Shem, having run away from his good master, Hapu the Weaver, all good citizens of Thebes are enjoyed to help return him. He is a Hittie, 5′2″ (5 feet 2 inch) tall, of ruddy complexion and brown eyes. For news of his whereabouts half a gold coin is offered. And for his return to the shop of Hapu the Weaver, where the best cloth is woven to your desires, a whole gold coin is offered.

「三千年前のテーベの遺跡の発掘で考古学者が発見した広告が最初に書かれた広告」として明示された。パピルスに記された文言は次のようである。

「シェムという男奴隷がその善良なる主人、織物師ハプーから逃亡した。テーベの全市民は彼をつれもどすようお願いする。彼はヒッタイト人で背丈五フィート二インチ、赤ら顔で、茶色の眼をしている。彼の所在を知らせてくれれば半金貨を提供する。及びあなたの希望に合わせて織物を織る織物師ハプーの店につれ戻してくれた人には金貨を提供する。」というもの。高桑末秀氏は金貨（gold coin）という訳は間違いだといっている。なぜならまだ、当時エジプトは貨幣経済時代に入っていなかったからである。したがって金塊（gold medal）と訳すべきだという[8]。

これを見て、本物を見たい思いで、一九八一年、ジュネーブの新聞社の編集局長クロード・リショー氏の娘でロンドンにいたエマニュエル・リショー嬢を通じて、大英博物館に聞いたが、やはり不明。一九八四年のＩＡＡ（International Advertising Association）東京大会の席上、筆者は「広告効果測定、可能性と限界」のパネルディスカッションに出席、イギリスのドーン・ミッチェル（社会調査社社長）、アメリカの

パピルスに書かれた逃亡奴隷の記録（大英博物館）

ジョン・レッケンビー（テキサス大学教授、アメリカ広告学会副会長）とともに三〇分ほど話をした。このとき、三越の前身越後屋呉服店が、一六八三年にまいた引札（ひきふだ）とそれによって引き起こされた売上高とをグラフに描いて説明したところ、五〇〇名の外国の広告人の中から、数人の質問を受けた。その中で、マッキャン・エリクリン・ジャパンの副社長バーバー氏が特に興味を持ったのか、会食に誘ってくれた。バーバー氏も歴史に興味があるとかで、同博物館に友人のロンドン大学教授を通じて依頼してくれた。しかし、これも不発だった。同博物館のエジプト考古学課長のミリアム女史は「その翻訳はウッド氏の自作ではないのか」ともいったとか。謎は深まるばかり。

一九八五年にロンドンを訪問した際、日本経済新聞社の駐在員永井良憲君にまた問い合わせをしたところ、次のパピルスの写真撮影に成功した。これはパピルスの広告ではないが、ウッドのいう「逃亡奴隷に関する記録ではないか」というのである。ヒエログリフ学の吉成薫先生をわずらわせて訳をお願いしたところ、これは大英博物館所蔵のアナスタシ・パピルス五番（収録番号BM一〇二四四）の二〇〜二一ページに当たるという。「後期エジプト選文集」（Late-Egyptian Miscellanies）の中の一部で、セティII（第三九王朝第五代。一二一四BC〜一二〇八BC在位）時代のものと考えられている。一九ページ二行目の途中から二〇ページ六行目の最初までが「逃亡した二人の奴隷についての問い合わせ」で、このあとは、相手の健康についての問い合わせとパンを送ったことの通知で、書簡と考えられる。リカルド・A・カミノス（ブラウン大学エジプト学部）の英訳を日本語に直すと次のとおり。[9]

「チク・カケンウエーレ軍大佐がイニ軍およびケペンプタ軍大佐に送る。日常の繁栄と健康を。神々の王、アメン・レーの好意と、および上下エジプトのウシケベルレ王の善意によって、私はプレ・ハラクティにファラオ我らの王の健康を祈る。ファラオに百万の宝石をまた彼の良き日にあることを。更に私は王宮の広いホールから、ショームの第三月九日の夕方、これら二人の奴隷の追跡に出かける。私がショームの第三月十日にチェクに到着したとき、彼らはショーム第三月十日に彼らが通過した南にいるという。私が要塞にたどりついたとき、彼らは馬丁とともに砂漠からきた。彼らがセチ・メネンブターの重要な北の要塞を通過した、と私にいった。愛するセス。

私の手紙が届くとき、あなたは彼らに起きたすべてについて私に書いてほしい。だれが彼らを追跡しているか。彼らについて起きたことをすべて私に書き送ってくれ。何人の人々が彼らを追跡しているか。成功を祈る。」

せっかくの好意だったが、内容は右のごとくで、「逃げた奴隷」という点では一致していたが、内容は違っていた。しかし、年代は似たようなものらしい。

それより、一九九〇年九月上旬、ペース大学（ニューヨーク）の図書館で、プレイステッド・ウッド氏を調査したところ、彼が、真正、大英博物館に勤務していたことを発見した。これで、ウッド氏の偽作との疑いはかなり晴れた。ウッド氏は一九〇五年十二月十一日生まれ、コロンビア大学大学院卒。マグローヒル社の広告コピーライター、英語教師、アムハスト大学講師、助教授、戦時中カーチス出版社勤務。広告に関する第二作目の「Advertising & the Souls Belly, I Repetition & Memory in Advertising」(1961, Foote & Davies Atlanta) のカバーに「この本は国会図書館と大英博物館で仕上げた」と書いてある。大英博物館にいたことがあるのであろう。

最後に、一九九四年四月、日経ヨーロッパ社社長吉田寿孝氏から再度、大英博物館のエジプト部長Stephen Ouirk に問い合わせてもらったところ、「同館にはない」と明言した。「二人の逃亡奴隷の記録はある」というが、この方はすでに一九八九年に入手している。

長々となってしまったが、このポスターはテーベの目抜きの場所に掲出されたのであろう。これで、物的メディアを使ったコミュニケーション活動が始まった。広告主のハプーは大声でわめかずとも、テーベの人たちにその「逃亡奴隷を捕らえてほしい」という情報を伝達することができるようになった。

五　古代インド、ローマ帝国、古代中国の広告

モヘンジョダロは商標——インド

インドの首都ニューデリーに、インド国立博物館があり、ここに二九ページの写真のようなアショカ王(インドを始めて統一した。紀元前三世紀)の事蹟を文字で刻んだ石の模造品が置いてある。このような皇帝の功績を讃えた巨大な石や壁は各地にあり、これも王あるいは王朝の広告とみる見方がある一方、商業目的ではないので広告には入れないという意見もある。イラン西部のザグロス山中の村ベヒスタンの岩に彫刻された楔形文字の碑文が有名だ。これは、古代ペルシア帝国ダレイオス一世(前五二二～四八六年)の功績を記したものである。

前記のように、東洋でいちばん古い歴史を持つ国はインドと中国であり、中国の広告でいちばん古い証拠物件は宋時代にまでしか遡れない。これなら日本の木簡に書かれた遺失馬や遺失牛の告示札の方が古くなってしまう。しかし二〇〇四年九月に北京で行われた第三九回世界広告大会では「中国広告歴史文化展」が「中国広告大事記」という年表を展示した。この最初に紀元前七〇〇〇年の甲骨文の符号を中国広告文化伝播の基石としている。インドの歴史は今はパキスタン領に入るがモヘンジョダロ、ハラッパーの遺跡までたどれば、紀元前三〇〇〇年から一五〇〇年まで遡り、ここで広告が発見されれば、エジプトのパピルスの広告より古いことになる。そんな思いで、インド国立博物館をのぞくと、モヘンジョダロやハラッパーから出土したインダス文字を刻んだ印章がたくさん陳列されているし、その中には商標が看板に使用されたものがあったのではないかとはやる気持ちをおさえて、ガードマンに尋ねてみた。何人もいるガードマンたちは無表情に「ない」と繰り返すだけであった。

モヘンジョダロ（死の丘）というのは一・六キロ四方の古代都市跡につけられた名前である。この古代都市には幅一〇メートルの大路、煉瓦づくりの下水道、ほとんどの家に浴場があることなどが判っている。公衆浴場、釉薬（ゆうやく）のかかった工具、青銅などの工具、金、銀、青銅でつくられた装身具、女性小像、動物や人物を表す泥像などもあった。

興味をひくのはインダス文字を含む各種の印章である。この印章は一辺が二～五センチの方形のものが多いが長方形や円形もある。インダス河上流のモヘンジョダロを中心にして、合計三〇〇〇点もの印章が発掘され、この文字の解読競争が始まった。この中で、フィンランドとソヴィエトのチームがインド南部のドラヴィダ語と共通性が高いとして、信頼されるようになった。

この印章は何のために使用したのか。中国では文書の封印に使った。その印章の図柄は氏族のマークだ

モヘンジョダロ，皇帝の残した記念石
（インド国立博物館前）

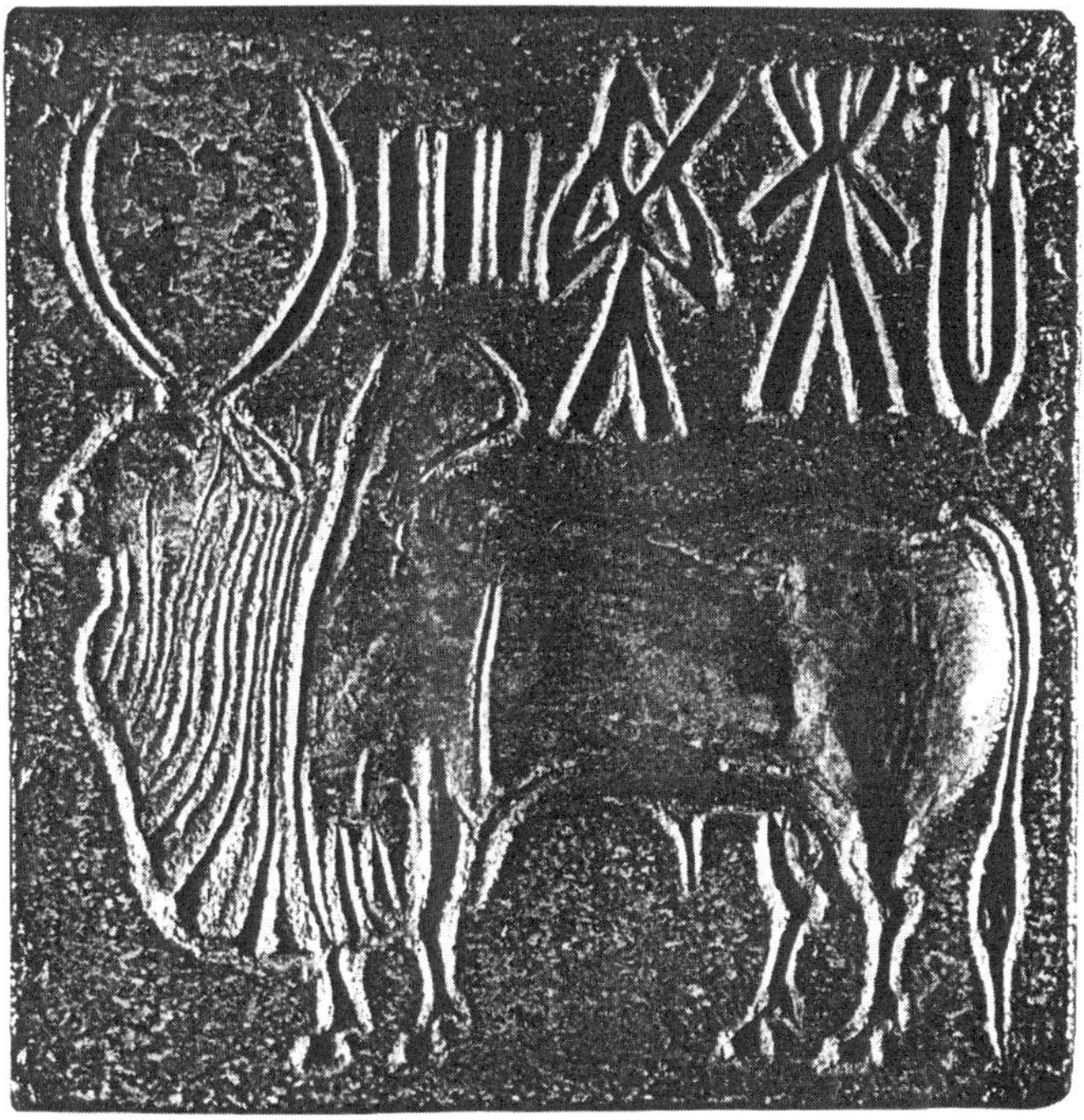

モヘンジョダロの遺跡から発掘されたハラッパー式印章
（パキスタン国立博物館考古部所蔵）

という。インダス文明の印章の中でいちばん多いのは一角獣で、次いで牛である。材料は滑石だが、ほかに銅板に彫られたものもある。銅板の方は護符と考えることもできる。これらの中に商業目的で使われたと考えられるものがあるかどうか、まだ何ともいえない状況のようだ。別にこの印章をシュメール文化との共通性を重視して、経済的機能を果たすものという解釈もある。この解釈からは印章は信用状とか取引荷物、あるいは納税、租税の封印として用いられたことになる。「刻まれた字数は最高で三六文字、平均五文字という。」（NHKブックス『インダス文明』一九八〇年）

商標あるいは看板説はないようだが、次のような印章はそれと判断してもよいのではないか。なぜなら、印章と判定されてはいるが必ずしも高貴な家柄の人たちのそればかりではなく、経済活動に従事している人たち――たとえば、銅細工師、倉庫管理人、地主などの協会（協同組合）のものもあるからだ。この人たちは印章として用いながら、人目につくようにこれらを使ったのではなかろうかと想像するのである。W・A・フェアサービスはハラッパーの遺跡から判断して、ハラッパーの人たちは「棉を栽培し、おそらく米も栽培し、ニワトリを飼い、チェス・ゲームを発明したらしい、彼らは人力と畜力以外の昔の二大戦力の一つであった風車（もう一つは水車）も発明したらしい」（『サイエンス』一九八三年五月）と述べている。経済水準から見て、広告の存在を認めてもよいのではないか。

インドのラジエンドラ・プラサド大学教授K・S・スリニバサンにこの事情を調べてもらえないかと頼んだが、「インドにはすることが多くて、とても昔のことまでかまけていられない」ということだった。しかし彼には「バールミキ」というインド古代叙事詩の英訳本を出しているゆとりがある。

南イタリアのカンパーニア海岸地方の古代都市ポンペイは、紀元七九年八月二四〜二五日のベスビオス火山の大爆発によって輝石と灰とに埋められた。当時二万人以上の人口のうち約二〇〇〇人が死に、以来、全く放棄されていたが、一七三八年以来、組織的に発掘され、一八六〇年以後は本格的に発掘がすすみ、今では埋まった市街地の六〇％ぐらいがもとの姿を現している。降灰による埋没という特殊事情から、約二〇〇〇年前の状況をそのまま見ることができるというので、古代の状況を知るのにこの上ない好材料である。ここに当時の広告も数多く保存されている。ロ・ズカはクセジュ文庫の『ポスター』によれば、アルブムといって同じ大きさの四角形の白い壁が、四つ角や公共の広場に現れた。そこに何か掲示しようという人たちは炭や深紅色の染料で文を書く。このアルブムには高利貸、奴隷商人、果物屋、貸料亭などが広告主として利用していたという。しかし、私がポンペイの遺跡を探索したかぎりでは、白壁はなく、普通の家の茶色の土壁に残された紅い染料で書いた手描きのポスターであった。同行のナポリ大学の考古学科の学生の読むところでは、候補者の名前を書いた政治広告と判断できるだけで、内容はよくわからない。改めて、彼に頼んでみたが、これもその後何の返事もない。ただ、見てわかるのはローマ文字とギリシャ文字が入り交じっていることで、この都市がギリシャの植民地であったという説もあるくらいだ。国際都市であったことは中国の建物の絵が残されていることでもわかる。

国際都市であったため、ギリシャ人やフェニキア人が、地元のイタリア系の一派サムニウム人と住み、ローマの富豪たちが別荘を構えたという。ここに売春宿がある。売春は世界最古の職業というが、ギリシャ、ローマ時代は隆盛をきわめた。英語プロスティチューションはもともとギリシャ語で、売り物を意味するプスターレといい、売春婦も意味した。奴隷制が一般的であった当時、奴隷は主人のあらゆる性的欲望に応じなければならなかった。奴隷は主人に仕えると同時に売春婦として売られた。捕虜、人さらい、

ポンペイの「広告」のための壁
(上) 選挙のポスター
(中) 肖像浮彫 (用途不明)
(下) 遊廓の方向を示す広告

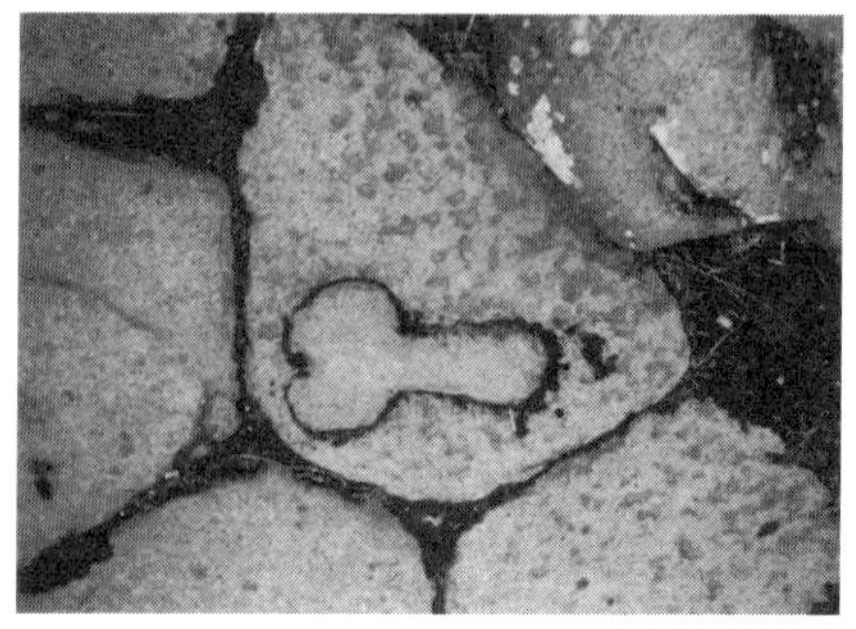

奴隷の子や富裕な女の捨子もいた。ギリシャでもローマでも公娼、私娼がおり、ギリシャに比べてローマは取締りが厳しかったという。しかし、アグリッパ（六三―一二BC）の時代には共同浴場（混浴）があり、そのマッサージ婦が売春婦となっていた。ポンペイに残る売春宿には、国際都市らしく待合室に四十八手の体位図がカラーで描かれていた。言葉が通じなくてもどの体位を選ぶかをあらかじめきめたのか、単なる装飾か。前者ならセックスカタログとでもいうことができる。もっともこの売春宿へ行ったのは一九七九年のことで、撮影は禁止といわれ、四十八の体位図を確認したわけではない。もっと少なかったであろう。八三年にもう一度じっくり見てこようと思ったが、このときはすでに観光コースからはずされていた。四十八手といってもわれわれの受ける感覚はどこかじめじめしているが、当時の人たちにとってはもっと明るい歓楽の一つの手段だったのではないか。梅毒もエイズもなかった。

前記の『ポスター』を書いたロ・ズカは一九六二年、『性科学辞典（*Dictionnaire de Sexologie*）』を編集した。この辞書では体位の古典例として九〇体位も紹介している。西洋における性用語の豊富さは日本の比ではないことは通説である。ポンペイの中心街はアボンダンツア通りといい、ここを少しはずれたところを歩いていたら、この売春宿の方向を示すペニスの看板が石に刻まれていた（写真）。ポンペイはこの世の終わりを前に歓楽の日々を続けていたのであろう。

酒旗から銅版広告へ――中国

日本人にとって、エジプトは遠い。一方、西欧人にとってエジプトは近い。今は多くの分野で世界を支配しているのは異論はあるがアメリカだから、広告の教科書にも歴史の章があればエジプトのパピルスの広告について必ずふれている。しかし、文明の発生地にはそれぞれ商業があり、商業があれば広告があった。東洋の文明の発生地は一つはインド、もう一つは中国である。両文明とも文字はあった。それぞれ四千年前だから、エジプトにひけをとらない。それなら、この両国にパピルスの広告と同じころ広告があってもよいはずだ。

まず、中国を見ると、『実用広告学』を書いた唐忠朴、賈斌は広告の実務家で今、中国雑誌社にいる。しかし、酒旗は布であったためか、証拠物件がない。[1]

日本人なら誰でも知っている杜牧（八〇三―八五三）の

千里鶯啼緑映紅　水村山廓酒旗風　（千里うぐいす啼いて緑紅に映じ、水村山廓酒旗の風）

は唐時代（六一八―九〇七）末期の作である。

河南省洛陽に今も残る杜康というブランドの酒がある。同省伊川県の杜康酒廠が造っている。このほかにも数か所杜康ブランドが出ているようだ。この本場のリーフレットには杜康という人が造り始めたのでその名があるとのこと。それは四〇〇〇年前だという。河南省伊川県内の「黒、白」という二つの虎泉の泉水だけを選んで造ったと書いてある。『三国志』で有名な魏の武帝曹操は「慨當以慷、憂思難忘、何以解憂、唯有杜康」（慷慨すべき、憂思が忘れがたく、なんで憂さを晴らすか、杜康しかない）という句を作った。田中角栄元首相も六〇歳の誕生日に「天下の美酒は杜康しかない」（天下美酒、唯有杜康）といった。

私は、一九九二年九月に十日間ほど河南省へ行った。省都は鄭州市で、ここの河南省広告協会と鄭州大学新聞学系が呼んでくれたのである。ほとんど毎日、この杜康酒を飲み、招く側が代われば、曹操と田中首相の話を聞かされた。

四〇〇〇年前に酒のブランドがあったとすれば、このころ酒の広告もあったろう。

今のところ中国でいちばん古い広告の証拠物件は宋時代の銅版で、発見場所は現在の山東省の省都済南である。春秋時代の斉の都でもあった。タイトルは「済南劉家功夫針舗」とある。店名でもある。左右には「認門前白兎児為記」と書かれ、下段に広告文が見える。「上等な銅条を購入し、細い丈夫な針をつくり、お客さんに愛用されています。代わりに売ってくれれば手数料を払います。」と書いてある。中央に白兎が薬を搗いている絵が描かれている。兎が薬を搗いている絵がなぜ針屋の広告なのか。(2)（五一ページの写真参照）

西洋で銅版印刷広告が始まったのは、ウィリアム・カクストンの一四七三年というから、それより四〇〇年は古いことになる。

この現物は上海美術館所蔵のものだが、今は北京の歴史博物館に置いてある。年代順に陳列されていて、宋時代（九六〇―一二七九）のところに置かれている。

六　長岡京の東西市

桓武天皇（七八一―八〇六）が七八四（延暦三）年に平城京から長岡京へ都を移した。しかし、十年で平安京に移ってしまった。しかし、この都は平城京とほぼ同じ大きさ、人口は約十万人といわれている。

「朱雀大路をはさんで七条付近に東市、西市があった。朝からにぎわい、十万人の胃袋を満たすために、海幸、山幸が売りさばかれたり、あるいは交換されていった。(1)」

「この長岡京の夏のある朝、都の大路、小路の角々に立札が立てられた、葬式がはでになっているので、望ましくない。つつしむように。太政官[2]」と媒体を使ったコミュニケーションがはかられている。

第三章　平安時代の広告

桓武天皇が平安京に都を定めた七九四（延暦十三）年の遷都から鎌倉幕府が開かれた一一九二（建久三）年までの約四〇〇年間。前期の大和時代、奈良時代に比べ、また、あとの鎌倉時代、室町時代、江戸時代に比べて、最も長い時代であった。この時代を三つに分けて記述する。第一の時代は大陸文化の導入時代。これは第一章の大和時代が最も熱心だったが、これを消化し、高度成長を遂げたのが奈良時代とこれに続く平安時代の第一期。第一期と第二期を分けるのは遣唐使を廃止した八九四年。大陸で繁栄を誇った唐が滅亡したのが九〇七年、新羅が九三六年で、遣唐使の廃止を提案した菅原道真（八四五―九〇三）は日本に強い影響を与えた両国の衰えを見て、もはや学ぶものがないと判断した。したがって、このあと「やまと文化」が花開く。しかし、この間、東北の蝦夷の鎮圧に精力を使った政府は武家の台頭をもたらし、経済的には班田収授が乱れ、私有地である荘園を認め、貧富の差が拡大していった。最終的には源平の主導権争いとなり、一一六七年、平清盛が太政大臣となり政権を掌握する。清盛は対宋貿易に熱心で、再び、大陸文化との交流が始まる。これが第三期である。しかし、この期間はわずか二五年間で、清盛の死後（一一八一年）は戦乱が続き、広告に関する証拠物件は見当たらない。しかし広告の概念を広げて、紋章や軍旗にまで広げると、戦乱に際して敵味方を識別する源平の白旗・赤旗は、日本の戦後、一九六〇年代にアメリカから主張されたC・I（Corporate Identity）の原点ともいえる。企業の場合も遡れば、その原点は大和時代まで求めることができる。

一　大陸文化の導入期

奈良時代から受け継がれた市に関する法律はさらに内容を詳しく記した。しかし経済の発展に伴って、市は平安京に集中することなく、全国的に展開されることになり、広告法はむしろ効力を失うことになる。平安時代には大宝律令の解釈として「令義解」（八三四年）が登場する。これによると、関市令の十一条は次のように解説されている[1]。

凡市恒以午時集。日入前撃鼓三度散
（凡そ市はつねに午(うま)の時を以て集まれ。日入らぬ前に、鼓を三度撃ちて散(あが)れよ。）

次いで第十二条は

凡市毎肆立標題行名。謂肆者、市中陳物処也。
題行名者、假如。題標牒云、絹肆布肆類也。絹肆布肆之類也。
（凡そ市は、肆(いちくらごと)毎に標(ひょう)を立て、行名を題(しる)せ。肆というは、市中に物を陳(おけ)る処なり。行名を題すとは、假(たと)えの如し。標牒(ひょうちょう)を題すをいう。絹肆、布肆の類いなり。）

平安京に入っても、大宝律令はそのまま継続され、関市令は九二七年の『延喜式』に引き継がれた。標ではなく牓となった。中国で看板を専ら牓というようになったからである。

凡市皆毎廛立牓題號、各其依廛随色交関

（凡そ市は、皆、廛毎に牓を立て號を題せ。おのおのその廛に依りて、色に随い交関す。）

西市、東市に分かれたのは同じだが、扱い商品が次のようにくわしく規定された。西市は三十三点、東市は五十一点である。しかしダブっている商品も数点ある。綿類である。

（西市）

絹廛・綿綾廛・糸廛・綿廛・紗廛・橡帛廛・幞頭廛・縫衣廛・裙廛・帯幡廛・紵廛・調布廛・麻廛・続麻廛・櫛廛・針廛・菲廛・雑染廛・蓑笠廛・染草廛・土器廛・油廛・米廛・塩廛・未醤廛・索餅廛・糖廛・心太廛・海藻廛・菓子廛・干魚廛・生魚廛・牛廛　以上三十三廛。

（東市）

東施廛・羅廛・糸廛・綿廛・幞頭廛・巾子廛・縫衣廛・帯廛・紵廛・布廛・苧廛・木綿廛・櫛廛・針廛・沓廛・菲廛・筆廛・墨廛・丹廛・珠廛・玉廛・薬廛・太刀廛・弓廛・箭廛・兵具廛・香廛・鞍橋廛・鞍褥廛・施廛・鐙廛・障流廛・鍬廛・鉄併金器廛・漆廛・油廛・染草廛・米廛・木器廛・塩廛・醤廛・索餅廛・心太廛・海藻廛・菓子廛・蒜廛・干魚廛・馬廛・生魚廛・海菜廛・麦廛　以上五十一廛

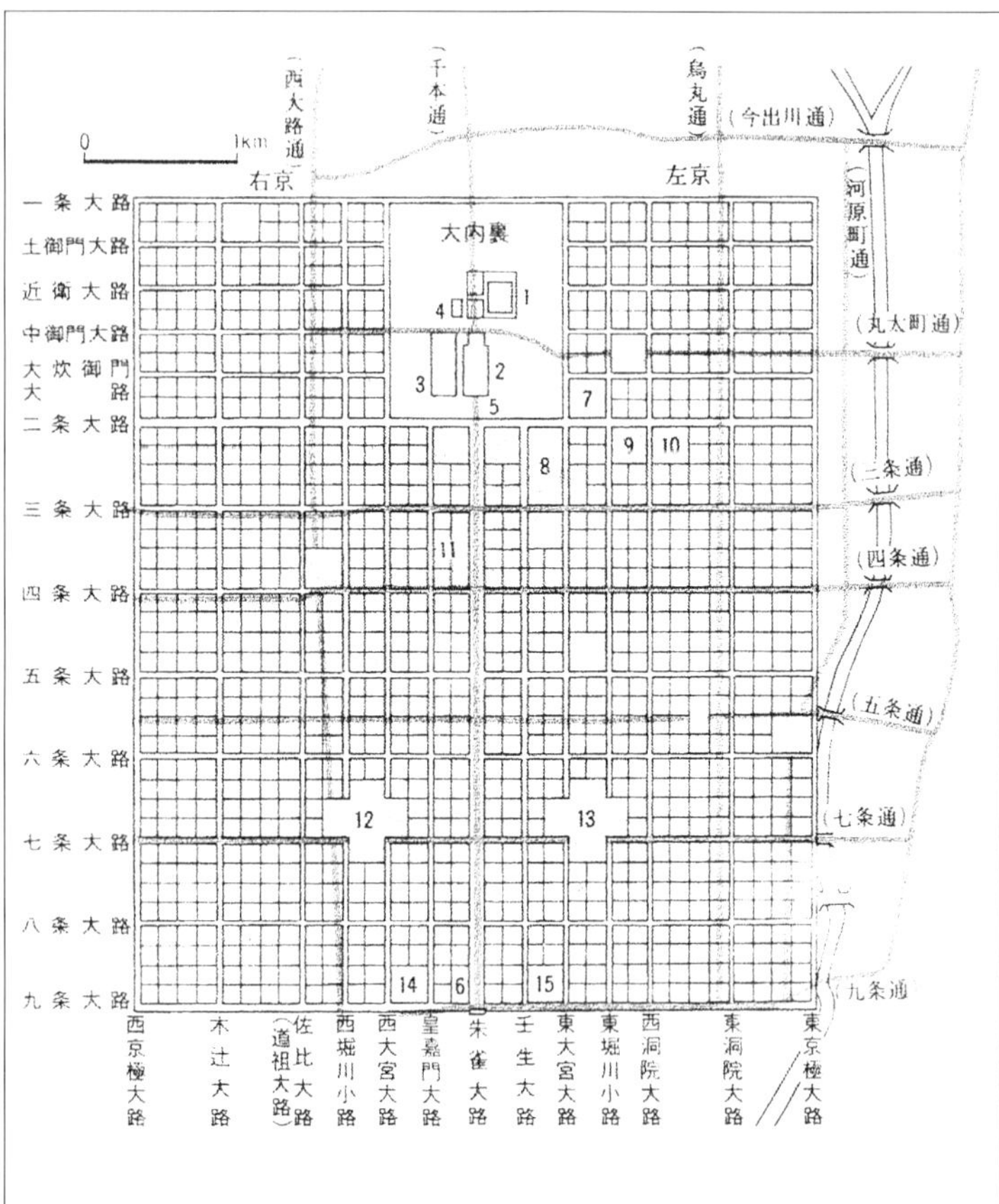

平安京の大路とおもな建物
1．内裏，2．朝堂院，3．豊楽院，4．真言院，5．朱雀門，
6．羅城門，7．冷泉院，8．神泉苑，9．堀河殿，10．東三条殿，
11．朱雀院，12．西市，13．東市，14．西寺，15．東寺．
（　）は現在のおもな通りの名称

(平凡社『大百科事典』1972年版，p. 384)

木簡の広告

もう一つの木簡の広告（告知札）が平安時代に入って残っている。淳和天皇（八二三―八三三年）の天長五（八二八）年九月八日の日付で、山階寺（やましなでら）（興福寺の旧称、南都七大寺の一つ、藤原鎌足の遺志により夫人の鏡王女が山城国山科に建立、藤原京に移って厩坂寺と称し、さらに平城京に移ったという。山科道理ということばがあるとおり、藤原氏の権勢によって、訴訟に必ず勝つといわれていた）から逃げた牡馬の失踪広告は次のとおりである。

告知　往還諸人　走失黒鹿毛牡馬一匹
　　在験片目白
　額少白
件馬以今月六日申時山階寺南花薗池邊而走失也
若有見捉者可告来山階寺中室自南端第三房□
　　　　九月八日

往還の人に告知す。走り失せたる黒鹿毛（くろかげ）の牡馬（おうま）一匹、験（しるし）あり。片目白し、額（ひたい）少しく白し。件（くだん）の馬、今月六日申時（さるどき）を以て、山階寺（やましなでら）の南の花園の池の辺にして走り失せたり。若し、見とらふる者あらば、山階寺の中室の南の端より第三の房□に告げきたるべし。
　　　　九月八日

祇園祭のパレード

京都の祇園祭、東京の神田祭、大阪の天神祭は日本の三大祭といわれている。いちばん伝統のあるのは祇園祭で、祇園とは京都の八坂神社の旧称である。祇園は祇陀太子の苑林で、これを須達(しゅだつ)長者が買ったものだという。この八坂神社の祭礼を祇園会といっている。昔は六月七日から十四日。今は七月十七日から二四日まで行われる。このとき山鉾巡行が行われる。山鉾は山車(だし)の一種で台の上に山の形などの造り物があって、その上に鉾(ほこ)や薙刀(なぎなた)などを立てている。

由来は平安初期、八六九（貞観十一）年に全国で疫病が流行したとき、卜部日良麻呂(うらべひろまろ)が「これは政治的に失脚した人たちの祟りだ」と占い、祇園社で神輿渡御で慰霊することを示唆した。[2] 当時、京都の人口は二〇万といわれ、疫病は大変恐れられた。この山鉾車のパレードを広告に利用したのが、最初、綿と綿座という。この製造卸売りする綿座に対して、これを仕入れて販売する人たちが発生し、前者を本座、後者を新座ということになった。室町時代に両者の間で、争いが発生し、新座商人が本座商人を告発し、勝訴した。こうして、両座がスポンサーとなってパレードは賑やかさを増した。今では、さまざまなスポンサーが山鉾を提供している。

このようなパレードを利用した広告戦術は今日のディズニーランドが全く同じように行っている。ウォルト・ディズニー（一九〇一―一九六六年）がディズニーランドを作ったのは一九五五年（カリフォルニア）だから、ここでも日本の先進性がうかがえる。ディズニーランドで毎日、繰り広げられているパレードはすべて、上位広告主がスポンサーになっている。

二　遣唐使の廃止、やまと文化の花開く

日本に漢字が入ってきたのは大和時代だが、日本語に読みかえるため、万葉仮名が生まれた。その前に漢字の訓を用いて、表音的に書くことが始まった。これを字訓仮名という。『万葉集』の表記に使ったのが万葉仮名である。平安時代に片仮名、平仮名が生まれた。片仮名は仏典のかたわらに書き込むことから始まり、平仮名は漢字をくずした形となった。これを五十音にまとめたのは空海（七七四―八三五年）といわれる。この五十音はサンスクリットの字母から来ている。今のヒンディ語の字母とほとんど同じである。

こうして、日本人の間に文字が広がり、今と同じ漢字と仮名まじりで日本語が書きやすく、また読みやすくなり、文字の広告が一般化していく。

実物広告から文字広告へ――やまと絵・『土佐日記』

大和朝廷時代に市は誕生した。しかし、市は最初、露天の座売りであった。やがて店舗にはなるが、恒久的なものではない。恒久的な店舗が生まれるのは『和名抄』（『倭名類聚鈔』）という源順（みなもとのしたごう）（九一一―九八三年）の編纂した日本最初の漢和辞書によると、「店屋（まちや）俗云東西町是也。座売物舎也」とあって、このころ、店舗が発生していた事実を伝えている。

店舗があれば、看板、標識も誕生しただろう。すでに書いたように、関市令に「標」、『延喜式』に「牓」が規定されているので、八世紀にはこれらのものがあったと想像できる。

やまと絵の中に「説話絵巻」という長い巻物に描かれた絵巻がある。ストーリーの展開に合わせて絵が登場する、まさに映画やテレビと同じである。リアルな場面とイメージを描いたものとある。代表的な説話絵巻が「信貴山縁起絵巻」（十二世紀後半）と「伴大納言絵詞」で、いずれも平安時代に作られた。「伴大納言絵詞」は応天門炎上（八六八年）をめぐる大納言伴善男の陰謀露見から流罪に至る物語を連続的に描いた、常盤光長の筆といわれている。応天門は平安京大内裏の朝堂院の南面正門。

店は商品を「見せる」ところからきたことばだが、中国では店の規模の小さな倉庫のことで、大きなものは邸といった。しかし大小とも店ということもあった（日野開三郎『唐代邸店の研究』）。英語でストアはやはり倉庫であり、蓄えるという動詞でもある。関市令の標はのちの看板とは違い、同業者名を記したものだが、個人商店の看板は、いくつかの記録から、十世紀ごろに一般的になっていたことを知ることができる。

第一に紀貫之の『土佐日記』の二月十六日（承平五、九三五年）の項に「けふの夜さつかた、京へ上るついでに見れば、山崎のこひつのゑも、まがりのおほぢのかたもかはらざりけり。『売人の心をぞしらぬ』」という記述がある。その意味は「今日の夕方、京都へ向かっていくついでに見ると、山崎の商店の小櫃の絵も、まがりの大きな餅の形も昔と変わっていませんでした。（しかし）『売る人の心ははたしてどうか解らないな』というようです」（三谷栄一）。つまり小櫃の絵は小櫃に描いた絵か、小櫃を描いた絵看板という。「まがりの大餅」はひねりまげた餅菓子で、もち米の粉をこねて作り、胡麻または菜種の油で揚げた菓子で、「かた」は形状、固形、看板と解釈される。しかし、鈴木知太郎は両方について異説を紹介している。その中で「おほぢ」は大きな鉤針ではないかといっている。[1]

これに対して、日経広告研究所の調査部長鈴木英明氏は奥村恒哉「土佐日記地名考証」（『国語国文』、一九七二年十月）の、「こびつ」も「まがり」も地名とする説を紹介し、看板説を次のように否定している。

「この説によれば看板とは全く関係がなくなる。さらに、看板説に対して抱いた疑問を付け加えれば、山崎を行き来する人を相手に、店ごとに絵看板を出してまで小櫃や釣針を売っていたのだろうか、そして誰が買っていたのかと思う。山崎から京までは半日の距離、小櫃なら京で洒落たものが入手できたであろうし、往来の者が釣針を手にしたのだろうか。また、かりに看板があるとしても、なぜ貫之は小櫃の絵看板や大釣針の掲げ看板に目を留めたのか不思議だ。山崎に多くあったといわれる酒家の看板の方が目に付いたのではないか。十六日の個所の表現は、変化する売り人の心に対比させて、変わらぬものとして看板を持ち出しているわけだが、五年前に貫之が土佐に向かう時、その看板を見て覚えていたことになる。どうしてそれほどまでに印象深かったのかということである。

土佐在任中、貫之らに『古今和歌集』の撰進を命じた醍醐天皇は崩御し、貫之とともに文学サロンを形作っていた右大臣藤原定方や、彼の庇護者でもある中納言藤原兼輔が相次いで亡くなり、彼を取り巻く状況は一変した。次の官職の目途もない老境の貫之が、将来に強い不安感を持っていたことは容易に想像できる。そのような時、人の心に対比されるのは看板よりも自然の風景の方がふさわしいだろう。こうした疑問なども合わせて考えると、看板説よりも地名説の方が自然で受け入れやすく思えてくるが、いかがだろうか。」（『日経広告研究所報』一九八号、五五ページ）

同じく十世紀から京都・奈良を中心にたくさんのやまと絵、「扇面古写経」などに、店ののれん、看板が描かれている。(2) 十世紀の模様を描いた「直幹申文絵詞」（出光美術館所蔵、写真）は室町時代の作品といわれているが、ご覧のとおり、「実物看板」が見える。ディスプレイといった方がよいかもしれない。ストーリーは天暦八（九五四）年、文章博士橘直幹が民部大輔の職を兼任しようとして小野道風清書の申文を提出したところ、文中に不穏当なところがあるというので、天皇の許可を得られなかったというものである。

平安末期の十二世紀に描かれた「扇面古写経」十帖がある。このうち二冊に当時の店の様子が描かれ、やはりディスプレイか実物看板が見える。魚屋とお菓子屋である。同じころ「年中行事絵巻」にも棚のある魚屋が描かれている。

のれんは今日では「信用」の代名詞にもなっているが、もともと中国では暖簾という字から想像できるように、寒さを防ぐために布地を刺し子にし、部屋の入口に吊るした分厚いカーテン式のものである。「暖めるための簾（すだれ）」である。こののれんに店のマークをつけるようになったのも平安末期から鎌倉時代と推定される。いちばん古いのれんの絵は「信貴山縁起絵巻」（一一六〇—七〇年）の中の「尼公の巻」に大和の店屋（断定はできないが）の軒先に吊るされた三垂ののれんが描かれている。

「扇面古写経」というのは、もともと「扇面法華経冊子」というべきもので、お経に絵を入れたものである。平安時代末十二世紀後半に作られたと推定されている。木版画としては最も古いものの一つといわれている。この中に店を描いたものが二点ある。このころ、官営の市はすたれ、民営の店が各地で繁昌を始めた。この絵の中に描かれているのは見せ店（たな）で、ショーウィンドーである。

奈良県と大阪府の境にある信貴山の朝護孫子寺は聖徳太子の開基した寺だが、これを再興したのが命蓮（生年、没年不明）である。この絵巻は三巻に分かれ、第一巻は命蓮が法力によって長者の米倉を信貴山まで飛ばす「米倉の巻」。第二巻が醍醐天皇の病気を剣の達人護法童子を遣わし、病いを治す「延喜加樹の

「扇面古写経」に描かれたショーウィンドー

「信貴山縁起絵巻」に描かれた大和の店屋ののれん

商業目的の「のれん」の始まり（「福富草子絵巻」）

（「直幹申文絵詞」）

巻」下巻は信濃に住む命蓮の姉が東大寺大仏の夢告によって、弟との再会を果たす「尼君（あまぎみ）の巻」である。この最後の第三巻は信濃から奈良・東大寺を通って信貴山に入る長い旅路がリアルに描かれている。

この中に商店らしい店頭に描かれたのれんが見える。扱っている商品が食品か衣料かよくわからない。のれんの中の字も読めない。しかし、その十年後の様子を描いた「福富草子絵巻」に描かれたのれんには絵が描かれている。この絵は店のシンボル・マークなのか、単なるデザインなのかはわからない。

口頭の売り声――『源氏物語』

『源氏物語』は世界文学史上の奇蹟といわれる。欧州では男たちが野で狩りと戦争に明け暮れていたころ、極東の島国にブルジョア末期を思わせる優雅な愛の物語が突然生まれるのは、単なる文明の気まぐれだろうか。この源氏物語の中に売り声が残されている。

広告の原形は口頭の売り声であるが、これについては、『源氏物語』（一〇〇一～一〇一一年）の東屋の巻に次のような記述がある。何を売るのかは不明だが、このころ京の街では売り声が一般的になっていたのであろう。

> 程もなう明けぬる心地するに、鶏などは鳴かで、大路ちかき所に、おほどれたる声していかにとか、聞きも知らぬ名のりをして、うち群れて行くなどぞ聞ゆる。

売り声は媒体を使用していないので、広告の定義からは外れるが、広告の原型とはいえよう。英語では触れ役（Crier）という職業があり、まだ、媒体による広告が一般的になる前には広告と併行して用いられていた。

三　源平の争い、平家対宋貿易を推進

第三期は源平の争いが激しくなったころで、両軍とも源氏は白旗、平家は赤旗を使用して、闇夜でも識別できるようにした。このような集団を識別するためのサイン、標識は紋章と呼ばれ、平安時代中期以降に、まず公家の間で広まり、やがて源平の識別に使われるようになった。古くは天皇の礼服に衮竜（こんりゅう）の文をつけることから始まった。平安中期には公家や貴族は自家用の車を持ち、これに各家の紋章をつけた。こうして、日本では五〇〇近い紋章が使われるようになった。

西洋では、十字軍の出撃に際して、敵味方を識別するため紋章が生まれたという。しかし、日本では家ごとに家紋があるのに、西洋にはこのような習慣がない。

企業が紋章を持つ習慣は、したがって、日本では、企業の誕生とともにあった。日本で最初に誕生した企業は大阪にある天王寺の造営に当たった金剛組であるという。創業は五七八年だから、あるいは世界最古かもしれない。この会社はマークではないが、大工道具として手斧（ちょうな）打ちの儀式をシンボルのように使っている。(1)

本格的なシンボル・マークの最初は虎屋（一五二六年）、養命酒（一六〇二年）、越後屋（一六七三年）などである。その後、江戸時代に誕生した企業はすべてマークを使用している。アメリカの経営学でC・I（Corporate Identity）論が生まれたのは一九六〇年ごろである。

宋代済南劉家功夫針舗広告銅版（960—1139）
済南には専門に針を製造，販売する劉家針舗がある．この銅版には「上等鋼条を購入し，細い丈夫な針を造ります．店前の白いウサギは当店のシンボルで，お見分けください．」というコピーが書いてある．また，銅版には針を持つウサギが描かれている．たくさんのチラシを印刷してあちこち配布するために作られたものであろう．これは中国最初の広告実物だという説もある．最初の商標であるかどうかはまだ明らかになっていない．

「清明上河図」部分（1000年ごろ，ところどころに看板が見える）

中国では広告の銅版

この当時、中国に世界で最も古いビラの銅版が残っている。[2] 最初、上海の博物館に保存されていたが、今、北京の歴史博物館に保管されている。兎印の針屋の広告である。西洋で銅版の印刷が始まったのは十五世紀で、一四七三年から一四九二年にかけて出版した百冊の書物、英語に翻訳した二〇冊ほどの本が残っている。カラー印刷もある。この中にキャクストンのブランド・マークがある。一四八七年に初めて使われたという。[3]

「清明上河図」に見る開封の状況

また、中国では北宋の時代（九六〇〜一一二七年）都は開封にあった。開封は東京とも呼ばれ、栄えた。この繁栄の模様を描いたのが「清明上河図」で、清明節（春分後の十五日間、太陰暦では三月、太陽暦では四月五日ごろ）のころの模様を描いた絵がある。その中に市の模様が描かれている。一九九二年に訪問したとき、ガイドの説明ではこのような光景は黄河の洪水で

現在も残っている古い家（開封，1992年）

埋まってしまったという。しかし、九〇年代に入って、埋まったところを掘り起こしたところ、一〇〇〇年前の住居、商店あとがそのまま出て来たといっていた。一部に掘り起こした家屋を見せていたが、色は黒ずんでいたが、大きさ、スタイルは今と変わらなかった。二〇〇四年に訪問したときは清明上河園という公園が作られ、当時の模様を再び見ることができた。

　この「清明上河図」は北京、台湾の博物館に保存されているが、実に三メートルの長さである。前掲図はその一部をコピーしたものである。

第四章　鎌倉時代の広告

鎌倉時代は天皇親政が終わりを告げ、武士による政府ができ上がった。武士はもともと天皇家とこれを取り巻く貴族を守る階層であったが、次第に実力をつけ、貴族、天皇に代わって政権を取った。この間、貴族の荘園は少なくなり、武士の荘園が取って代わった。武士の生活は貴族に比べて質素であるから、多数の農民の支持を得た。しかし、鎌倉時代は隣の中国で過去最大の国家・元が成立した（一二七一～一三六八年）。元は二回にわたり、日本に戦争を仕掛け（一二七四、一二八一年）、鎌倉幕府は勝利はしたものの、その傷手を回復することは容易ではなかった。しかし、一二九九年にマルコ・ポーロが『東方見聞録』で書いたように、西洋にとって、日本は黄金の国とうらやまれた。マルコ・ポーロの得た情報は南宋と日本の貿易に従事した人たちからの伝聞が大きかったと思われる。

このころ、ヨーロッパではキリスト教徒がイスラム教徒を討伐するための十字軍が七回にわたって行われた。第一回が一〇九六年、七回目が一二七〇年である。この十字軍に参加するためにヨーロッパ各国の軍団は自分の軍隊のアイデンティティを示すために、マークやカラーをきめた。いわば、C・Iの初めである。日本はこれより少し前、源平がそれぞれ白旗、赤旗でアイデンティティを明らかにしていた。

広告についても、鎌倉時代には宋から店頭看板が導入され、紙の製造が軌道に乗り、各地に農家の余剰物資を扱う市が立ち、販路を拡大した酒屋にはブランドが誕生した。このブランドは柳屋といい、その後、

店頭看板の始め　聖一国師が筑前の栗波吉右衛門に書き与えた看板（仁治２〔1241〕年）虎屋所蔵）

酒の醸造容器が壺から樽に変わるころ、模倣する酒屋が現れ、室町時代にさし止めの訴訟を起こした。いわばブランドに資産を感じていたことを示している。

一　今日に残る店頭看板

現存する看板で最も古いのは仁治二年（一二四一）の「御饅頭所」の看板である。虎屋の前身は一二四一（仁治二）年七月、聖一国師（弁円）が宋から帰り、筑前（福岡県）の崇福寺に住み、栗波吉右衛門に饅頭のつくり方を教えたという。この饅頭は酒皮饅頭であった。このときの看板「御饅頭所」が虎屋に残っている。もっとも口伝によれば虎屋は奈良朝のころ、御所御用であったという。同社の『虎屋概史』ではその後、桓武天皇の平安遷都にしたがい京都に移ったという。

仁治二年とは鎌倉時代、北条氏三代泰時の時代である。中国は蒙古が宋を圧迫し始めたころで、南宋から多くの僧侶や商人が日本に移住を始めた。このころ、乗員一〇〇人にも上る大船が毎年、四、五〇隻も渡っていた。輸出品は材木、硫黄で、輸入品は香料、染料、鳥獣、磁器、織物、絵画、書籍であった。しかし、十三世紀半ばには幕府がこの貿易を統制した。輸出代金として銅銭は日本でも流通し、貨幣経済が定着した。弁円もこのような船で往復したのであろう。

固形の看板が作られるようになったのはこの時代で、わが国で現存する最古の看板は東京赤坂の虎屋が保存している。同社の前身は元からきた林浄因であった。彼は京都の建仁寺（一二〇二年栄西の創建）の龍山禅師に従って来日し、奈良に住んで、わが国最初の饅頭を作った。一二四一（仁治二）年七月、聖一国師（弁円）（一二〇二～八〇）が宋から帰り、筑前の崇福寺に住み、栗波吉右衛門に饅頭（酒皮饅頭）の製法を伝え、この「御饅頭所」の看板を掲げたという。弁円は駿河の人で、三井寺、南都、鎌倉に学んだあと、一二三五（嘉禎一）年、入宋して径山の無準の法を嗣ぎ帰国した。筑前崇福寺のあと、京都の東福寺を開き、その後さらに鎌倉寿福寺、京都建仁寺に歴任、その法流を東福寺派といった。

二　チラシ広告（引札（ひきふだ））のはじめと宗教広告

日本で印刷が広まったのは聖徳太子（五七四―六二二年）の十七条憲法にまで遡るといわれる。印刷には原版とインクと紙が必要である。この三者が揃わなければ大量印刷は不可能である。この三者を揃えたのが一遍智真（一二三九―一二八九年）の配った「南無阿弥陀仏決定往生六十万人」という賦算の札である。この札は今も藤沢の遊行寺（清浄光寺）で配ってくれる。一二七五（文永十二）年に浄土宗の開祖法然（一一三三―一二一二年）の弟子聖達（生没年不明）から教えを受け、熊野に参籠し、念仏の奥義を会得し時宗を開いた。

大伏肇の取材によると次のようないわれがある。

百日満願の暁時、熊野権現が一遍の前に現れ、「南無阿弥陀仏の札を作り、諸衆に配るように。さすれば、これを手にした人は往生する」、と告げた。神の示された偈文には、「六字名号一遍法、十界依正一遍体、万行離念一遍証、人中上々妙好華」と書いてあった。一遍は、偈文の頭文字をとって、「南無阿弥陀仏」の下に「決定往生、六十万人」の文字を入れ、「賦算の札」と名付けた。

宗教広告を今日の広告の元祖と考えるには異論を唱える人もあると思うが、アメリカにも、キリストは「最大の広告マンである」という内容の本があり、物議をかもした経緯がある。(1) 著者のブルース・バートン（一八八六―一九六七年）は第一次世界大戦のあと広告会社を設立、一九二八年に同業のザ・ジョージ・バッテン社と合併してＢＢＤＯ（Batten Burton, Durstine & Osborn, Inc.）となり、今、世界第四位の広告会社である。この本のカバーに「青白く弱々しく、疲れはてて悲しげな目をしているキリストはどこかまちがっている。日曜学校で抱いた疑問を持ち続けていた少年が、後年、実業家となって聖書を読みかえしたとき、実際は底知れぬ体力と気力と起動力をもち、人との交わりを好み、すぐれた統率力をもつイエス・キリストの実像を発見して驚いた。説得と宣伝の技術にかけては天才的だった」とある。この本の第五章「イエスの広告」に要約されているが、「イエスはニュースが広告になることを知っていた。」「評判は繰り返しである。」など、広告と広報の相乗効果を述べている。

今、日本の折込広告の総額は四七六五億円（二〇〇四年）で、ＳＰ広告の中では展示・映像、屋外広告より多い一番目、マスコミ広告に比べるとテレビ、新聞に次いで三番目である。つまり雑誌広告、ラジオ広告や交通広告より多いのである。しかも、この広告データは新聞の折込料金を集計したものなので、印刷費や材料代を加えれば一兆円を超え、新聞の広告費と対等である。歴史的にいうと、折込広告の前は引札であった。引札が最も盛んに用いられたのは江戸時代で、このころは今のテレビ媒体のように圧倒的に強い媒体であった。越後屋（今の三越）が一六八三（天和三）年に配布した引札は大伏肇によると五〇〜六〇万枚、一八四〇（天保一一）年に大坂店が配布した引札が七〇万枚という。このように大量の引札を使えるようになったのは紙の製造技術が大幅に向上し、生産量が飛躍的にふえ、価格が引き下げられたからである。江戸時代、十七世紀から十八世紀にかけて一五倍にふえた。

この紙は推古天皇一八（六一〇）年に高句麗の僧曇徴によって伝えられた。奈良時代には官営、民営の製紙工場が併存した。原料は江戸時代まで含めてコウゾ、ガンピなどで、これで初めて大量に作られた印刷物が『百万塔陀羅尼経』であった。

一遍上人（智真）（一二三九―八九年）は「南無阿弥陀仏」のお札をつくり、全国を遊行しながらこれを配った。その数は六〇万枚といわれ、「賦算の札（配り札）」といった。この札を配りながら、「念仏を唱えよ、さすれば往生間違いなし」といった。この護符は仏教のみならず神社も利用した。

引札の始まり（賦算の札，藤沢遊行寺）

富山県の立山は霊山として知られ、衆徒は全国をめぐって立山信仰を勧めて歩いた。衆徒は立山まんだらという地獄の苦しみと仏の救いを示す絵を見せて、立山神の本体である経帷子を病気除けのお札と一緒に配置し、その代金を翌年に使った分だけもらうという経済活動をしていた。この全国を回る人々を御師といい、長旅の必需品として、腹薬として黄蓮（三動草の根）、熊胆などを持ち歩き、自分だけでなく世話になった人に配った。地獄谷の硫黄を薄い板につけた早付け木は、今日のマッチであった。これらがやがて商品化して、富山の置薬屋になる。この先用後利の商法で配置業を始めたのは一六九〇年といわれているが、この商法は仏教の布教と結びついて、奈良時代まで遡れるかも知れない。「延喜式典薬寮」（九二七年完成）には立山付近で熊胆、黄蓮など一六種の薬が作られたことを記している。

上掲図は御師たちが持ち歩いた護符だが、この護符からやがて、商業目的の引札につながった。その実践は富山の薬種商たちには無理なく引きつがれたのであろう。

「立山穴宝」
御師たちが配った護符

三　最初のブランド——柳屋の六星紋

民間の企業、ブランドが登場するのが室町時代である。企業名を屋号といった。屋号の始まりは「一三七一（応安四）年ごろ、摂津有馬への街道大田宿に的屋という宿屋、播磨東条の八日市にカヤ屋という宿屋があった。奈良にも東大寺の門前にある転害門の近くに一四〇三（応永一〇）年ごろ、稲屋、亀屋などの宿屋があった」（豊田武『日本商人史』中世編、東京堂、一九四九年、七一—七二ページ）。しかし、高桑末秀は酒屋の商号はもっと古いといっている。一二九四（永仁二）年ごろ、柳屋という酒屋が京都の五条坊門西洞院にあった。この酒屋は日蓮の弟子日像上人が布教のため京都に入ったとき、最初の檀那になったという。檀那はサンスクリット語だが、フランス語のドネ（与える）とも共通しており、スポンサーがふさわしい。柳屋がスポンサーとなって建てた寺が妙法蓮寺である。日像が開基した妙本寺が一四一四（応永二一）年に破壊されたとき、再建費用千九百貫の半分を超える千貫文を柳屋は負担した。やがて、柳屋の酒は柳酒とも単に柳とも呼ばれ、ブランド化する。

柳屋が六星紋のマークを採用したのも、成り行きであった。このマークは酒樽とのれんに付けられた。この商号とマークは盗用され、当主の家俊は、商標の侵害を差し止めるよう幕府に申請して受け入れられた。すでに商標法の考えがあったといえよう。柳屋はこれを機会に大柳屋と改めた。

柳屋の六星紋という商標は『家紋大図鑑』(2)によると六つ星紋という。「この紋が初めてみられるのは『親元日記』で文明十（一四七八）年四月十八日の条に「中興新左衛門家俊というものが自家の紋を酒屋の商標に流用されて困る、と訴え出た」とある。

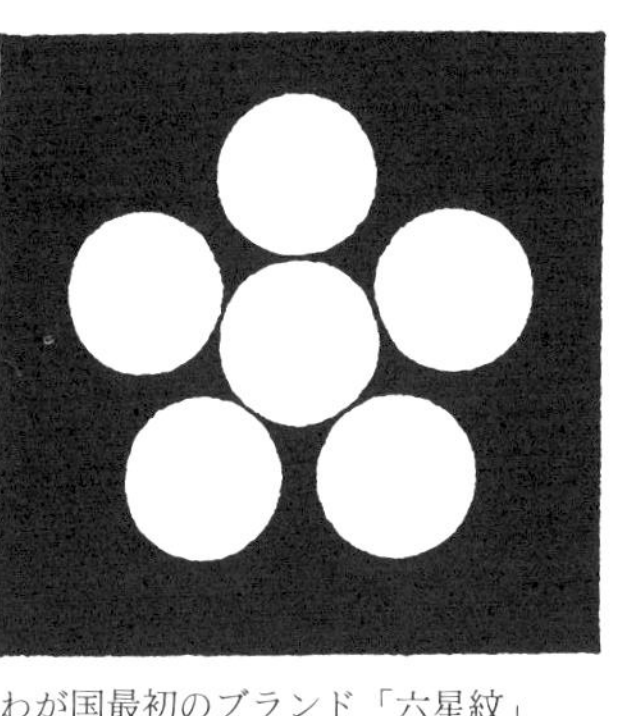

わが国最初のブランド「六星紋」

この『親元日記』というのは室町幕府の政所代蜷川親元（一四三三―八八年）が一四六五（寛正六）年から一四八五（文明十七）年までに書き残したもので、目録四冊、ほかに別録二冊がある。蜷川氏は代々室町幕府に仕え、幕府の政所代の職を世襲した。

今日のいわゆるしにせの屋号と商標を調べた島武史によると(3)、一番古くからある屋号は一三一九（元応元）年の三光丸本店で、江戸末期の引札に「それより世代わり星移りて後醍醐天皇吉野の仮家にまします時、越智（のち米田氏と改む）伊予守、この薬を朝廷に献じ奉れば帝も叡慮うるわしく、日の神、月の神、星の神の授け賜う秘方なりとて三光丸の勅号を賜りける」とある。

同じく、島が挙げる中世に端を発する企業名、ブランド名では八丁みその大田商店がある。一三三七（延元二）年の創業で、岡崎市にある。つまり徳川家発祥の地である。もと酒屋であったが、偶然、自家用みそを開発、風味がよかったため売り出した。南北朝のころである。十六世紀になって秀吉がまだ日吉丸と呼ばれ、全国を浮浪して歩いていたころのこと、大田商店に忍び込んで、食事を盗んでいた。見つかった日吉丸は、みその仕込みに使う重石の一つをそばの古井戸に放り込んで、その物音と共に逃走したという。その「日吉丸・石なげの井戸」が大田家に残っている。

四　ブランド資産論

一九九〇年代にアメリカでブランド資産論が生まれた。ブランドに資産価値があるという考えは日本のほうがはるかに古い。まずブランドが最初に誕生したのは、前述のとおり一二九四（永仁二）年京都の酒屋・柳屋である。その後、この酒屋は六星紋というマークを採用した。そのマークは絵のとおり。西洋の場合、星は☆と描くが、日本の場合はこのように○で描く。「日月星辰はみな書体の一つとして古代人の信仰の対象となっている。この世に光を与え、万物を育み、満ちては欠け、欠けては満ちるその不思議な霊力は素朴な古代人には神そのものであったに違いない。[1]」星を扱った紋は六星紋のほかに他山三つ星、三つ星に一つ引き、四つ星、五つ重ね星など五〇くらいある。六つ星も離れ六つ星といって、この六つ星がもう少し離れているものもある。[2]

当時、柳屋がそのブランドを資産と考えていた証拠に、応仁の乱（一四六七―七七）のころ、当時家俊が盗用されている柳屋ブランドの差し止めを幕府に申請したことがあげられる。申請によって他の柳屋ブランドは姿を消したのかどうかは定かでないが、やがて柳屋は大柳屋と名前を変えたところを見ると、成果は目ざましくなかったのかも知れない。室町幕府は後の徳川幕府より強くなかったからかも知れない。

（室町時代の頃に後述）

五　銘柄とブランド

日本語の銘柄は英語でブランドという。このことばの意味するところが、また日本人のブランドに対する考え方を表現している。銘柄の銘は「しるす」、「深く心におぼえしるす」の意味である。感銘、座右銘などと使う。日本語としては銘茶、銘酒などのように、物品の精製したものである。銘肝は「肝に銘ず」とも読み、心に深くしるして忘れないことである。一方、柄は訓読みから日本語とわかる。体格、なり、体の大きさから転じて織物や衣服などの模様（花柄）さらに名詞の下に付いてその性質や状況などの意を表す。人柄、場所柄、仕事柄、時節柄、等々。したがって銘柄は重箱読みである。今は単に商標と同じように使うこともある。大伏肇氏は銘柄ということばは明治時代初期に生まれたことばだという。

一方、ブランドのほうは焼印、焼鉄の跡、烙印だが、これは昔、罪人に押したものが起源である。だから汚名（stigma）なども同じであった。The brand of villaing は罪人の極印であり、the brand of Cain はカインの烙印である。殺人の罪を犯した印である。the brand of poverty は貧乏の烙印であって、その生まれはよいイメージがない。その後、品質、内容、製造所、所有者などを示すために家畜、商品などにつけた焼印、焼判に転じてきたが、これも、単に商品を識別するための印であった。中国語でブランドは商牌である。これも商業上のしるしであって、深い思い入れはない。

一九九七年、急逝された矢嶋仁氏（アーチャー新社社長）が、同年九月二十一日の日本広告学会第二十七回大会で研究発表された中に、次のようなことばがある。

「一九七〇年代の後半からイギリスにおいて、人の配当からのれん代（goodwill）の概念が登場した。倒産後ではなく、倒産前のブランドの資産価値に対する融資が真剣に問われはじめた。当初は確かに倒産後ののれん代の適性価格追求であったが、次第に融資対象、Ｍ＆Ａとして発展してきた。（以下略）」「遂に一九八〇年にはイギリスで大蔵省も承認して制度化された。無形資産として、資産計上し、バランスシートにのせることが制度化されたのである。一九八二年アメリカに不況が訪れたとき、アメリカもイギリスの制度を導入しはじめた。」（清水公一著『共生マーケティング戦略論』創生社、二四六ページ）

これはどこから引用してきたのか、すでに亡くなっている人に聞くわけにいかない。英国ではすでに一七四三年の判例によりブランドは資産として取扱われ、一八一〇年の判決によって明確に定義されたといわれている（高瀬荘太郎『グッドウィルの研究』森山書店、一九三三年、二ページ）。私の見解ではのれんは日本では、古くから「のれんを守る」「のれんを分ける」「のれんをけがすまい」ということばがあるとおり、企業のプラスアルファ資産と考えていたことは明らかである。日本では一九三〇年に大野勇氏が『市場統制・暖簾の価値研究』という本を書いている（中文館書店）。ここには「商店または会社が多年の努力に因りて成功し、同様の事業における普通の収益率による以上の利益を上げるとき、その超過利益を生ずる原因がのれんである」と述べている。

「のれんは会社全体の資産であって、ブランド・エクイティは個々の商品ブランドの資産のことで、会社とは違う」と広報学会での批判があった。しかし、英語ではブランドを会社にも使うのである。カンパニー・ブランドとかエイジェンシー・ブランドという使い方である。ブランド・エクイティあるいは「のれん」は無形財産のことで、会社にも使うし個々の商品にも使うのである。

ところで、このように古くからある日本のブランド資産あるいは「のれん」は一九六二年の商法改正で、ちゃんと規定されているのである。それは次のとおりである。

第二八五条ノ七【のれんの評価】暖簾ハ有償ニテ譲受ケ又ハ合併ニ因リ取得シタル場合ニ限リ貸借対照表ノ資産ノ部ニ計上スルコトヲ得此ノ場合ニ於テハ其ノ取得価額ヲ附シ其ノ取得ノ後五年内ニ毎決算期ニ於テ均等額以上ノ償却ヲ為スコトヲ要ス（昭和三七法八二本条追加）

六　実物看板――「一遍上人絵伝」にみる

一遍上人（一二三九―一二八九年）は鎌倉時代中期、浄土宗の一派とされる時宗の開祖。浄土宗は鎌倉初期に法然（一一三三―一二一二年）が開祖。ひたすら念仏を唱えることで極楽浄土に往生できるとする。

（上）わらじを括りつけた杭
（下）旅人にわらじを売る店の女性（「一遍上人絵伝」）

一遍は生涯を遊行に捧げたので、遊行上人ともいう。踊り念仏を始め、念仏信仰の普及に尽くした。上人の伝記絵巻が「一遍聖絵」あるいは「一遍上人絵伝」で全十二巻。正安二（一三〇〇）年八月に一遍の弟聖戒が詞書を作り、法眼円伊が絵を描いた。十三歳のときから修行に出て、入滅（正応二年、一二八九）までを四十八段にわたって描いている。全十二巻四十八段の中の第六巻、第二十三段に、伊豆の三嶋神社にお参りする場面が描かれている。

ここに、三嶋神社の門前で売られているわらじの看板がある。実物看板で二本立っている。これを下馬札という見方もあるが、黒田日出男氏はもう一つの証拠を示して、下馬札説を否定している。それは金蓮寺本「一遍上人絵詞伝」巻八、第二段に、相模と甲斐の国境にある御坂峠の木戸の脇に、杭にわらじがつけてあるという。国境の峠道にあるわらじを下げた杭は下馬札とはいえないというわけだ。険しい山道を上下する旅人は何足かのわらじを腰に下げて歩いていたが、それもなくなると峠のわらじ売りから買わなければならなかった。この「聖絵」でも同じ画面の下にわらじを従者らしい男に手渡している場面が描かれている。この鳥居前の店はわらじ屋であったのだ。

第五章　室町時代の広告

はじめに

室町時代とは、足利氏が政権を握り、京都の室町に幕府を置いていた時代、一三三六（延元元）年〜一五七三（天正元）年をいうが、ここではこのあとの織豊時代（一五六八〜一六〇〇年）も含めておく。鎌倉時代末期から、大陸では元が亡び（一三六八年）明に代わり、朝鮮半島では高麗が一三九二年に李氏朝鮮に代わった。この間、わが国は倭寇といわれた日本人が大陸で掠奪を行ったといわれるが、元来は貿易が目的だった。一四〇四年には明が公式に勘合貿易を認め、大陸からも貿易者がふえ、幕府や一部大名は積極的に貿易を行い、中国の永楽通宝などが日本で流通するまでになった。それだけ日本の経済が農業主義から商業主義に変わって来た証拠である。その根拠には農業技術の進歩があった。農業機器の増加、肥培技術の上昇などで農産物にゆとりが出て、商品化したためである。商品取引が盛んになり、市がふえ、市をコントロールする問屋が生まれ、為替の利用も始まった。これを幕府がサポートすることになったのは逆に室町幕府が弱体化したことにもなる。金閣寺が一三九二年、銀閣寺が一四八三年に建立されるころまでには、守護が荘園を支配し、年貢を徴収してきたが、権力の弱体化で、農村自らが郷村制を作り、各地に自治的な組織が生まれた。さらに幕府が亡びてから、豊臣秀吉は検地、刀狩りを行い、かつ楽市楽座制を敷いて、経済は急速に発展した。

平安時代後期から官営の市はさびれ、各地に市が誕生した。しかし、鎌倉時代に入ると特定の社寺や公家たちによって、市や座はコントロールされるようになった。その代わりに独占営業権が保証された。室町時代には各大名は地方産業の発展を支援する目的で、このような座や市を廃止し、だれでも市場に入り、座を構成することなく営業を認めるようにした。これが楽市楽座で、最も大々的に行ったのが、織田信長であった。

経済の発展とともに広告にも新しい動きが現れた。

第一にシンボル看板の登場である。平安時代にも商店ののれんにシンボルらしきものが描かれているが、商店や商品と関係がない。室町時代「星光寺縁起絵巻」(一四八七年)に筆屋に筆の絵看板が現れている。次いで今日まで使用されている杉の酒樽が登場する。これは一五五〇年のことと推定されている。

第二に鎌倉時代に登場したお酒のブランド柳屋の六星紋を真似する酒屋が現れ、これを柳屋の当主家俊が幕府に差し止めの訴訟を起こしている。一四七八年のことで、日本にブランドを資産とみる考えがあったことを証明している。アメリカでブランド資産論が主張されたのは一九九一年のことである。筆者が二〇〇〇年に行った市場調査では日本人はブランドにこだわるが、アメリカ人はこだわりが乏しいのである。[1]これでは広告の長期的効果が乏しい。アメリカでもこのような考えに基づいて、ようやくブランド資産を創造するためのマーケティング戦略が主張され始めた。五〇〇〇年の差がある。

第三に広告と広報との組み合わせに取り組んだ剣菱の例を取り上げる。剣菱は創業以来、広告をせず、専ら広報に力を入れた。広告と広報について、日米の消費者調査を比較して行ったところ、日本では広報を先に行い広告をあとでフォローすることがブランドの知名度をあげるが、広告を先に行うことはその効果を削ぐという結果になっている。(2) 最近アル・ライズとローラ・ライズとが『ブランドは広告ではつくれない』という本を出した。(3) この本の表紙に最初にPR、その次に広告と書いている。しかし、アメリカではそのことにようやく気付いたのか、日本ではこのとおり室町時代から、そういう考え方はあったのだ。ここでも五〇〇年の差がある。

第四に楽市楽座とも関係があるが、織田信長は近江に安土城を築いた。近江国（滋賀県）は大和時代に天智天皇が都を置いた。このとき白村江の戦いで破れた百済の人たちがこの地にも移住した。そのためか、近江には国際的な雰囲気があるのではないか。現在、日本橋に開業しているふとん屋の西川産業は創業一五六六年で、江戸時代に入るが、江戸に進出したのち、蚊帳の開発に当たってテスト・マーケティングを行っている。（江戸時代の項参照）

一　ブランド資産を守る闘い

柳屋ブランドは残念ながら今、残っていない。しかし、室町時代に誕生して、今も繁昌しているブランドには次のようなものがある。

醤油のキッコーマン（一五六一年）、寝装問屋の田端屋（一五九九年）、かつおぶしのにんべん（一五三七年）、いかの塩辛の美濃屋（一五三一年）、小西酒造（一五五〇年）、などである。(1)

江戸時代に入る少し前、秀吉の亡くなる直後に誕生したのが日本橋堀間にある和洋寝装問屋のしにせ（株）田端屋である。一五九九（慶長四）年の創業である。商標は木綿の原糸を紡ぐ紡車のかなめを意味している。

このほか小田原のイカの塩辛元祖美濃屋吉兵衛商店が一五三一（享禄四）年に創業し、今も現存している。今日の住友は当時泉屋といった。今日の井桁のマークはいずみ、つまり井戸の木枠をかたどったものである。

田端屋の商標

本の出版で版元の名を付け始めたのもこの時代である。井上隆明によると鎌倉中期の一二四七（宝治元）年『三経義疏』が法隆寺版、一二五〇（建長二）年の『孔雀明王経』が岩清水版、一二六七（文永四）年『表無表章補行文集』が奈良西大寺版などお寺の名を付し、一四九二（延徳四）年の『大学章句』は延徳版、一五二九（享禄二）年『御成敗式目』は享禄版、一五三〇（享禄三）年『医書大全』は阿佐井野氏刊など、年号で差別化したり、最後のものは版本人の名が登場している。(2)

二　杉の酒林は酒の産業革命のシンボル

日本の看板に関しての最初の研究、坪井正五郎著『工商技芸看板考』（一八八八＝明治二〇年刊）では看板を一三通りに分類した。考察した看板は一二七である。

売物を直ちに	一〇	七・九％
売物を見やすいように	二	一・六％
売物の模造品	三四	二六・八％

職業の手際を見せる	六	四・七%
売物の絵を描いた	六	四・七%
売り物または職業の付属品	二	一・六%
売り物または職業の付属品模造	九	七・一%
売り物または職業の付属品を描く	二	一・六%
売り物の性質を示す	七	五・五%
売り物または職業の故事を引く	二	一・六%
売り物または職業の性質を隠語で	一五	一一・八%
売り物または職業の名を記す	二九	二二・八%
技芸をする者の名を記す	三	二・四%
(計)	一二七	一〇〇・一%

この本は江戸から明治初年の看板を考察したもので、この中で、最も歴史が古く、また今日もなお使われている酒屋の看板がある。杉の酒林(さかばやし)で、その起源については三説があり、前記の高桑末秀が詳しく考察している。第一説は中国からきたとする中国模倣説、第二説は三輪神社縁起説、第三説は酒のつくり方が酒壺(瓶)から杉の酒樽(たる)へ変わったことから出てきたとする産業革命説である。高桑は豊富な文献を検討したが、まず中国では酒屋の看板は専ら旗であって、のちに酒箒(さかぼうき)を用いたことはあっても、その材料はササ、ワラ、クサ、シバの類で、杉ではなかった。大和の三輪神社の神木が杉で、『日本書紀』では崇神天皇のとき、三輪山のふもとの高橋の村に住む活日(いくび)という者を、三輪神社の大物主大神に捧げる神酒を

坪井正五郎著『工商技芸看板考』表紙
(明治20年刊)

つかさどる掌酒（さかひと）とし、冬十二月二十日、この大神をまつり、神殿で宴を開いたとき、廷臣たちが「味酒、三輪の殿の神戸にもい出て行かな三輪の殿戸を」（おいしい酒のある三輪の社で、せめて朝日が射してから、三輪の社の戸を開けて、帰りたいもの）と歌ったのに対して、天皇もまたこれにこたえて「味酒、三輪の殿の……」と歌ったとあることを指す。しかし杉の酒林は新酒のできたときに掲げられてきた事実から見ると、三輪神社は酒の神であったがゆえに、逆に杉の酒林が使われるようになってから、三輪神社と結びつけられたと考えられる。

酒は奈良時代から壺でつくられた。杉の桶からさらに樽で作るようになると量的にも増えた。壺や瓶だと二石から三石が限度だが、桶や樽なら数十石入りが可能だ。輸送も便利で、一挙に商圏を広げることができた。酒の大量生産、大量販売が可能になったのである。その上味も良くなった。生産と販売の分化がすすみ、広告活動も活発になった。

それでは杉の酒林はいつつくられたか。十六世紀の半ば、天文年間（一五三二―五四年）と高桑は推定している。織田信長の時代で、全国に楽市、楽座が生まれたことと関係が深い。楽市、楽座とは自由な商業取引を原則とし、市座などを設けない制度で、織田信長が安土の城下町に楽市令を出したのは一五七七（天正五）年のことである。

この時期、看板の証拠となる挿絵が多く残されている。東京国立博物館にある「星光寺縁起絵巻」（一四八七年）に「筆屋」の絵看板が描かれている。最も古い看板の絵である。土佐光信（一四三四―一五二五年）の描いたもので、この絵には「建長（一二四九―五五年）のころ、京都六角櫛司に、貧しい筆屋の老婆が住んでいた。ところが、大風で屋根を飛ばされてしまった。日ごろ信仰している地蔵尊の霊験によって、若い法師らが家を修復してくれた。おかげで幸福な生涯を送った」という逸話が残っている。絵は赤子を背負った筆屋の老婆が筆を大きく描いた看板を見上げている。

室町後期、織豊時代（一五七四―九八年）に入ると、のれん、看板共に商号、商標が付いた。その証拠は「洛中洛外図屏風」で、旧町田家所蔵の「町田本」、上杉家所蔵の「上杉本」および東京国立博物館所蔵の「舟木本」「東博本」の四点が残っている。

不思議な丸い玉

酒蔵の前を歩いていて、軒先にぶら下がった巨大な玉を見たことがある人もいるはず。一見して蜂の巣か、マリモのおばけにしか見えないあの不思議な丸い玉。

実はあの巨大な玉、名前を「酒林」といい、またの名を杉玉といって、杉の葉を束ねて球状に刈り込んで作られたもので、いわば酒蔵の看板である。

酒と杉の関わりは古く、軟らかく加工しやすいことや殺菌成分を持つなどの杉の特性を、造り酒屋はさまざまな場面で利用してきた。たとえば、桶や樽、枡に使われている。ほかにも、酒米を浸した水を桶の底から抜く際、米の下に重ねて敷いた杉の細い葉がフィルターの役割をして水だけが抜け、米は外にこぼれない。そんな使い方もされていた。

不思議な丸い玉・酒林

さて、酒林は、毎年新酒のできる年末になると青々とした杉の葉で作った新しいものが軒下に吊るされ、「今年も新酒ができました」というメッセージを知らせる役目を果たす。そしてまた酒づくりが始まり、若々しい緑色をした酒林がゆっくりと枯れていき、時を重ねて茶色くなって趣を増していく様子には、蔵の中で酒がゆっくりと熟成されていくイメージを重ねることができる。酒林は、酒にまつわる商売のシンボルであり、また、酒そのものの象徴でもある。

三　広告をしないブランド、剣菱

日本にも「よい酒には看板はいらない」という諺（ことわざ）がある。剣菱という酒はこの諺にならい、広告をしない。酒瓶にも住所などはない。

中国にも似た話がある。「酒香不怕巷子深（チュシャンブーパーシャンツスン）」という諺で「酒は香りがあれば、酒屋が町の奥にあっても大丈夫」という意味である。

英語ではGood Wine No Bushといい、ブッシュはツタの枝の意味で、ヨーロッパでは酒屋の看板に用いられていた。写真はウィーンの最近の看板である。フランス語ではBon Vin, Pas Enseigneといい、ストレートに「よい酒には看板はいらない」となる。

剣菱は「銘酒剣菱、維新回天の巻」というパンフレットを、同社の最高品、超特選、瀧水に入れている。これによると、創業は永正二（一五〇五）年というから、柳屋ブランドよりかなり新しい。このブランドの上は男性、下は女性のシンボルだという。これで更新和合若返りの霊泉といわれていた。まさに精気の回天というわけだ。

今の社長日貸立屋氏の話だと、「広告をしないのは広告にかける費用があるなら、すべて製造のために使うべきだという伝統的な考えによっている」ということだった。社史も作っていない。ただ、今流にいえばパブリック・リレーションには若干の費用を使っている。

江戸時代に入ると平田篤胤（一七七六―一八四三年）の『伊吹於呂志（いぶきおろし）』中に「極楽よりは氏の世が楽し

きづたの看板（ウィーン）

「剣菱」のブランドマーク（箱のラベル）

みだ。美濃米を飯にたいて鰻茶漬、初堅魚(かつお)に剣菱の酒を呑み……」とある。また、頼山陽(一七八〇―一八三二年)の摂州歌は「讃剣菱酒詩」とサブタイトルにある。さらに、藤田東湖(一八〇六―一八五五年)の瓢貧歌などの中にも引用された。また歌舞伎「仮名手本忠臣蔵」七段目の開幕第一声に大星由良之助が奥方からの密書を受け取る時に、あたりに人目の有無を計るため「剣菱持て」と叫ぶ場面がある。(*)すべて剣菱というブランド名が入っているので、広報というべきか広告というべきか。長いブランド確立戦略はきわめて日本的といえるであろう。結果は江戸流行銘酒番付表の中で東の大関に位置づけられている。

* 銘酒元祖ケンビシ『銘酒剣菱維新回天の巻』剣菱酒造株式会社

第六章　江戸時代の広告

江戸時代は徳川家康が征夷大将軍に任命された一六〇三年から、一八六八年九月に明治と改元された年までの二六五年間である。この間を三期に分けて考察する。しかし、新しく登場した現象に焦点を当てているので、そこから継続して行われた事情については発生した初期から記述する。

江戸時代の時代区分を文化的にみると、元禄、化政、幕末となる。この各々の時代の中から一つずつ、広告を紹介しながらその時代の特色を見てみよう。初期の広告はストレートで、化政期には成熟期を示す豊かなレトリックを使用した広告が現れる。そして幕末には頽廃的な広告、あるいは判じ物のような広告が現れる。

広告物ばかりではなく、この時代に広告会社の原型が登場する。十七世紀に俗称「慶安」といわれる口入屋が登場する。世界で最古の広告会社は英国のコープとコージスの店といわれるが、これは求職・求人と不動産広告を扱った。口入屋の場合は就職活動だけだが、共通性がある。本格的な薬の問屋兼広告会社は「ひろめ所」で、一七六三（宝暦十三）年のことである。

媒体は最もよく利用されたのが「引札」で、今日のチラシに当たる。看板、ポスター、のれんなどは今日にも通ずる。今日のテレビCMに当たるのは、歌舞伎の中で俳優が語るせりふである。

広告の効果測定も行われている。三越の前身越後屋が三回、松坂屋が一回記録している。この記録から引札の効果は翌日現れ、一一日間つづく。今日の印刷広告の効果の表れ方と同じである。

クリエイティビティは平和な時代を反映したのか、今日よりのんびりしていたのか、長文のコピーがたくさんある。江戸中期に現れた景物本は、長いのは六〇ページにも及ぶ。（リストは一一九ページ以下を参照）。PR誌とは少し性格が異なっている。

I 前期（一六〇三―一六八八年）

マーケティング・リサーチ、広告会社の誕生、大量の引札配布とその広告効果測定、あるいは現金掛値なし商法はマーケティングの始めであるが、これらの中で広告会社の成立だけは英仏に若干遅れるが、あとはアメリカで二十世紀に入る前後にマーケティング戦略として主張されてきたことで、日本は英仏よりも三〇〇年から四〇〇〇年早い。P・ドラッカーはマーケティングの元祖は越後屋といっている。広告会社の誕生は英国、フランスのほうが古いが、日本は三番目である。

室町時代の続きであるが、ブランド資産を早くから手がけた企業、養命酒と白木屋にふれる。このほか一六六一（寛文元）年にキッコーマンの源流、高梨家の醬油醸造が始まる。ただし、亀甲萬の商標は一八二〇（文政三）年に使用され始めた。

四〇〇年の老舗「養命酒」

日本では今でも企業ブランドと商品ブランドが併用されている。その証拠は広告学会のプロジェクト研究で明らかにしたが、日本人は商品を選ぶとき、あるいは品質を見分けることが難しい場合、メーカーや扱い店のブランドで判断する。西洋人はあくまでも自分の五感や知識を生かして商品を選ぶ。

日本人は昔から野菜や魚などの選び方は別として、化粧品、歯磨、薬、もぐさ、たばこなど、何度か試してみないと選ぶことが難しい場合に、ブランドで選ぶ。したがってブランド訴求が盛んになり、さまざまな広告手段、今はやりのIMCが行われた。

一六〇二（慶長七）年に創業された養命酒製造は、約四〇〇年の歴史を持つ。アメリカの建国は一七七六年だから、当然、アメリカにはこのような企業ブランドはない。養命酒は信州伊那の塩沢家当主の「世の病弱者を救い人々の健康、長寿に尽くしたい」という願いから創製された。三二〇年後の一九二三年、東京に進出した。しかし第二次大戦下の一九四四年、戦火は全土に及ぶことになり、再び長野県上伊那郡に疎開した。一〇年後、東京支店を再開し、一九五〇年から統制が撤廃され自由販売となり、売上高は急上昇した。ちなみに同社の二〇〇一年度の売上高は一七三億五九〇〇万円である。

養命酒製造のC・Iマークは創業以来、飛龍である。飛龍のいわれは徳川家康に献上したところ、幕府から「天下御免万病養命酒」と免許され、霊薬のシンボルとして飛龍のマークを許可されたという。

養命酒製造のマーク

よきものを売る「白木屋」

古い企業ブランドに白木屋がある。白木屋は今はなくなってしまったが、創業は一六六二（寛文二）年、近江出身の初代大村彦太郎が江戸日本橋に小間物店を出した。二七歳であった。その前は京都にいて、伯父の相川道祐が、飛驒の領主金森侯から木曾山中の檜材を伐採して売りさばくことを命じられたときに京都で材木屋を開き、屋号を白木屋にした。

江戸に開いた小間物屋の屋号も白木屋とし、そのマークを木材に縁のある曲尺を交叉し、その下に数字の一を加えたものとした。同業者の中で第一位になることを目ざしたわけである。彦太郎はどうしても江戸に出たいと思い、二七歳のとき江戸日本橋に出て小間物屋、のち呉服店を開業した。このときもこのマークを採用した。江戸時代を通じて、白木屋は手堅い店として評価されていた。それは、

商いは　高利を取らず　正直に　よきものを売れ　末は繁昌

という歌の精神を全うしたからという（『白木屋三百年史』）。

この歌の精神を彦太郎は家法として作り、支配人、使用人一四名の署名を入れて残している。内容は法律を守り、悪いこと、不作法なことをしないこと、うそをつかないこと、と平凡なことではあるが、この精神が白木屋の繁栄をもたらした。この家訓はのち二代目安全が十九か条に改め、その後店員の増加とともに詳細な家法になった。

一八一三（文化一〇）年につくられた「江戸呉服木綿店商売繁昌番附」を見ると、白木屋は木綿店の座頭に入っている（しかし番附の中心は、越後屋八郎右衛門であった）。

一八五八（安政五）年には日米修好条約が結ばれるが、その締結の三か月前にアメリカ人二人が白木屋を訪れる。江戸の呉服店を訪問したいという希望に幕府が白木屋を指定したという。群衆が騒いで、入場を制限したそうだ。

鎖国されていたものの、江戸時代は世情も比較的安定し、消費者経済も大きく伸びた時代であった。さ

まざまに展開する民衆の消費活動の中で、広告の原型となるものがすでにあらわれたが、その中から今日の広告につながるいくつかを探ってみたい。

江戸時代に今日の広告の原型ができあがった。経済の担い手は商業資本家であったから、広告主も商業資本家が大部分であった。江戸時代の広告主を当時最大の広告媒体（引札）からみると次のとおりである。

一、衣料品――呉服、衣類、糸、裁縫、染物、綿・木綿
二、食品――菓子、米麦、油、こうじ、みそ、醤油、砂糖、乾物、八百物、かつおぶし
三、飲料――茶、酒
四、アクセサリー――足袋、履物、小間物
五、薬、化粧品――和漢薬、白粉
六、日用品――ろうそく、金物
七、文房具――和紙、筆墨、硯
八、出版――書籍
九、サービス――料亭、旅館、温泉宿

などであった。

一　市場調査の初め

西川産業（東京都中央区日本橋）の創業は一五六六（永禄九）年というから、四四〇年ほどの歴史がある。創業当時は近江国（滋賀県）蒲生郡南津田村にあった。行商中心で、近江で集めた麻布、呉服、錦織物、蚊帳などを持って、行商をし（「持ち下り」という）稼いだお金で、生糸、紅花、塩干物などを仕入れて、近江で売り捌いていた（「登せ」といった）。この往復取引で、儲けていた。創業二〇年ほどして、近江八幡に店を開いた（一五八七年）。店の名を山形屋、屋号を〈やときめた。この近江八幡町は、開店の二年前に豊臣秀次が近江八幡城を築き、翌年、「楽市楽座」の方針が発表され、自由な商売ができるようになった。

徳川幕府が江戸に開幕し、初代、市川仁右衛門は、元和元（一六一五）年蚊帳と畳表を専門に扱う支店を日本橋に「つまみだな」（市場の需要をみるための店）として開いた。テスト・マーケティングの好例である。いわばアンテナ・ショップだ。[1]

西川家二代目は初代の四男甚五郎が相続した。四五歳であった。彼は蚊帳が、麻生地のまま織られていたのを、心地よい色にならないかと日夜考えていた。近江から江戸に向かう箱根越えをしていたとき、疲れて木陰によりかかっていた。気がつくと、緑色の鳶蔓が一面に広がる野原にいた。蔓の若葉の色が目に映えて、さわやかな気持ちになった。この夢を再現できる蚊帳を作ることを心がけ、ついに麻生地を思い通りの色に染めあげることに成功し、縁どりを紅色に染めることにも成功した。こうして、緑と赤の近江蚊帳ができあがり、蚊帳の代名詞になった。この蚊帳は中から外は見えるが、逆に外から中は見えにくい。

これならゆっくり眠れる。

この蚊帳を売るのに、美声の者を選び、美しい半纏（はんてん）を着せ、「萌葱（もえぎ）の蚊帳！」と大声で広告をして売り歩かせた。こうして、たちまち、ヒット商品になった。(2)

この蚊帳行商を詠んだ俳句が残っている。

雨はれて　声いや高し　蚊帳売り

また、次のような小唄も残っている。CMソングのはしりかも知れない。

一声を東の町々に　残してゆくか
山ほととぎす　空も青葉のすだれ越し
　萌葱の蚊帳や　蚊帳や母衣（ほろ）蚊帳　涼しい風が来るわいな(3)

一八八七（明治二〇）年、西川は今日の主力商品ふとんに進出する。ふとんは、それまで買うものではなくて、各家庭で作るものだった。これを商品化したことは画期的なことであった。同社の社史『西川四百年史稿本』に「敷蒲団の先祖に当たるものは茵（しとね）（褥）であった。座蒲団様のもので、座ったり、寝たりするのに用いたようである。」「他方、掛布団の先祖は衾（ふすま）であった。」衾は、もともと衣服のようなものだったが、だんだん今日の蒲団のようになっていった。今日のような蒲団が出来上がったのは戦国時代末に棉の栽培が始まってからである。(4)西川が蒲団の取り扱いを始めてから、同社は「蚊帳・蒲団の西川」という、いわばC・Iが確立していった。蚊帳は季節商品であるのに対して、蒲団は季節を問わない。同社の企業基盤はより安定していくことになる。蒲団の市場導入と同時に同社は安眠、健康について研究を始めることになり、第二次世界大戦後には合繊わたふとんを誕生させ、西川産業は「健康は睡眠から。快適な睡眠環境を提案するのが、寝具業界の使命である」と考え、一九八四年には日本睡眠科学研究所を設立した。

二 吉原のIMC戦略

IMCとは広告をマーケティング・コミュニケーションとしてとらえようという考え方である。アメリカのノースウェスタン大学ジャーナリズム学部のドン・E・シュルツ、スタンレー・タネンバウム、ノースカロライナ大学のロバート・F・ロータボーンらが主張した。これまで、広告を独自のコミュニケーションとする考え方が、マスコミの中心にあったが、消費需要の飽和化した今日では、よりマーケティングに直結した広告として、(1)マス広告、(2)PR、(3)プロモーション、(4)パッケージング、(5)ダイレクト・マーケティングを統合したIMCを実践すべきだとした。ノースウェスタン大学ではすでに広告学科をIMC学科と改称するなど、実行が進んでいる。

一九九四年に日米の広告マネージャーに実態調査したところ、アメリカでは五五・四%の企業が実施、日本では三二・三%であった。一九九六年九月に開かれた日本広告学会第二十七回全国大会で、IMCに関して議論されたが、IMCとかつてのトータル・マーケティングとの違いや、マーケティング・ミックスとの区別も明確とはいえなかった。日本ではピーター・ドラッカーも指摘しているように、江戸時代にマーケティングが行われ、ＩＭＣも実践されていた。最近、アメリカでいわれ始めたブランド・エクイティ（ブランド資産）の考え方は室町時代から存在するものであった。

吉原のＩＭＣは一六一八年から

江戸時代、吉原（遊廓、レジャーランド）はすでにＩＭＣを実践していた。吉原といえば遊廓の代名詞となったが、それには吉原のＩＭＣが貢献している。[1]

吉原が遊廓として成立したのは一六一八（元和四）年のことであるが、当時、幕府は江戸市中に二〇ほどあった遊廓を、次のように合流させた。

吉原……明石町、本所、深川、三股中洲、根津、谷町、駒込、本郷、山下、浅草

品川……赤坂、麻布、三角、品川

板橋……板橋、音羽

新宿……牛込、ぢぐ谷、愛敬稲荷、鮫橋、千住

移転が完了したのは一六五六（明暦二）年のことであった。しかし、その後、吉原を除く他の宿場の遊廓は繁栄しなかった。吉原だけが繁栄したのは次のような五つの広告戦略があったからだ。[2]

（1）ショーウィンドー……張見世といって、内芸者あるいは、いないときは新造（新米の芸者）が張見世に出た。このとき三弦を見世の敷居際で演奏した。これを清掻（すががき）といった。いわば直接媒体によるＰＲである。

（2）印刷媒体……江戸時代に広告媒体の方法である引札はわずか四枚しか配布されていない。引札は禁止されていたが、幕末には遊客の減少で四枚が配布されていた。しかし、浮世絵師には鳥居清長、喜多

川歌麿、鳥文斎栄之、歌川豊国、菊川英山などがいる。浮世絵は、具足屋で売っていた。ガイドブックは「吉原細見」(年刊)といわれ、一六四二年の第一号は『吾妻物語』というタイトルであった。遊女、客、遊興費など細かく書かれていた。同名の書は明治時代までに六〇冊以上刊行された。蔦屋重三郎が担当したのは一七七五年からである。『遊女評判記』(吉原本)、『散茶評判記』、『色道大鏡』、『寝物語』、『難波物語』、『吉原すずめ』、『医心方房内編』などのほか、下記の本がある。

一六六五年　『吉原大全新鑑』
一六六八年　『吉原細見図』
一七一六年　『吉原小形横本』(ハンドブック風)
一七七九年　『吉原竪本』

蜀山人、山東京伝なども序文を書いている[3]。

(3)　広告劇……今日のテレビ媒体に当る歌舞伎では何度も吉原が舞台となる。江戸には歌舞伎の上演場所が最初の三つの後、四か所あった。二世市川団十郎(一六八八―一七五八年)は助六(「花館愛護桜」通称「助六由縁江戸桜」)を三度上演し、スポンサーとなった三浦屋の広告を出し、時に白酒、朝顔せんべい、うどん、袖の梅(酔い覚めの薬)なども取り入れた。その他、吉原の登場する歌舞伎には『参会名護屋』、『籠釣瓶花街酔醒』、『東海道四谷怪談』、『夕霧阿波鳴門』、『夕霧名残の正月』、『傾城仏の原』、『傾城浅間嶽』、『紀文大尽廓入船』、『五大力変緘』、『心中紙屋治兵衛』、『百千鳥鳴門白波』、『花吹雪恋手鏡』、『染模様妹背門松』、『傘轆轤浮名濡衣』、『傾城三拍子』、『渡恋雁玉章』、『恋飛脚大和往来』、『油商人廓話』、『雪暮夜入谷道』などがある。古典落語は約五〇〇点あり、この中で吉原を扱ったものに『明烏』、『幾世餅』、『居残り左平次』、『お見立て』、『五人回し』、『子別れ』、『紺屋高尾』、『盃の殿様』、

『ちきり伊勢屋』、『つき落し』、『錦の袈裟』、『三番煎じ』、『羽織の遊び』、『反魂香』、『千物箱』、『文ちがい』、『文七元結』、『みいら取り』、『山崎屋』などがある。江戸市中の寄席は一八一五（文化十二）年に七五軒、一八二五（文政八）年には一二五軒あった。

（4）パブリシティ……山東京伝は『通言総籬』を書き、吉原を紹介した。これらは洒落本と呼ばれ、『息子部屋』、『新美人合い自筆鑑』、『傾城』、『吉原楊枝』などが有名だが、この他、西鶴、紀海音などの作品にも吉原が扱われている。

この他には年代順に並べると『中村残花』（一七三〇）、『遊子方言』（一七七〇）、『草木花暦』・『江戸順覧』・『四時遊観録』（一七七六）、『酔姿夢中』（一七七九）、『雲井草子』（一七八二）、『福神粋語録』（一七八六）、『良夜静搔』（一七九〇）、『孔雀染勤記』（一七九〇）、『娼妓絹ぶるい』（一七九一）、『青楼夜語色講釈』（一八〇〇）、『青楼玉野語言』（一八一〇）などがある。小形本で、よく利用された。川柳になると、「川柳吉原絵図」に収められているだけでも、一万首を超えている。

（5）イベント……お祭りである。これを年中行事にしてしまった。主なものに、

一月　松の内（紋日）吉原の遊女屋では、門松を内側に向けて立てる。

元旦　大門を閉ざして廓中休む。一年を通じて遊女が完全に休みをとれたのは、元旦と七月十三日の二日間だけである。楼主から仕事の着物が支給される。朝風呂に入り髪を結い、一階の広間に楼主以下全員が揃って正月の雑煮「おかん」を祝う。

二日　遊女は着飾って、年始のあいさつ回りをする。二日から二月の初午まで、大黒舞や人形舞、大神楽などの芸人が廓内に入り、正月気分を盛り上げた。

七日　七種。甘露梅の年玉。

二月　初午　九郎助稲荷を祭る。

三月　一日　この日より仲の町に桜を植え付ける。

三、四日（紋日）

花見　三月中の晴天の日、遊女たちを上野・浅草・向島などへ、花見に出す店もあった。また、店によっては、内証花見と称して店を休み、遊女を一日遊ばせた。

四月　一日　更衣（衣がえ）。吉原ではこの日から、遊女の座敷着が袷（あわせ）になる。

五月　五、六日（紋日）この日より夏衣裳になる。

六月　遊女が客、茶屋などに暑中見舞いの団扇を贈る。

七月　一日　この日より晦日まで、十三日と十四日の二日を除き、連日玉菊灯籠を飾る。

七日（紋日）七夕祭り。

一二日　草市

一三日　元旦以来半年ぶりの休養日。

一五、一六日（紋日）お盆。

八月　一日（紋日）――この日、仲の町を道中する遊女は白袷を着た。また、一日から九郎助稲荷の祭礼が始まり、晴天三〇日間俄（にわか）（男女の芸者が中心となり、即興の寸劇を演じながら廓内を練り歩く）を出す。

一五日（紋日）月見。遊女は八月の月見だけに客が来るのを片見月といって嫌い、九月の月見にも来ることを約束させられた。

九月　九日（紋日）重陽の節句。遊女はこの日から冬衣裳を着る。

一三日　後の月（八月十五日の月見に対して二回目）すす払い。
十月　二〇日　えびす講。狂言・浄瑠璃などが演じられる。
十一月　八日「ほたけ」防火のまじないにミカンを投げて、子供たちに拾わせる。
十二月　一三日　すすき掃き。
　一七、一八日　浅草寺の歳の市。羽子板市。
　二〇日ころ　もちつき。出入りの者たちは歌を歌って手伝い、遊女の鏡もちをもらう。
　二五日　松飾り。年の瀬になると、遊女たちは新春の予約客を確保するため、馴染客へしきりに手紙を出した。

（6）その他……吉原はやりの小歌総まくり（一六五八―一六七三年）、吉原通いの唄（一七八九―一八〇一年）、雲井の弄斎などの一九種類。この他、「パレード」がそのつど行われた。こうして吉原は遊里の代名詞となった。十七、十八世紀にこれだけ組織的な広告活動が行われたこと、そのスポンサーがレジャーランドであったことなど、日本の広告活動の先進性を知ることができる。(4)

売上高と広告費

遊廓は庶民の最高のレジャーランドであった。日本人は宗教的規律に拘束されることの少ない国民として知られる。遊廓での行動にはすべての規範を離れた自由があった。現世の享楽こそ無上の天国であった。理想の暮らしは「風俗物ごしを島原の女郎に、吉原のはりを持たせ、丸山の夜の物着せて、大坂の揚屋（あげや）で遊びたい」ということであった。全国に三〇余か所の遊廓ができた。ここでは「宵越しの金をはたいて」遊びを優先させた。

当時吉原には揚屋が一四軒、茶屋が五二軒あり、遊女は最盛期七〇〇〇人といわれた。階層があり、太夫ともなれば四人と少なかった。遊女らはいわば遊里の女王であり、大衆の信仰の的であった。容姿が美しいばかりでなく、諸芸に通じていなければならなかった。高尾、玉菊、小紫、薄雲、錦木、雲井、九重、薫など後世に名を残しているのは、その人格識見もすぐれたものを持っていたのであろう。

ところで、太夫と遊ぶにはどれくらいの費用がかかったのか。井原西鶴の『好色二代男』の中で、平均的な支払費用として、「亭主に銀三枚（七万五一三八円）、遣り手に二枚（五万一三八円）、内儀に二枚（五万一三八円）、若いものに二歩（二万七五〇〇円）、入口の茶屋に二歩（二万七五〇〇円）、泥町の編笠茶屋に一歩（八七五〇円）」とある。合計銀九枚と角五歩となり、約二六万九三七一円となる。（村田穆『日本永代蔵』新潮社、一九七七年、二五〇ページによる）

ただぜいたくに金を使ったのではなく、相当なしゃれ、粋をこらしていた。取り巻きに宝井其角、福津散雨などの俳人、英一蝶のような画人、俳優を配した。

彼らの遊びの中で、理想とみられたのが、紀文（一六六五―一七三四年）のそれである。紀文が観日の宴を吉原で開いている。

楼外の路上で数人の男がはしごの登り口をこわして、大きなまんじゅうを搬入した。友人からの差し入れであった。このまんじゅうを開くと、中から無数の小さなまんじゅうが出てきた。この友人はこのまんじゅうを作るための器具自体を改めて作ったという。こわしたはしごも、もちろんその日のうちに修理した。紀文はそのお礼に、この友人のいる京町の藤屋夫妻を訪れ、蒔絵の小箱を一つ贈った。中から小さな無数のカニが出てきた。その甲をよく見ると、友人と夫妻の比翼紋を金色で描いてあったという。大きな贈り物に小さなお礼のコントラストの妙を発揮したわけである。

また、奈良茂（奈良屋茂左衛門）（一六九五―一七二五年）（材木商、財産四十万両、市村座の金主）は吉原で遊んでいるとき、急に眠気をもよおした。お伴の二朱伴吉兵衛は「旦那が寝てはおもしろくない」と眠らせなかった。しかし、どうにも眠くて仕方がなくなると、三〇両（百万円）出して許可を得たという。豆まきの夜、豆のかわりに小粒金をまいたり、吉原の大門を仕切って総買上をしたり、雪の日に小判小粒をばらまいて、拾うものに雪をふませたり、誇張もあろうが、吉原は理想のレジャー郷であった。

その他、淀屋辰五郎は一年半で十六万六千余両を使ったという。

こうして、吉原は江戸における有力なレジャー産業に成長した。他の遊廓に比べて、レジャー産業的な色彩を帯びたのはそのプロモーション策によるものであった。

〝江戸三千両〟という言葉がある。朝の〝魚河岸〟、昼の〝芝居町〟、夜の〝吉原〟は、一日、それぞれ千両ずつの金が動いたという。現在の価値に換算するのは難しいが、仮に一両を十万円とすると一日一億、年三六五億円となり、現在の東京ディズニーランドの売上の五分の一ほどになる。広告費の推定は困難である。残念ながら江戸時代の会計は明確にすると税金を取られる恐れがあり、帳簿は誰にもわからぬように符牒で書かれてから保存されることが少なくないのである。吉原の総売上高も広告費も今のところ、推計のしようがない。上記のＩＭＣ活動の大部分が相互扶助のような形で支出された、いわゆる日本流の「阿吽の呼吸」で行われた。この点が欧米流と大きな違いである。

最後に、幕末刊行の「諸国遊所競番付」を紹介しておこう。吉原はＮＯ・１である。このような番付は天保時代にもあり、このとき吉原は大関であった。幕末には吉原は遊里の代名詞になったのである。

一方、京都の島原は吉原と並んで行司の一つに名を連ねている。一六四〇（寛永一七）年に六条三筋町から、ここに遊廓を移した。当時起こった島原の乱に因んで名付けたという。ここの広告方針は吉原と

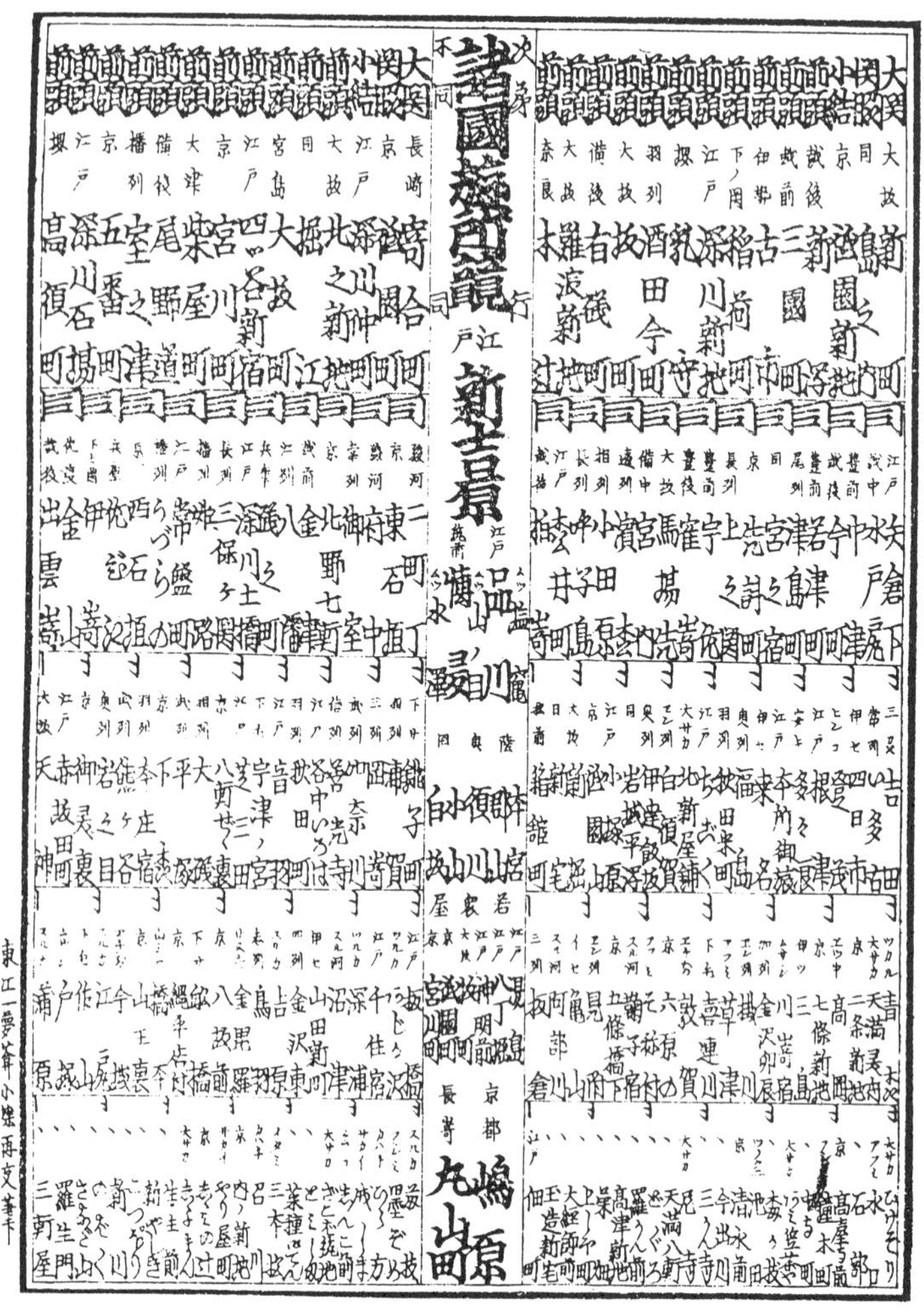

幕末刊行の小判ものの「諸国遊所競番付」
新吉原を行司格にして，品川，二丁町，岡崎，吉田，小田原，神奈川など東海道筋の遊所もかなり入っていて，そのランクがわかる．吉原は№1である．

違って、もっぱら広報戦略をとった。遊廓の祇園と揚屋（料亭）の島原とに分け、島原のほうは炭太祇（一七〇九―一七七一年）、与謝蕪村（一七一六―一七八三年）らを招き、円山応挙（一七三三―一七九五年）にパンフレットを頼むなど、揚屋のイメージを上げることに腐心した。この結果、一九五二年に、中心の角屋は揚屋建築の遺構として、国の重要文化財に指定された。一九九八年には「角屋もてなしの文化美術館」が開館した。

三　最初の広告会社――口入屋

日本で最初に近代的広告会社が登場したのは一八七三（明治六）年に創立した内外用達会社といわれている。この会社は広告専業ではなく、名前のとおり、商社である。一八七四年一月九日に「東日」に出された目論見書の広告の中に同社の依頼部が部分的に広告を扱うと受けとれる業務内容を公表している。

広告の専業第一号は一八八〇（明治一三）年創業の空気堂組という。この会社は当時「我国新聞広告取扱営業の開祖也」と何度も新聞に広告しているので、最初の広告専門会社という栄誉を担っている。現存するいちばん古い広告会社は日本広告社で、一八八四（明治一七）年に江藤直純（一八三九―一九一九年）が創立した弘報堂が戦時統合でできた会社である。

世界でいちばん古い広告会社は英国のアーサー・コージスとウォルター・コープの二人が一六一一年、政府の勅許を得て設立した「商業全般の登録所」（The Public Register for General Commerce）という。ここで扱ったのは求人、不動産の売買・賃借を記したビラであった。次いで一六二八年にやはり勅許を得て、フランスのテオフラスト・ルノドー（一五八六―一六五三年）が大鶏館（Maison du Grand Coq）という名の広告会社を作った。この広告会社はBureaud' Adresse et de Rencontreといい、出会い会社とでも訳すことができる。この出会い会社で求人、求職、旅行、不動産の仲介、美術品、骨董品などの事業が行われた。

日本で、この種の会社をさがすと、口入屋（くちいれや）がある。樋口清之氏にインタビューした渡辺嘉子氏は、この口入屋を次のように書いている。「のれんを分けて中に入ると、中の土間に職業名・求人主・住所番地を書いた紙がいっぱい張ってあった。（これは今でいえば、求人票が掲示されている状態といえるだろう）当時は、文字の読めない人も多かったので、文字の読めない人には読める人が付いて、親切に説明してくれた（当時は文字の読めない人に対する配慮が庶民の生活の中に根づいていた）。そこで仕事を求める人は、口入屋の紹介札をもらって雇い主のところに行ったという。この札によって紹介のあった人物として一つの安心感を持って面接したという。」（渡辺嘉子『歴史探険　日本の仕事史』リクルート、一〇ページ）

『大言海』では口入屋を「此方ノ用事ヲ、彼方へ言ヒ入ルルコト。言伝ノ仲立スルコト。ヒキアハセ。口入（クニフ）。紹介。マタ奉公人ノ奉公口ヲ、世話スルコト。又ソレヲ営業トスル人。ケイアン。雇人口入宿」と定義している。

この口入屋の代名詞となったのが慶安（けいあん）ということばで、江戸京橋の医者に大和慶安という者が慶安（一六四八―一六五二年）、承応（一六五二―一六五五年）のころ貴人の婚姻の媒介をして、持参金を私物化し、寛文五（一六六五）年に追放された。情報操作で、人の媒介をしたり、奉公人の口入をしたり、雇用請宿を経営したりすることを慶安と呼んだ。桂庵、慶庵とも書く。

口入れ治右衛門来る

ときに表に「頼みましよ。紺屋（こうや）の徳兵衛どののはこなたか」と。年配なる仁体（じんたい）なり。「ヤア治右衛門

さまか　おはひりなされ」「御免」といひて通りける。「あれ女房ども　ないないの治右衛門さま。そなたの判（はん）なら　銀貸（かね）さうとおつしやる。お目にかかつておきや」といへば　いひあはせてや　かの女。「これはまあ〳〵御懇親な。もつとも家も商売も私のものとは申しながら。子なかなした仲なれば　もう今では屋財（やざい）家財。みな主（ぬし）のものでござりまする。かうお目にかかるうへからは　わたしが請け合ひ。深（ふか）しいことこそ　この家屋敷相応に。三貫目や五十両は　貸してやつてくださいやせ」と。つま〴〵合はせる弁舌に　口入れ喰うた顔つきにて。「アア〳〵これにはおよばぬことながら。徳兵衛どのは入り縁と聞く　かういたせば後（のち）のため。またも用を聞かうため　サア判をなされよ」と。手形を出だせば　徳兵衛。掛硯引き寄せ「これ　そなたの判」。「さらば　先づわたくし」とヲクリたがひに〳〵印判明白なり。「丁銀（ちょうぎん）四百目　包みのとほり　吟味なされ」と受け取り渡し「もう暮れまする。おいとま申そ」。「ちとお盃（さかづき）いたしましよ」。「かさねて〳〵　あづけます　さらば」といひてぞ帰りける。「ざつとすんだ　めでたし」と銀ふところに押し入れ。「これ三太。このをなご衆を送つて。ちよつと行つて来るほどに　門（かど）もしめて　灯（ひ）もとぼせ。そのうちおたつが戻つたら　湯屋へ行つたとだましておけ。かならずなんにもぬかすな」と。口を止めたる紺屋糊（こうやのり）「徳さま早う」と出でにけり。

慶安口というのは、雇人を住み込ませて、請宿の、その人物、取繕（とりつくろい）をいう。素人の媒酌についてもいう。仲人口とも同じ意味に使われることもあった。この人宿は就職の紹介をして紹介料をとった。職業紹介が主たる役割であるが、金貸しもしたようである。近松門左衛門の「心中重井筒」に口入屋が登場する。この作品は宝永四（一七〇七）年の興行である。主人公紺屋徳兵衛が重井筒屋の遊女ふさと心中に至る筋だが、徳兵衛のところに出入りしている口入屋の治右衛門が大金を融通に来る。この金が原因となって遊女ふさとの仲が深まる。

享和二（一八〇二）年「絵本時世粧」は歌川豊国（一七六九―一八二五年）の描いたもので、口入屋の店頭が描かれている（一〇二ページ図）。真中の女性は「肝入（きもいり）」で、人のとりもちをすること。それを職業とする人で、これが口入屋である。周旋屋に近い。左が「子もり」右は「月きわめのかこひもの」とある。左下は「めかけの目見江」で、総合タイトルは「乳母きもいりや、御奉公人口入仕候。徳右衛門」とある。

宝暦一二（一七六二）年の川柳評万句合に「肝入は道々うそを言いふくめ」とあり、また大岡越前守（一六七七―一七五一年）も「慶安」を通した仲間に逃げられ金をだまし取られたことがあるとか。あまり上等の職業というイメージはなかったようだ。

四　江戸のマス・メディア――引札（ひきふだ）、世界最初の広告効果測定

江戸時代に入って商業資本家は広告媒体として引札を使うようになった。この背景には紙の製造コストが安くなったことがある。奈良時代には紙のコストが高く、広告に木簡を使ったことを書いた。紙の製造革命が起きたのは製造地が急速に拡大した一八世紀後半であるが、江戸時代になると、格式を重んずる厚手の和紙から、気安く使われる薄手の和紙が現われ、引札に使われるようになった。

「駿河町越後屋八郎右衛門申上候今度私工夫を以呉服物何に不依格別下直に売出し申候間私店に御

出御買可被下候何方様にも為特遣候義ハ不仕候尤手間割合勘定を以売出し候上は壱銭にても空直不申上候間御直き利被遊候而も負ハ無御座候勿論代物は即座に御払可被下候一銭にても延金には不仕候以上

呉服物現金　駿河町弐丁目
安売無掛直　越後屋八郎右衛門」

広告を企業のマーケティング目的に使用し始めたのは一般に資本主義経済の進展と並行している。経営管理からいえば、広告の効果測定は不可欠だが、資本主義の先進国、英国においても広告効果測定は二十世紀になってからである。プラグマティズムの国アメリカでもようやく二十世紀に入るころから広告効果測定が行われている。ところが日本では越後屋（三越の前身、一六七三年創業）が一六八三（天和三）年、新築移転とともに配布した引札五〇〜六〇万枚にたいして、月別の売上高の変化をとらえている。四月の配布に対して、同月から次ページのグラフの示すように売上高が増えた。「四月以前はほぼ銀五十貫目台の売上があったが、四月からは八十貫目台となっている。」六〇%増加したのである。（次ページ上図参照）

下って、越後屋大坂店は一七九四（寛政六）年に出した引札に対する売上高と利益をチェックしている。数字をグラフ化してみると次ページの右下図のとおりである。

この大坂店は一八三七（天保八）年二月大塩平八郎の乱で破壊され、三年かかって改築された。その開店祝いを兼ねて、引札八〇万枚が配布された。総勢三〇人余りが二人一組となって、十月二十三日から十一月二日まで配布の作業に従事した。新築開店の総費用は八三貫余、引札の経費は三〇貫余、約三六%、うち紙代が六〇%、人件費が二一%と報告されている。これに対する売上高と利益効果は次のグラフのと

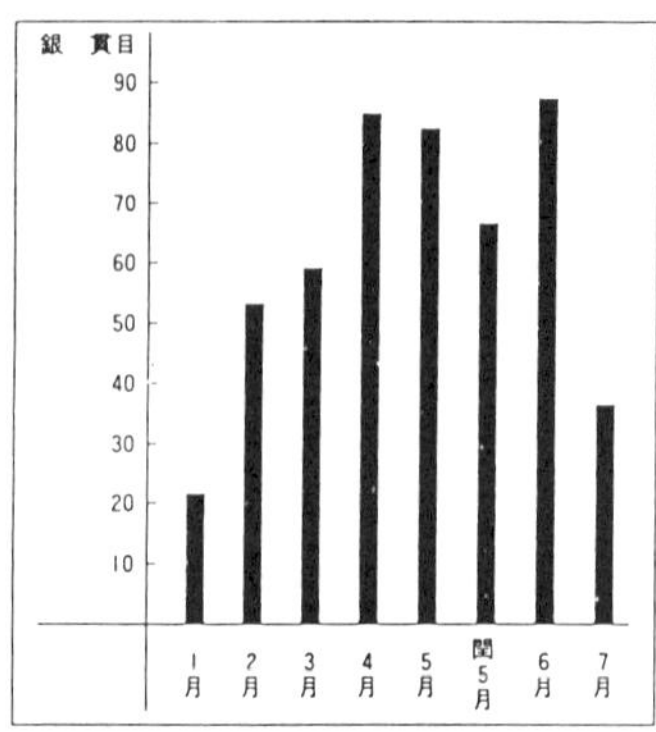

広告効果測定第1号——引札の効果
(1683=天和3年4月配布)

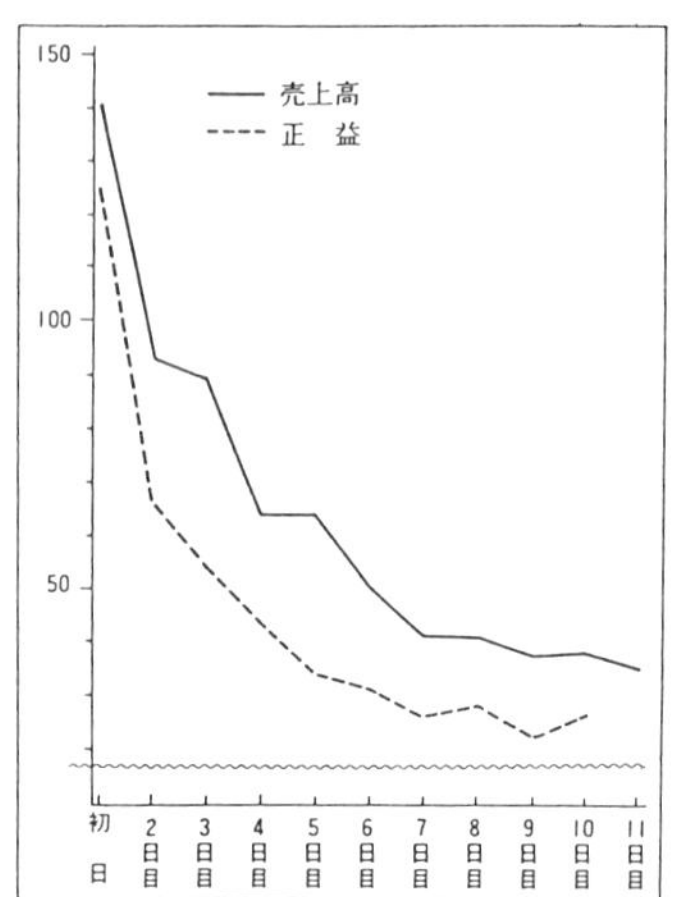

越後屋・大坂本店 (1840=天保11年)

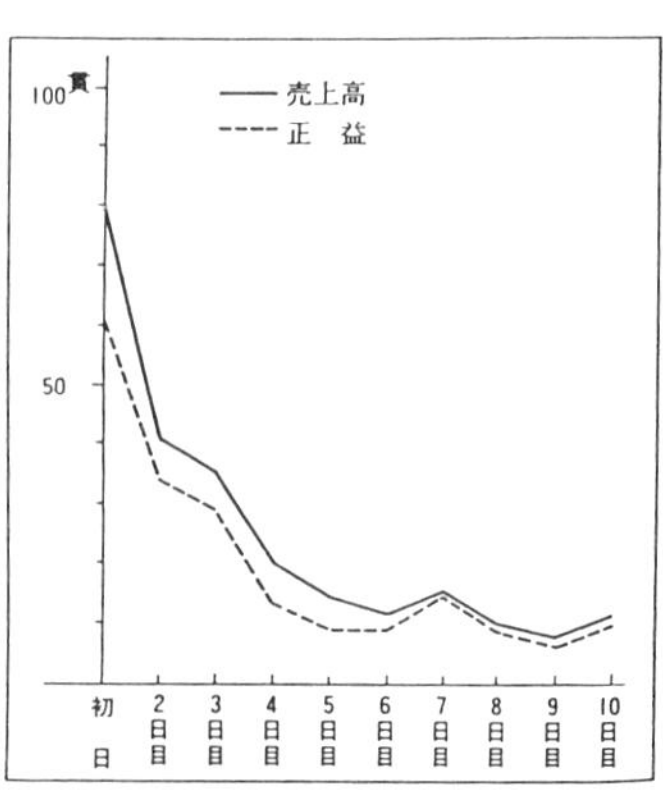

越後屋・大坂本店 (1794=寛政6年)

おりである。

一七九四年のデータと類似しており、今日もこのような傾向は変わりない。また総売上高六五九貫六〇〇に対する引札の経費三〇貫は四・五％で、これも今日の傾向と変わりがない。

一九八四年、東京でＩＡＡ（国際広告協会）の大会が開かれた。このとき、「広告効果測定の可能性と限界」というセッションがあり、筆者は英国のドーン・ミッチェル女史（Burk International 社長）、米国のジョン・レッケンビィ教授（当時イリノイ大学、のちテキサス大学オースチン校）とともにパネル・ディスカッションを行った。このとき右のデータをスライドで見せ、説明したのだが、南アフリカの広告会社ヤング社長から「南アではまだ、象やキリンを追って生活していたころ、広告の効果測定を行っていたとは」と驚きの感想をもらった。デンマークのヤング・アンド・ルビカム社のＨ・カイ氏も「この歴史の差が日本の貿易をのばしている」と述べ、英国出身で当時マッキャン・エリクソン博報堂の副社長をしていたバーバラ・バーバーさんも感動したといって、お互いの国の歴史を話し合ったことがある。

なお、越後屋の一七九四（寛政六）年、一八四〇（天保十一）年の記録は符丁で書かれており、歴史学者大伏肇氏も読むことができず、三井物産の竹内みちるさん（現在オランダに在住）が読み下した。

越後屋はこのほかＳＰ、パブリシティでも先駆的な仕事をしている。その成果を次の川柳で見ることができる。

まくら紙　江戸中くばる　呉服だな（一七七七年）
家の有だけハ呉服屋くばってく（一七七九年）
江戸中の家数を知る呉服だな（一七八〇年）

三井銀行は天和 3 （1683）年江戸駿河町に創業

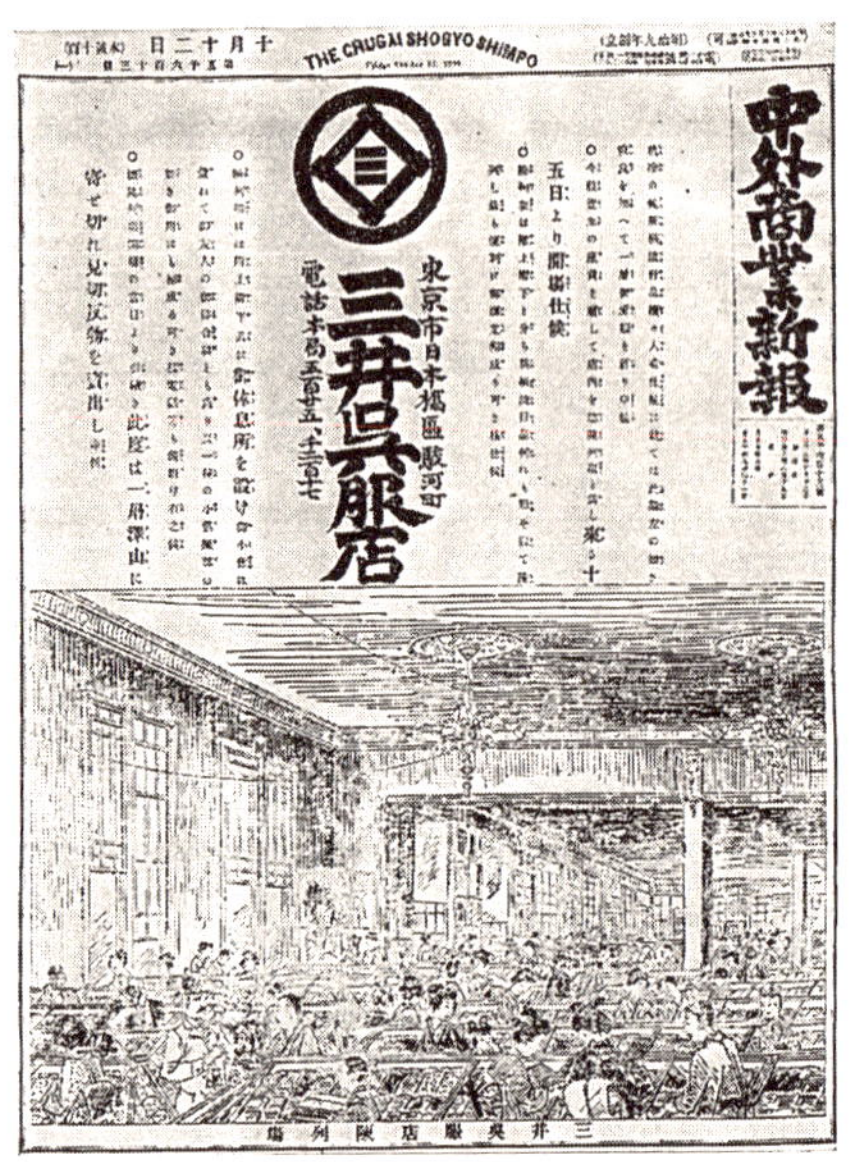

三越の前身三井呉服店の広告（明治33年10月）

越後屋大坂本店の「開店諸用控」（三井文庫蔵）によれば、一八四〇（天保十一）年二月に印刷された引札の総枚数は七〇万六〇八〇枚で、このうち一二万一四〇〇枚が大坂市中にくばられた。配り方は総勢三十余人で、羽織袴を着し、十三郷の町中と隣接村の隅々まで残らず配って歩いたという。

また、江戸上野広小路の呉服店、松坂屋利兵衛が一八五六（安政三）年九月に配った引札は約五万五〇〇〇枚、「若い者に人夫を添へ、方角割」をして配らせたという。

五　浮世絵のポスター

室町時代の後期から江戸時代初期に流行した肉筆の風俗画・美人画を母胎として、十八世紀後半（延宝―元禄、一六七三―一七〇三年）に菱川師宣（一六一八―一六九四年）が版本挿絵としての様式の基礎を作った。その後、鈴木春信（一七二五―一七七〇年）によって多色刷画（錦絵）が作られ、浮世絵の黄金時代を迎えた。遊里、芝居、美女、役者、力士などの似顔絵、歴史画、風景、花鳥など多彩な作品が残されている。作家としては鳥居清信、西川祐信、鳥居清長、喜多川歌麿、東洲斎写楽、葛飾北斎、歌川広重などが有名である。十九世紀後半にはフランスの美術に影響を与えた。

この版画を売り出したのが蔦屋重三郎（一七五〇―一七九七年）で、江戸吉原大門口に開店、のち日本橋通佃町に移った。浮世絵だけでなく、後述する戯作の印刷も行った。当時「歌舞伎役者や美人がタレントであり、戯作者はコピーライター、浮世絵師はデザイナー、版元はアート・ディレクター的な役割」というが、果たしてスポンサーは、またデザイン料金や広告料は？　となると、今のところ、そのような資料はない。コピーライターは一作七〇〇〇円ぐらいの相場という資料はあるが、経営学者西川如見（一六

広告業の始め・口入屋（浮世絵）　大和慶安　歌川豊国画（1802年）

四八一一七二四年）の『町人嚢』や、石田梅岩（一六八五一一七四四年）の『都鄙問答』を見ても、精神論に終止していて、広告についての記述がない。フランスでロートレックに広告の制作を依頼したのは主として劇場のムーラン・ルージュであろう。しかし俳優のラ・グーリュは依頼したけれど「仕上がりが悪い」と怒ってデザイナーを変えてしまったという話がある。日本でも吉原や歌舞伎座が依頼するのが本筋とは思うが、花魁（おいらん）や役者が自ら依頼することもあったのであろう。金額は口頭で伝えられたか、越後屋の例もあるが、暗号で記録されたのではなかろうか。

六　最初のコマーシャル・ソング

日本で最初のコマーシャル・ソングは紀伊國屋文左衛門（一六六五一一七三四年）の「かっぽれ」である。寛永時代に流行した「沖に見えるのは丸やの船か、まるにやの字の帆が見える」の替え歌という。文左衛門は紀州に生まれ、風波のため航路の絶えたとき暴騰した紀州みかんを高値で江戸で売ることを考え、決死の覚悟で江戸にミカンを輸送して巨利を得た。このとき「沖の暗いのに白船が見える。あれは紀州のミカン船」と俗謡に謡われた。CMソングとはいっても、本人が作ったわけではない。編曲はかっぽれといい、「活惚」と当て字にされた。幕末、大道芸の一つであった。

今、市丸さんが謡っている「かっぽれ」（寺岡真三編曲）は次のとおり。

唄　　市　丸
三味線　静　子

豊藤
ビクター・オーケストラ

かっぽれかっぽれ　ヨーイトナ（ヨイヨイ）沖の暗いのに白帆がサ見ゆる（ヨイトコリャサ）あれは
紀の国　ヤレコノコレワノサ（ヨイトサッサッサッ）みかん船じゃえ（サテみかん船）みかん船じゃ
サー見ゆる（ヨイトコリャサ）あれは紀の国　ヤレコノコレワノサ（ヨイトサッサッサッ）みかん船
じゃえ（サテ）豊作じゃ万作じゃ　明日は旦那の稲刈で小束にからげてちょいと投げた　投げた枕に
投げた枕に科（とが）はない　オセセノコレワイサ　尾花に穂が咲いた　この妙かいな

ねんねこせ　ねんねこせ
ねんねのお守りは　何処へ行った
あの山越えて　里へ行った
お里のお土産に　何にょもろた
デンデン太鼓に笙（しょう）の笛
ねろてばよう　ねろてばよう
ねろてばねないのか　この子はよ

II　中　期（一六八九―一七七一年）

元禄時代には音声広告として、歌舞伎のせりふの中に広告が入るようになった。最初のCMが「寿の字越後屋」で、一七一五（正徳五）年のことであった。歌舞伎の中の広告でいちばん有名なのが、二代目市川団十郎が「若緑勢曾我」の中の外郎（ういろう）売りを演じた十分余のせりふである。一七一八（享保三）年のことであった。このせりふは今もときどき上演される。筆者は八九年一月の国立劇場で尾上左近が演じたところを観た。野口達二の改訂したせりふは、約一三〇〇字ほどに縮められていた。四〇〇字一枚を早口で三分かかるとして、九分ちょっとの長尺コマーシャルであった。

山東京伝像　豊国筆・広重写
（宮武外骨編『山東京伝』より）

江戸中期になると戯作者たちが広告コピーを書き始める。最初が平賀源内（一七二八―一七七九年）である。嗽石香、清水餅、うなぎ屋など四点の広告が残っている。嗽石香で「効くか効かぬか私にはわからぬ。しかし効き目がなくても害にはならぬ」と開き直ったり、「ありていにいえば銭がほしいからだ」と結んだりして、いいたい放題というところ。このあと本居宣長（一七三〇―一八〇一年）のまじめコピーがつづき、山東京伝（一七六一―一八一六年）、十返舎一九（一七六五―一八三一年）、滝沢馬琴（一七六七―一八四八年）、式亭三馬（一七七六

―一八二二年）、為永春水（一七九〇―一八四三年）へとつづく。こうして世界最古の広告コピー集『ひろふ神』の刊行（寛政六＝一七九四年）となる。

一　最初の音声広告「もぐさ売り」――歌舞伎の中にCM

最初の音声広告「もぐさ売り」

歌舞伎の中で、コマーシャルが入った最初は、一世市川団十郎の「もぐさ売り」[1]（一七〇〇年）ではないか。

『せりふ大全』（早稲田大学演劇博物館所蔵）にせりふだけが収録されているが、いつ上演されたかの記録がない。この本は一七〇九（宝永六）年の刊行で、主役の市川団十郎（一六六〇―一七〇四年）は一七〇四年に俳優生島半六に殺されている。したがって、「もぐさ売り」の上演は一七〇〇年前後ということになる。

このあと「助六曲輪菊」（一七一三年）、「寿の字越後屋」（一七一五年）、「若緑勢曾我」（一七一八年）とつづく。

元禄期の江戸歌舞伎を代表する名作を多く残した市川家の十八番に選ばれたものの大半は、二世市川団十郎（一六八八―一七五八年）が完成したものだった。歌舞伎の中に初めて広告を取り入れたのが、「もぐさ売り」である。有名な「ういろう売り」はこれに次いでいる。内容は次のとおりである。（「ういろう売り」のせりふは一〇九ページ）

もぐさ売せりふ　市川団十郎

「もぐさもぐさ、せいほうもぐさ。大が七せん中が五銭、ずんと小児が申すが四せん。お望みならば十帖（袋入りの艾（もぐさ））や廿帖はただでもあぐる。ただたのめ、しめじが原のさしもぐさ、われ世の中の習いとて、うつればかわる皮財布。財布が軽い。世間息災にあっさりして、もぐさにりがない。あゝ南無三法といったら寝入ってゝ役に立つまい。緒締は珊瑚珠。男は気丈だ。さらばもぐさを売り掛けう。東西東西。そもそももぐさの効きようを、いつか唐土高祖の臣下樊噲（はんかい）といいしもの、鴻門の会[2]にのぞんで、くろがねの門をおし破るとき、樊噲が肩癖（首、肩にかけて筋肉がひきつること）がはったほどに、ひねっても、つかんでも、死馬に貼り、獅子に念仏、猫に経、ちっとも、やわらぐ気色なし。そのとき、張良、一巻の書を開き、案じたところか此もぐさ、樊噲が肩癖に、すえた所が、法華経の文字の数六万九千三百八十てうのよ、すえたその時、樊噲、気力を得、カミ、兜の鉢を貫ぬくも、此のもぐさの感光に、あらすや。さて日本へ渡りしは人皇三十代欽明天皇のぎょうに、仏法といっしょに、渡り、初めて、聖徳太子、ちりけ（身柱、天柱、灸穴の名前）をすえ給う。広まる所がお江戸八百八丁、芝、神田、四谷、赤坂、麹町、伊賀町、谷町、今井、築地、権田原、山王の下なり（か）とばば、たらたらおりて、お茶の水。明神、天神、湯島、本郷、追分。白山、さんさき、牛込、駒込、ゑりくりゑしょ、新吉原、細見のずんどの奥まで、御評判にあづかるせいほうもぐさ、外に比類あまたござれど、神田鍛冶町壱丁目の新道、三升屋兵庫、市川団十郎もぐさ、買って下さい。召しませい、むかふ三階中桟敷、下桟敷、人留まりのかたがたにも、一かわらけづつ、買ってもらわねばならぬ。弓矢八幡大菩薩、ほほうやまって、もぐさ、いらっしゃりませんか。」

以上がせりふである。西洋ではシェイクスピア（一五六四―一六一六年）やモリエール（一六二二―一七三

一世団十郎「もぐさ売り」(1700年)

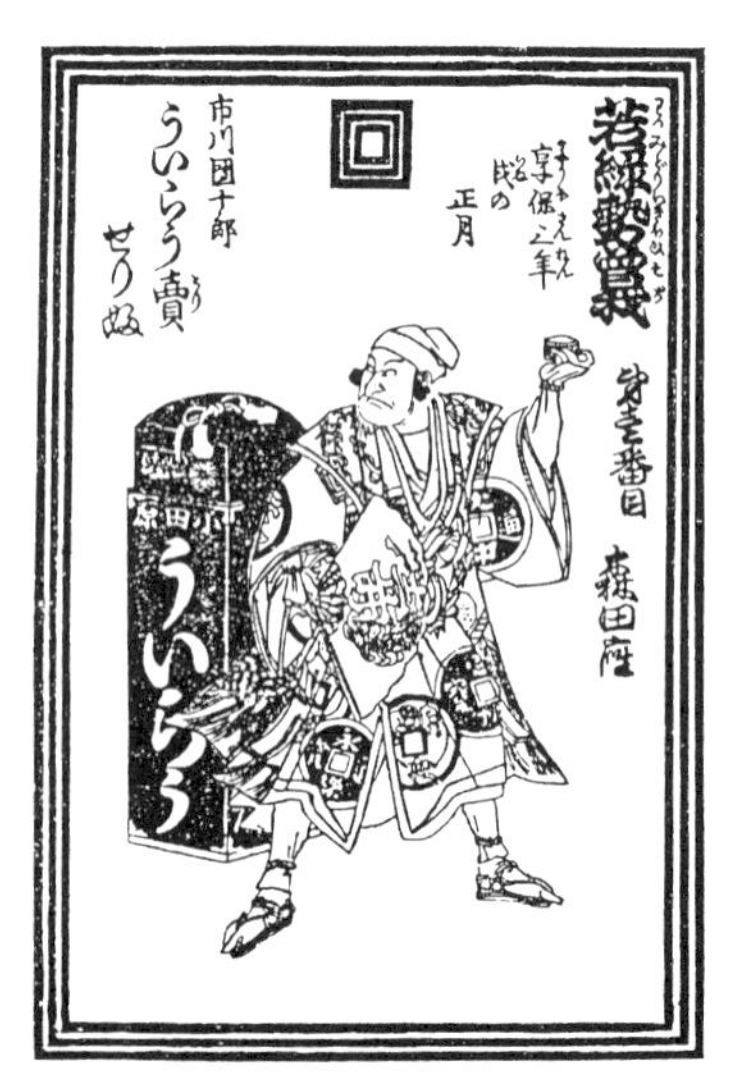

音声広告の始め「ういろう売り」(1718年)

年）が多数の戯曲を残しているが、この中にCMが扱われているかどうか。残念ながらまだ検討がすんでいない。

最も有名なのは今日も上演される「若緑勢曾我」の中で語られる「ういろう売り」のせりふである。最初の上演は一七一八（享保三）年、演じたのは二世市川団十郎である。団十郎は痰と咳の持病があったため、舞台で口上を述べるのに困難を感じていた。ところが、この小田原のういろう（透頂香ともいう）を飲んだところ、病気が治ったという。団十郎は小田原の外郎屋を訪問して、お礼を述べ、「ういろう」の効能を舞台でのべたいと申し出た。外郎屋では「ういろう」は施薬（貧しい人にタダで与える薬）なので、広告はしないという家法だと固辞した。しかし団十郎の熱意で実現したという。

団十郎は自分でこのせりふを書いた。当初のせりふは一八八〇字の長いもので、一分三〇〇字として、六分強かかる。一九八九年一月上演の際、観劇したが、このときは野口達二の改訂で一二〇〇字に短縮されていた。それでも四分かかる。今のテレビCMではどんなに長いCMでも三分だから、江戸時代はのんびりしていたといえるだろう。それでも、そのせりふは地口、早口言葉、反復法などレトリックを使ってあきさせない工夫をしている。

外郎売「言立て」

エヘン〳〵されば御免を蒙りまして、御披露申す故事来歴。

唄〽扨てこれからは商売と席あらためて外郎は

拙者親方と申しますは、お立ち会いの中に御存じの方もござりましょうが、お江戸を立って二十里上方、相州小田原一色町、欄干橋虎屋藤右衛門、只今にては剃髪して、圓斉と名乗りまする。

唄〽そもそも妙薬のそれ謂れ、昔陳の国の唐人、ういろうといえる者、我朝へ参内の時、是を深く秘め置きて。

斯様に申すものゝ、御存知なきお立ち合いには、胡椒の丸呑み白河夜船、まず一粒を舌の上へ乗せ掛けて斯う腹内へ納めますれば、胃肝肺肝健やかに、薫風咽喉より来り、口内微涼を生じ、魚鳥木の子麵類の喰合せ、その他万病に速効あること、神の如しでござりまする、なお第一の奇妙には

唄〽舌の廻りは山坂を、下りる車のそれよりも

唄〽銭独楽さえも跣足にて、逃げる計りの勢いなり

ひょっと舌が廻り出すと、矢も楯も堪りませぬ、そりゃ〳〵〳〵、廻って来た、廻って来た、そもそ

も早口の始まりは、アカサタナハマヤラワ、オコソトノホモヨロヲット、一寸先のお小仏におけまづきゃるな細溝にどじょにょろり、京の生鱈奈良なまかつをちょいと四五メ目、くるわくるわ何が来る高野の山のおこけら小僧、狸百疋箸百ぜん、天目百ばい棒八百ぼん、武具馬具武具馬具三武具馬具合せて武具馬具六武具馬具、菊栗菊栗三菊栗合せて菊栗六菊栗、あのなげしの長長刀は誰が長長刀ぞ、向うの胡麻がらはその胡麻がらか真胡麻がらかあれこそほんの真胡麻がら、がらぴいがらぴい風車おきゃがれこぼしおきゃがれこぼしゆうべもこぼしてまたこぼした。たあぷぽ〳〵ちりから〳〵すったっぽたっぽたっぽ干だこ、落ちたら煮てくお、煮ても焼いても喰われぬ物は五徳鉄きゅうかな熊どうじに石熊石持虎熊きす中にもとうじの羅生門には茨木童子がうで栗五合つかんでおむしゃるがの頼光のひざもと去らず。鮒きんかん椎茸定めてごだんなそば切そうめんうどんかぐどんなこ新発意小棚のこ下に小桶にこみそがこ有るぞこ杓子こもってこすくてこよせ。おっとがってんだ。心得たんぼの川崎かな川程ヶ谷とつかわはしって行けば、やいとをすりむく、三里ばかりか。ふじ沢平塚大磯がしや、小磯の宿を七つ起きして、早天そうそう相州、小田原、とうちん香、隠れござらぬ、貴賤群集の花のお江戸の花ういろう。あれあの花を見て、お心を、おやわらぎや、いという産子這子に玉子まで、このういろうの御評判御存知ないとは申されまい、まいまいつぶり角出せ棒だせ。ぼう〳〵まゆに、うす杵すりばちばち〳〵くわばら〳〵〳〵と。はめをはずして今日御出の何れも様に上げねばならぬ。売らねばならぬと。息せい引っぱり、東方世界の薬の元〆薬師如来も、上覧あれど、ホ、敬って。ういろうはいらっしゃりませぬか。（一九八九年一月、国立劇場、歌舞伎公演上演台本から）

二　最初の広告集――『絵本富貴種』

世界最初の広告集『絵本富貴種』（一七六九年、明和六年）を編集したのは北尾辰宣で版元は大坂の高麗橋にあった藤屋弥兵衛であった。その序文をみると次のとおり。（本書の原本は上野の国立博物館に保存されている。しかし、序文にあるとおり上中下三巻とあるが、なぜか上巻しかなかった。）

序

やまと繪は人の心をたねとして
よろづのすかたをうつせり、世の中に
ある人ことわさ見るものきく物に
つけて花をかざる商人（あきひと）店水に
すむ遊女いつれか粉本（こほん）ならざらん
ちから物もいれすして、鬼神（おにかみ）をも
画（えがき）おとこ女の風俗にいたるまで、
うつされざることなく、いとけなきひとの
心をなくさむるハ繪なりとて三種の巻
お綴りて是をもてあそばん
ひとをこひざらめかも

北尾辰宣の生年、没年は定かではない。江戸中期の浮世絵師。大坂の周防町に移住していた。美人画にすぐれ、延享～安永（一七四四―八一）のころ、数多くの絵本や教訓書などを描いた。通称銭屋仁右衛門、号は雪坑斎、仁翁。

版元として名のある藤屋弥兵衛は江戸時代の前期からの版元で、初代が大坂で星文堂という本屋を開き、元禄五（一六九二）年刊の『万買物調方記』に紹介された。星文堂は『易学啓蒙』のような易占に関する書物を扱い、幕末まで受けつがれてきた。姓は浅野。

『絵本富貴種』の第一ページに掲載されていたのは灸師の看板で、鐘馗大臣という唐の玄宗の夢の中で、進士試験に落第して自殺したという鬼である。鐘馗は魔を祓い、病いを治すと伝えられた。巨眼、多鬚で、黒冠をつけ、長靴を穿いて、右手に剣を握り、小鬼をつかむ。

灸師の看板（『絵本富貴種』）

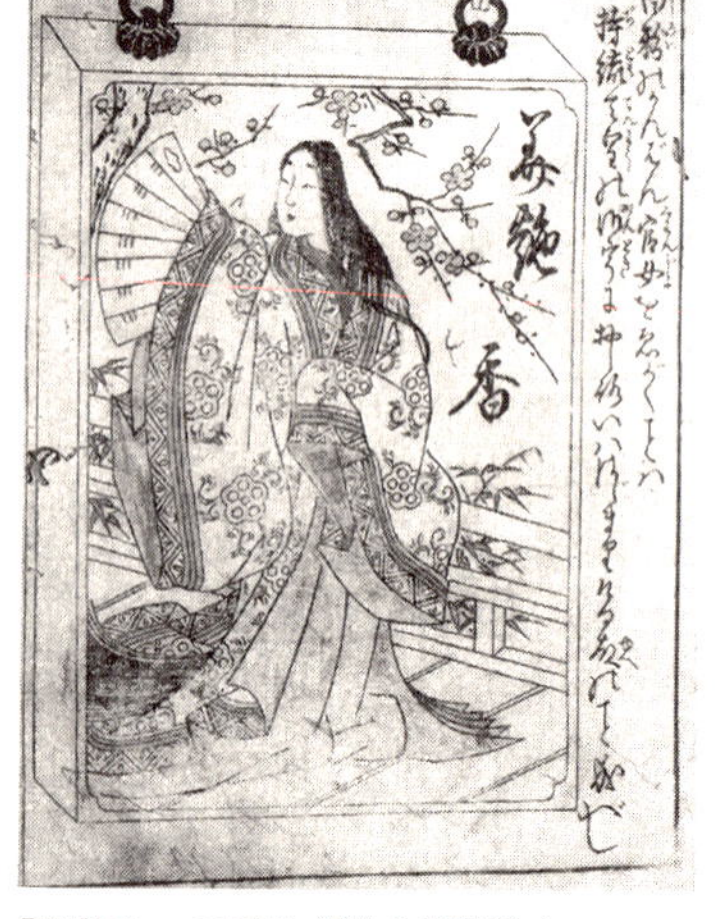

「美艶香」の看板（『絵本富貴種』）

「灸師のかんばん鐘馗大臣をゑがくこと鬼を挫（くじく）ほどの達者でも灸をすることなりまして弱き人の養生せずバあるべからず」

美艶香は江戸後期の有名な化粧品の名前。

「白粉のかんばん官女をゑがくことハ持統天皇の御宇におしろいハはじまりける故のこと成べし」

諸外国にはこの種の本があるか。いちばん古い本で、英国で刊行された"History of Signboads, From the Earliest Times to the Present Day" がある。著者はTacol Larwood と John Camden Hotten の二人で、刊行は一八六六年である。この共著者の一人John Camden Hotten は出版社の社長でもある。五一一ページに及ぶ大著であり、紀元前一世紀以降のヨーロッパの看板の歴史が綴られている。しかしコピーについてはふれられていない。

三　コピーライターの登場——平賀源内

作家が広告コピーを書いた例は西洋ではバルザック（Honoré de Balzac 1799–1850）が知られている。有名ではないが、アメリカのハート（Bret Harte 1836–1902）は短編小説作家だった。一九世紀の末である。イギリスではもう少し古く一六五二年にサミュエル・シェパード（Samuel Shepherd）は劇作家の助手でニュース風の広告を書いた。

日本でいちばん最初にコピーライターとして報酬をもらったと思われるのは平賀源内（一七二八―七九年）である。名は国倫（くにとも）、号は鳩渓、風来山人、福内鬼外とも称した。讃岐（徳島県）の人で高松藩の足軽

広告コピーライター第１号平賀源内（1728-79年）

であったが、二十五歳のとき、長崎で蘭学を学び、翌年江戸に出て田村藍水について、本草学（植物学）を学んだ。一七五七（宝暦七）年藍水とともに日本最初の物産会を催した。以後三回の物産展を経験して、主著『物類品騭』を書いた。よく知られているように、物産開発、耐火石綿（アスベスト）の製造、秩父金山の採掘、オランダ焼の製陶（源内焼）、綿羊の飼育、電気の自製など多彩な技術開発を行った。また同時に戯作者としても有名であった。

源内が広告コピーに手を染めた最初は一七六九年、えびすや兵助の嗽石香（歯磨き粉）であった。つづいて一七七五年、音羽屋多吉の清水餅の広告コピーを書いている。一七六八年、この広告コピーに手を出す前の年に、彼は長崎に再度行き、前記の製陶法や綿羊の飼育を企画し、エレキテルを応用した企業化を推進したが、ことごとく失敗している。広告コピーを手がけたのはこのようなときであった。戯作「風流志道軒伝」、「根無草」、「放屁論」なども同時期である。生活の困窮を助けるための好まざる選択であったのかも知れない。

作家たちが広告コピーを手がけるとき、このような動機がかくされていることが少なくないように思われる。彼のあと多作家の山東京伝（一七六一―一八一八年）が世界最初の広告のコピー集を出したのは一七九四（寛政六）年で、今から二〇〇年前である。彼もこのコピー集を作る三年前の一七九一（寛政三）年禁令を犯して洒落本「錦の裏」ほか二作を出版したため、手鎖五〇日の刑にあった。このあと銀座にたばこ、きせるの店を出し、商売にも力を入れるようになった。

ロートレック（Henri de Toulouse-Lautrec）（一八六四―一九〇一年）が広告ポスターを描き出したのも、

アルフォンス・ミュシャ（一八六〇―一九三九年）が写真から広告ポスター作家に転向したのも生活の糧を得るためであった。

広告の世界は不思議な魅力があり、これらの作家たち、画家たちばかりでなく、電通を世界一の企業にした吉田秀雄（一九〇三―六三年）もそのあとの日比野恒次（一九〇三―八九年）、田丸秀雄（一九一四―九〇年）、小暮剛平、今の社長成田豊氏もすべて、学生のころ広告に魅力を感じて入社したのではなく、止むを得ず広告の仕事をすることになった人たちである。しかし、吉田秀雄は「広告の鬼」といわれるようになったが、みんな広告のために懸命に働いてきた人たちである。そのように広告には不思議な魅力があるものなのだ。

中国最初のコピーライター

中国の広告史は「懸牛首於前門、而売馬肉於内也」（牛首を門に懸けて、馬肉を内に売る）と『晏子春秋』（斉の晏嬰〈紀元前五〇〇年没〉の言行録）にある。しかし現物として残っているのは北宋時代（九六〇―一一二七）の済南劉家針舗の広告銅版である（五一ページ写真参照）。当初、上海の美術館に保存されていたが、一九八八年から北京の歴史博物館に移された。中国の広告というと韓非子（?―二三三）の酒旗が有名だが、酒にはさまざまな類語がある。たとえば、「掃愁」は文字どおり愁いを解くことであり、悲しいことを取り除く酒のことである。

中国最初のコピーライターは蘇東坡（そとうば）（蘇軾、一〇三六―一一〇一年）という説がある。蘇東坡は北宋時代、今の四川省（当時眉山県）の生まれで、二十六歳のとき鳳翔府推官をふり出しに各地の地方官を勤めた。政治的な意見が王安石（一〇二一―八六年）らの改革派と対立してもっぱら地方の知事を歴任した。浙江省にいたとき、油餅「東坡肉」を作り、「水も入れず、酒を多目に、下火でゆっくり煮込んでおいしく食べられる。」という広告詩を作った。杭州の知事として西湖の工事をし、これを蘇堤と呼ぶようになった。

日本の江戸時代に、作家や画家たちが自分で起こした食堂や衣類の広告をしたのと同じである。

東坡肉（トンポーロウ）の由来

蘇東坡は北宋時代の有名な詩人で、彼は書道にも深い造詣があり、料理も研究していた。自分で各種の料理をつくることができ、特に肉料理は最も優れており、〝東坡肉（トンポーロウ）〟は蘇東坡が徐州および黄州地方官在任中に考案した料理である。当時、羊肉は豚肉より高級で、富裕層には豚肉を食べたがる人が少なかった。一方、貧しい人たちは豚肉を美味しく調理する方法を知らなかった。そこで彼は豚を美味しく調理する方法を考案し、その調理法を紹介した「食猪肉詩」の詩を書いた。

黄州好猪肉。
價賎如糞土。
富者不肯喫。
貧者不解煮。
慢煮火。
少煮水。
火候足時他自美。
毎日起来打一碗。

飽得自家君莫管。

黄州のよい豚肉、
価格は糞土のように安く、
金持ちは食べることを承知せず、
貧乏人は調理法が分からない。
ゆっくりととろ火で煮込んで、
水を少なめにいれる、
十分に煮込んだらきっと美味しくなる。
毎日それを一杯いただければ、
お腹がいっぱいで満足になる。

しかしこの料理はその時まだ名称がなく、その名前を「東坡肉」と名付けたのは、彼が杭州の知事を務めた時であった、一〇八九（元祐四）年五四歳、宋朝廷に翰林学士在任中の蘇東坡が、旧法派内の争いに巻き込まれ、いやになってきたので、外任を乞い、杭州知事に就任した。当時、杭州の西湖はほとんどカブの草にうずもれていた。翌年、蘇東坡が約二〇万人もの人を組織してカブの草を取り除き、湖の流れをよくし、堤防を築いて橋を建てて、西湖本来の容貌を回復させた。杭州の民衆はとても彼に感謝し、聞くところによると彼は最も豚肉料理を好む。そこで多くの人は豚肉を彼に贈った。彼が多くの豚肉を受け取った後、家族に彼の料理法で豚肉の料理を作らせ、お酒と一緒に西湖工事に参加した人たちに配ってくれと頼んだが、家族が聞き間違い、豚肉をお酒と一緒に煮込んでしまい、みんなに食べてもらった。みんなが食べてみたら、歯ざわりもよく香りもよいと称賛し、彼の名前でこの肉料理を「東坡肉」と命名した。「東坡肉」は蘇東坡の名とともに今日まで国内外に広く伝わっている。

「輪の餅」広告コピー

一〇九七（紹聖四）年、蘇東坡は海南島西北部儋県に左遷された。現地には「輪の餅」（輪のような形をした中国風揚げパン）を売るおばあさんがいて、彼女の腕前はよく、輪の餅の品質は高かったが、商店が辺鄙なところにあるため、あまり知られていないので、商売はよくない。おばあさんは蘇東坡が有名な文学者であることを知り、彼に店のために広告の詩を作ってもらえるかと尋ねた。蘇東坡は彼女の貧しい生活に同情し、餅作りの腕前も悪くないなと思い、快く彼女の要求に応じ、次の七言絶句の詩を書いた。

纖手搓来玉色匂
碧油煎出嫩黄深
夜来春睡知軽重
圧扁佳人纏臂金。

ほっそりした手でこすり、玉色はまったくむらがない。
青い油で揚げて明るい黄色になる。
春の夜に寝るときに気をつけていないせいか

佳人の腕を巻き付ける腕輪が偏平になった。

きわめて少ない二八文字で輪の餅の特徴を描き出した。色は鮮やかでむらがなく、歯ざわりがよい。そして、外見を美人の腕輪のイメージにした、その手法は今流でいえば、セクシャル・アピールを使った広告コピーである。おばあさんは広告の詩を店頭の上に高く掲げ、やがて輪の餅を買いに来る顧客が絶えず、商売が繁盛したという。

欧米でも同様の例がある。レオナルド・ダ・ヴィンチ（一四五二―一五一九年）もミケランジェロ（一四七五―一五六四年）も、パトロンの気に入るように、同時に自分でも納得がいくように心を砕いて広告コピーを制作したのだ。

日本独自の景物本

景物本というのは景品として出す出版物である。十八世紀から景物本が次々と登場した。次の一覧表は『江戸広告文学』のあと書きで編者の林美一氏がまとめたものをリストアップしたものである。景物本は黄表紙本といわれた大人向きの絵入り小説が江戸中期から流行した。この中にもたくさんの広告文が含まれていた。景物本はこの広告文を主体とした黄表紙本ともいえるものである。十返舎一九の『東海道中膝栗毛』や『金草鞋』などがその好例で、この旅行をテーマにした黄表紙の中では地方物産や旅館、商店の広告をさかんにしている。この種の本の中では竹塚翁東子作の『磨光世中魂』の最終丁では全面「京おしろい岡本源次郎店」の広告である。これは寛政二年（一七九〇）に出版されている。(3)

景物本（作家）リスト

安永　三年（一七七四）　浮世くらべ（風来山人）
寛政　四年（一七九二）　女将門七人化粧（山東京伝）
寛政　五年（一七九三）　糸瓜歌袋（常磐真辻）
寛政一〇年（一七九八）　初売大福帳（十返舎一九）
享和　二年（一八〇二）　綿温石奇効報条（式亭三馬）
文化　元年（一八〇四）　名代のあぶらや（式亭三馬）
文化　二年（一八〇五）　玉屋の景物（山東京伝）
文化　二年（一八〇五）　売上大福帳（十返舎一九）
文化　三年（一八〇六）　虎屋景物（山東京伝）
文化　三年（一八〇六）　春霞御嬪附（山東京伝）
文化　四年（一八〇七）　色摺新梁形（十返舎一九）
文化　四年（一八〇七）　不老門化粧若水（曲亭馬琴）
文化　六年（一八〇九）　匂全伽羅紫舟（曲亭馬琴）
文化　九年（一八一二）　江戸水幸噺（式亭三馬）
文政　元年（一八一八）　伊勢名物通神風（式亭三馬）
文政　九年（一八二六）　江戸水福話（式亭三馬）
天保　二年（一八三一）　瓦屋の景物（景斎英美）

天保　五年（一八三四）	今年噺シ（鼻山人）
天保　六年（一八三五）	賑式亭福ばなし（式亭小三馬）
天保　七年（一八三六）	三馬叟黄金種馬（式亭小三馬）
天保　八年（一八三七）	三篇〓（まさる）商（式亭小三馬）
天保　九年（一八三八）	四篇〓商（式亭小三馬）
天保一〇年（一八三九）	五篇〓商八（式亭小三馬）
天保一一年（一八四〇）	仙女香七変化粧（初編）
天保一一年（一八四〇）	六篇〓商（式亭小三馬）
天保一二年（一八四一）	七篇〓商（式亭小三馬）
弘化　二年（一八四五）	九篇〓商（式亭小三馬）
嘉永　元年（一八四八）	一一篇〓商（式亭小三馬）
嘉永　三年（一八五〇）	一二篇〓商（式亭小三馬）
嘉永　四年（一八五一）	一三篇〓商（式亭小三馬）
嘉永　六年（一八五三）	一五篇〓商（式亭小三馬）
安政　元年（一八五四）	一六篇〓商（作者不詳）
安政　三年（一八五六）	一八篇〓商（作者不詳）
安政　六年（一八五九）	寿金大帳（為永春水）
万延　元年（一八六〇）	二二篇〓商（作者不詳）
元治　元年（一八六四）	二五篇〓商（作者不詳）

慶応　元年（一八六五）　二六篇る商（作者不詳）

これは本の形、つまり安永年間から文化初年（一七七二―一八〇四年）にかけて流行した絵入りの読物、草双紙といい、今流にいえば漫画本で、この漫画本を広告に利用したのを景物本といった。今のノベルティに当たる。

ここに取り上げるのは「綿温石奇効報条」という広告で、享和二（一八〇二）年大伝馬町三丁目新道の藤田金六店が広告主で、全三巻を一冊にまとめて配った。マンガと文章で三〇ページになる。綿温石とは今の懐炉のこと。

ストーリーは染田屋の寒三郎とお冷という夫婦が主人公で、その名の通り生まれついた寒がり、冷え症とあって蒲団を何枚重ねても、こたつにかじりついてもダメ。そこで、この綿温石を使ったところ暑がりに変身、何と八つ子をもうける。八人の娘は成長してそれぞれ結婚するのだが、やはり冷え症で子供ができない。そこで八組の二人ずつ十六人がそろって心中しようということになったところへ、寒三郎夫婦と一人の老人が綿温石を持参する。これを掲げて呪文を唱えると娘の体から冷え症が退散、めでたしめでたしとなる。

書き出し二ページが広告文、ストーリーの中で二か所に広告文、終わりに作者（三馬）と泉市（広告主）の時候のあいさつがあり、これを広告と解釈すると前コマ、中コマ、あとコマという構成になる。

書き出しの広告文は「これこの長寿温臍綿やっぱり俗に綿温石の儀は、予が先祖一子相伝の秘授などと嘘をバ申さず、もちろん、もろこし名医伝方と名も偸まず、そもそも温綿の由来を尋ね奉るに口上書や弁舌巧言令色は内科外科、古方後生恐るべし、仲景思邈（ちゅうけいしばく）が声色つかふ、彼野夫ならぬ良医より、密に授かる妙剤や、常にこの薬綿を懐に入れ、おへその上にあて置く時は、たちまち薬力五臓にめぐり、寒風秋風に犯さるるの愁なし、いわゆる『かじけ』さむがり坊の御方様、あるいはこたつに首ったけ、色よりかわいい抱火鉢の愛情をも、寒さとともに忘るること神のごとしと申しては、お定まりの手前みそと思し召しの御方さまも可有之候へども、誠に古今未曾有稀代不思議の霊薬なり」とコピーは比較的ストレートである。

ストレートの中ではぐっとくだけて、広告主の社長が登場して寒三郎夫婦に綿温石を勧める。登場に際して「欲心まんまんの金六」と形容しているのは、商売をしている者のへりくだりか、当時の一般の風潮かも知れぬ。金六は関西人と見え「はてまた何じゃあろうとこの綿をな用いて見なされ、へその上へ当てさえすりゃ、自然温まりが出てきてえい心持ちになるじゃ、なぜまた石でもないものを綿温石とつけたと云うならナ、ハテ温臍綿というては俗にわからぬさかいに、まあためして見なされ、上方ではな芸妓やおやまが、きつう嬉しがりおる。アハ、、、……」

地口、引喩、暗喩、反復性、誇張法、列挙法、擬音法、擬態語などが多用されている。

III 後期（一七七二～一八六九年）

一 三冊の広告コピー集

このころコピーライターは職業として成り立つようになった。多くのコピーライターと志望者を対象にした本が必要になった。広告のコピー集が三冊（一冊は明治に入ってから）つづけて出版された。あと一冊

世界最古の広告コピー集『ひろふ神』序文（山東京伝編著，1774年）

は幻のコピー集で、名前だけは「柳糸屑」として残っている。柳亭種彦（一七八三―一八四二年）の引札集で、門人笠亭仙果（一八〇四―一八六八年）が企画したという。

京伝が広告文を書き始めた動機は自分自身が小間物屋を経営していたことによる。井上ひさしは『手鎖心中』（文藝春秋刊、一九七二年）の中で、京伝店をこう書いている。

「京橋南銀座一丁目に四間の間口を占めていた。正面に帳場がある。帳場の右に、煙草入れ、煙管入れ、鼻紙入れ、楊子入れ、短冊入れ、などの袋物を納める四列八段の引き出しが並び、その前で店の者が顧客に京伝張りの煙管や袋物を見せている。」

京伝はなぜ『ひろふ神』を出版したのか。もう一つの隠された動機は一七九一（寛政三）年の手鎖五十日の刑にあるのではないか。このあと彼は洒落本、戯作を断ち、もっぱら前記のきせる、たばこ入れの店に精を出したという。

おりしもこんな時期、持ち前の才能を広告文にかけた。広告はいうまでもなく、売るための文章だから、高価につく。売れるコピーは精力を投入したのであろう。『手鎖心中』にあるように、気楽に手鎖の刑を受けたのではなく、その心理的ショックは大きかった。商売に力を入れることで気はまぎれる。その後書いた読本や黄表紙本も精彩を欠く。広告だけは効果がすぐ出る。自分の商売にも貢献する。同様に人の商売の手助けにもなる。文化二（一八〇五）年の「玉屋景物本」も、そのような思いの中で書き上げたものではなかろうか。レトリックの宝庫である点では『ひろふ神』と変わりなく、また傑作『孔子縞于時藍染』などの黄表紙本に比肩できるのではないか。

逆境に広告と出会った文化人は古今東西実に多い。フランスのロートレックもその一人である。広告そのものが〝拾う神〟なのだ。

江戸時代に刊行された二冊日の広告コピー集は式亭三馬（一七七六―一八二二年）のもので、彼は草双紙、滑稽本、洒落本の作者であるとともに『浮世風呂』『浮世床』『客者評判記古今百馬鹿』など実に一三二の短長編を残している。広告文は『狂言綺語』として烏亭焉馬の作品なども交え、二七編を収めている。

前記『ひろふ神』の編著者は江戸の戯作者、山東京伝（一七六一―一八一六年）で、このほかの広告コピーもたくさん書いている。本名は岩瀬醒（さむる）、浮世絵も描いた。深川の質屋の生まれで、式亭三馬と同様、のち銀座でたばこ、きせるを商った。作家としての作品は『御存商売物（ごぞんじの）』（一七八二年）である。

江戸時代に吉原は遊郭の代名詞のようになった。イベント、SP、広告を熱心に行ったからである。洒落本の一種である京伝の『通言総籬（つうげんそうまがき）』は吉原のガイドブックとしても知られている。発行は一七八七（天明七）年、発行所は蔦屋。前年作の「江戸生艶気樺焼（えどうまれうわきのかばやき）」の登場人物、仇気屋艶二郎とそのとりまき北里喜之介、悪意思庵の三人が吉原の妓楼松田屋（実際は松葉屋）に遊ぶ。三人の会話に当時の社交界最新の話題が登場する。洒落本のねらい「通（つう）」と社会の裏面の「うがち」という写実で浮き彫りにした、江戸小説中の傑作の一つである。京伝は続いて『傾城買四十八手』も書いている。洒落本が禁止されてからは教訓的な黄表紙作家に転換したが、評価はいま一つであった。景物本を書き出したのもこの禁令と関係があるのか、文化年代（一八〇四～一七年）に入ってからである。

世界初の広告コピーの本を出版した動機は特に書いていないが、弟子で共著者の本膳亭坪平が料亭の主人なので、本人の記念作品として、また料亭の広告を兼ねていたのであろう。

「千金の春の朝には、山吹いろの黄表紙に、青柳の糸をもてとじ、早わらびの手を持って是をひらけば、しゅこうの種の一粒万ばい。世の中にたえて作者のなかりせば、春のこころはのどけからましに、茶でちゃにあらぬ、茶表紙の小冊。これぞ何ぞ。初霞の一はけひける。山のこし張にもあらず、宝船にまじへて、初ゆめの枕紙ともなるべきほうぐ。捨る紙あれば、予は是をひろふ紙と名づけて、もしたまたま好士の懐中に入らば、是を散せし商家の幸ともならんかと、筆を千里にはしらす、寅の年の新版とするのみ。

書林　某　みづから誌」（原文は一二四ページの図版参照）

　これが、山東京伝の編んだ世界最古の広告コピー集『ひろふ神』の序文である。「書林みずから誌」とわざわざ断りがあるが、多分京伝自身が書いたものであろう。山東京伝は本名岩瀬醒（さむる）、深川の質屋の生まれ、住居が江戸城紅葉山の東にあったので山東庵、また京橋に近いので京伝と称した。北尾重政に浮世絵を学んだので北尾政演（まさのぶ）と号した。のちに作家となった。博覧強記の人である。千金の春の朝は、蘇東坡（一〇三六―一一〇一年）の「春宵一刻直千金、花有清春月有陰」（春夜詩）からの引喩。千金は千両、高価であるから山吹いろの黄表紙とした。山吹いろは黄色であり、大判、小判の隠喩である。黄表紙は草双紙。安永（一七七二―八一）ごろから広まった。『ひろふ神』は一七七四年の作品だから、はやりの黄表紙の体裁をとった。青柳（襲（かさね）の色目、濃青色）の糸で綴じた本を、早蕨（さわらび）（襲の色目、表は紫、裏は青）の手を持って、これを開くと、趣好の種の一粒万倍という。この一粒万倍は経文の一つ報恩経の「世間求利、莫先耕田春種一万倍」（一粒の種子もまけば万倍の粒となるの意、少しだとて粗末にはできぬともなる）からの引喩、と京伝の得意の文章が続く。

　当時、広告は「ひろめ」といい、最大の媒体、引札をそのまま広告の意味に使うこともあった。このコピー集は全部で一四編の広告文を収録してある。ほとんどが食堂、菓子、食品で、一部に化粧品の広告が掲載されている。一つ一つ解説していると、京伝の博識とその披露の仕方に敬服してしまう。古文であるからかも知れない。

江戸中期になると、紙代、印刷代が安くなった。岩国藩の例では生産量は江戸初期の一千丸が中期になると十五倍になっているのである。江戸末期には引札一枚今日の価格にして二八円でできるようになっていた。それで、少量の商品の販売店や中小商店が開店するとき、引札を利用しているのである。

広告のコピー集は十八世紀、十九世紀を通じて三冊刊行された。最初が、山東京伝（一七六一―一八一六年）の『ひろふ神』（一七七四年）、二冊目が式亭三馬の『狂言綺語』（一八〇四年）。三冊目は明治に入ってからだが、『稗官必携戯文軌範』（一八八三年）である。ほかに柳亭種彦の『柳糸屑』が刊行されたか、企画段階でストップしたのか、不明である。

まず、「ひろふ神」からサンプルを一つあげる。お菓子屋の広告である。

浅草御蔵前瓦町

鈴木屋和泉

乍憚口上

私店之儀御町中御贔屓御取立をもって日に増大繁盛仕、全く御得意様方御陰故と難有仕合奉存候、随て何がなと存付新製の柏餅幷待宵しんこと申を仕出し大安売仕候、扨夫に付此間去ル御得意様え御尋申まするは、モシ蒲団ひとつの転寝をかしはもちと申まするは、どういふいわれと申たれば、ハテ朝帰の猪牙船からおこった事、なぜといやれ青楼で夜をふかすからの事じゃとの御はなし、こじ付ながら面白しと互に大笑ひ致し候が、兎角大切な御得意様方に安く商ふてはコリヤあわ焼と存れど、ほそき利休まんぢうも儲の薄雪も木の葉せんべいかきあつめ、みぢんつもって宝の山、かかる菓子屋を見捨て花かるやきのなき里に、すみやならべる南京落雁同前じゃとおとりなし被下、こがねの種をまきせんべい、濡手(ぬれて)で粟餅(あわもち)その御ひゐき御高恩を拙者ハ笠にかぶろまんぢう、今日売出しの初音煎餅、はつねのけふの玉はゝき、手にとるからにはたちまち知れる、安ひうまひの御評判、偏(ひとへ)に宜(よろ)しく奉希上候、以上。

『狂言綺語』(一八〇四年)

江戸時代に作られた広告コピー集第二作目は式亭三馬(一七七六—一八二二年)の編集した『狂言綺語』である。刊行は一八〇四年。式亭三馬は『ひろふ神』を作った山東京伝を慕い、洒落や滑稽を中心とする草双紙の伝統を受けついできた。三馬の代表作は浮世床、浮世風呂など庶民の日常生活の中に風刺的なユーモアを描いている。本書の序文は風来山人(平賀源内)が書き、続いて同じ戯作者である先輩の烏亭(うてい)焉馬(えんば)(一七四三—一八二二年)の広告コピーが九篇と、彼が六〇歳を迎えた記念の狂文が、友人六人(牛門無名子、山東京伝、芍薬亭長根、秋長堂物梁、吾友軒酒月米人、牛門無名子)によって書かれている。このあとが式亭三馬本人の作品で、次の八作である。

延命日切艾報条
都もちおばあ団子
手打新蕎麦即席御料理
七色座禅豆

寿落雁
京白粉・御洗粉
即席御料理
仙方長寿綿温石

このほかに報条にならって書いた三つの文章と狂歌堂同盟判者披露、十大人を寿ぐ、十の字づくしの文が入って、このあとに相生鮓の報条が掲載されている。

戯文広告『狂言綺語』作者序文（現代語訳）

天があれば、地がある。陰があれば、陽がある。男があらば、女がある。好悪醜美。貧福尊卑。花魁（おいらん・高級遊女）があれば、夜鷹（よたか・下級売春婦）もある。大尽（金持・豪華客）があらば、幇間（たいこもち・男芸者）もある。（劇団は）座長がいなければまとまらず、下っぱ役者がいなければ事を欠く。馬鹿がいなければ、どうして利口者の目立つことがあろうか。下手がいなければ、どうして上手の目立つことがあろうか。とはいうものの、智者にも一つは欠点があり、また愚者にも一つは取柄があるのを見ると、「入我」「我入」か、「我入」が「入我」か、（仏と人が入り交じって）何が何やらどっちつかずでわからない。（諺に）「早牛も淀、遅牛も淀」（牛の歩みに遅速はあっても、京都を出れば、いずれは淀に着く）というが、淀まぬ水の流行に従って、物変わり、時移り、入れ替わりの顔見世番付も、一季半季の奉公先も、盛衰栄枯はぐるぐる回りで、幸せも不幸せも共に天から授かる運命のきまりである。されば、良いものも良いとは言えず、悪いものも悪いとは言えない。

「腐っても鯛」を味わう人、（「負けるが勝ち」で）負けても勝ちを思う人、それぞれ「蓼食う虫」で好き好きがあり、上味噌の味も隣の「ぬかみそ」には及ばないと言い、鳳凰霊台（天子の高殿）の愉楽も、窮屈な菊花肛門（うらもん、男色）の悦楽には及ばないと言う。点心舗（高級菓子屋）の店先で（俗な）大福餅を売るのも、銘酒家（高級酒屋）の店先で（安い）どぶろくを商うのも、これすなわち買い手あっての売り手ではないか。覚悟がなければ、こう厚かましく、作者の真似もならぬはず。児手柏の表裏のようによく似た二人が共同で、書きためてきた広告の数々を、この小冊子になんとか纏め、以て本屋の義理を果たすことにする。かの風来山人（＝平賀源内）の著『飛花落葉』の塵を拾って手本にし、また、牛門先生・四方赤良（大田南畝）の著「四方のあか」の粕を嘗めて真似しようとするが、もとよりこれは及ばない。及ばぬ雲の上の先輩作家の修辞の数々、不器用ながらもお国言葉でここにあそこに散りばめて、はべる、はんべる、はべるめり、侍るだらけも難しいと、卑俗に近い自己流文体。風雅でもなく洒落でなく、狂文でなく俳文でなく、どっちつかずの戯作者調は、仮名も「てには」もよく知らぬ、知らぬひの（筑紫の枕詞）尽くしに尽くすふざけた一巻。名付けて「狂言綺語」という。（賛仏ならぬ）賛物（物褒め）上手の文人たち、なになに「老人」と名乗り、「大人」と称え、「道人」と言い、「主人」と称する。そんな「翁」さんがた諸先生、たくさんおいでのその中で、手前と来たら、下手でもなければ上手とも知れぬ。下手にも「怪我の功名」あれば、「上手の手からも水が漏る」と言う。さらば、「蓼食う虫」あって、「犬も歩けば棒」とやら、まぐれあたりで評判になれば、愚者私めの一得はさて置いても、本屋の儲かるを喜ぶべしと、故人風来山人紙鳶堂の口調に倣い、月池の先生（同じく風来山人のこと）の声色を慕って使う、そいう自分は、

江戸前の市井の隠居　　式亭三馬　　題す

『稗官必携戯文軌範』(一八八三年)

この『稗官必携戯文軌範』は初版一八八三(明治十六)年で、天・地・人に分かれていた。稗官とは低い官職、小役人のことで、昔、中国で、民間の風聞を集めて王に奏上した役であった。これを広告のコピーライターにあてはめたのである。必携はいわばハンドブックのこと。戯文はたわむれに書いた文章のことで、もともと滑稽を主とした文章のことである。この方も、中国の元代に南方に興った戯曲の一体である。「琵琶記」「還魂記」などがその例である。広告文を謙遜してこう表現した。英語にすればCopy-writer's Handbook, Model of Advertising Copyとなるだろう。

当時、一枚のコピーは貳朱(現在の価格に換算すると約七〇〇〇円)であった。本書を見ると一つのコピーは四〇〇字で平均二枚になるので、当時のコピーライターが職業として成り立っていたといえるだろう。田島象二が序文を書いている。編者は岡本竹二郎である。

このように、すでに十九世紀の半ばに広告のコピーライターが職業として成り立っていたことは世界でも珍しい。

本書に登場するコピーライターは大部分、著名な作家である。合計一八人で作品数は七九点。いちばん多くの作品を書いているのは式亭三馬(一七七六―一八二二年)で二〇点、次いで柳亭種彦(一七八三―一八四二年)が一七点、第三番目が山東京伝(一七六一―一八一六年)で一三点である。このあと、烏亭焉馬(一七四三―一八二二年)が八点、風来山人(一七二八―一七七九年)が四点を書いている。

本書の初版は一八八三年であるが、その後一八九一年三月に『古今名家戯文集』というタイトルで博文館から再度刊行された。編集発行人は野口武男である。さらに一九〇五年に『江戸名家戯文集』と書き換

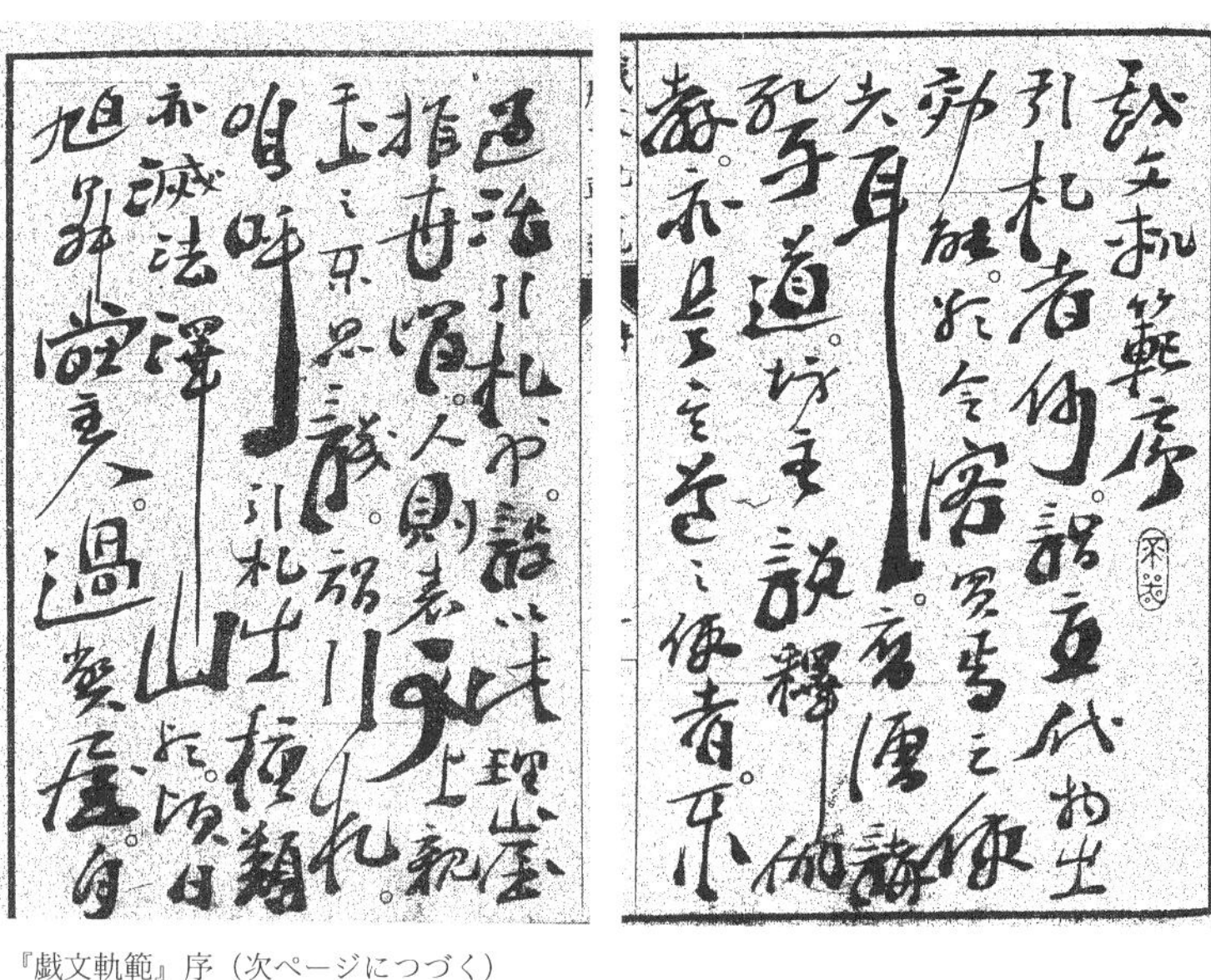

『戯文軌範』序（次ページにつづく）

えて、春陽堂から刊行された。それだけ需要があったことを証明している。

戯文軌範　序（現代語訳）

引札とはなんだろうか。商品の効能を言い立てたもので、客に商品を買わせるための使者である。儒者が孔子の道を講じ、坊主が釈迦の教えを説くように、引札というのはその道の使者なのである。引札は商品のことを世界に広く知らせるものだ。

引札の種類は非常に沢山ある。最近旭昇堂主人岡本竹二郎が我が家を訪れ、懐から小さな冊子を出した。彼が言うにはこの書は風来山人（平賀源内）以下、最近の世に至るまで、卑しい階級の者が作った引札文だが、この引札文の字句は金や玉のようにすばらしく、唾壺から大蛇が出るようなものである。過去から未来までの二千年、東西十万里、世界は広いけれども、引札文について、この書の右に

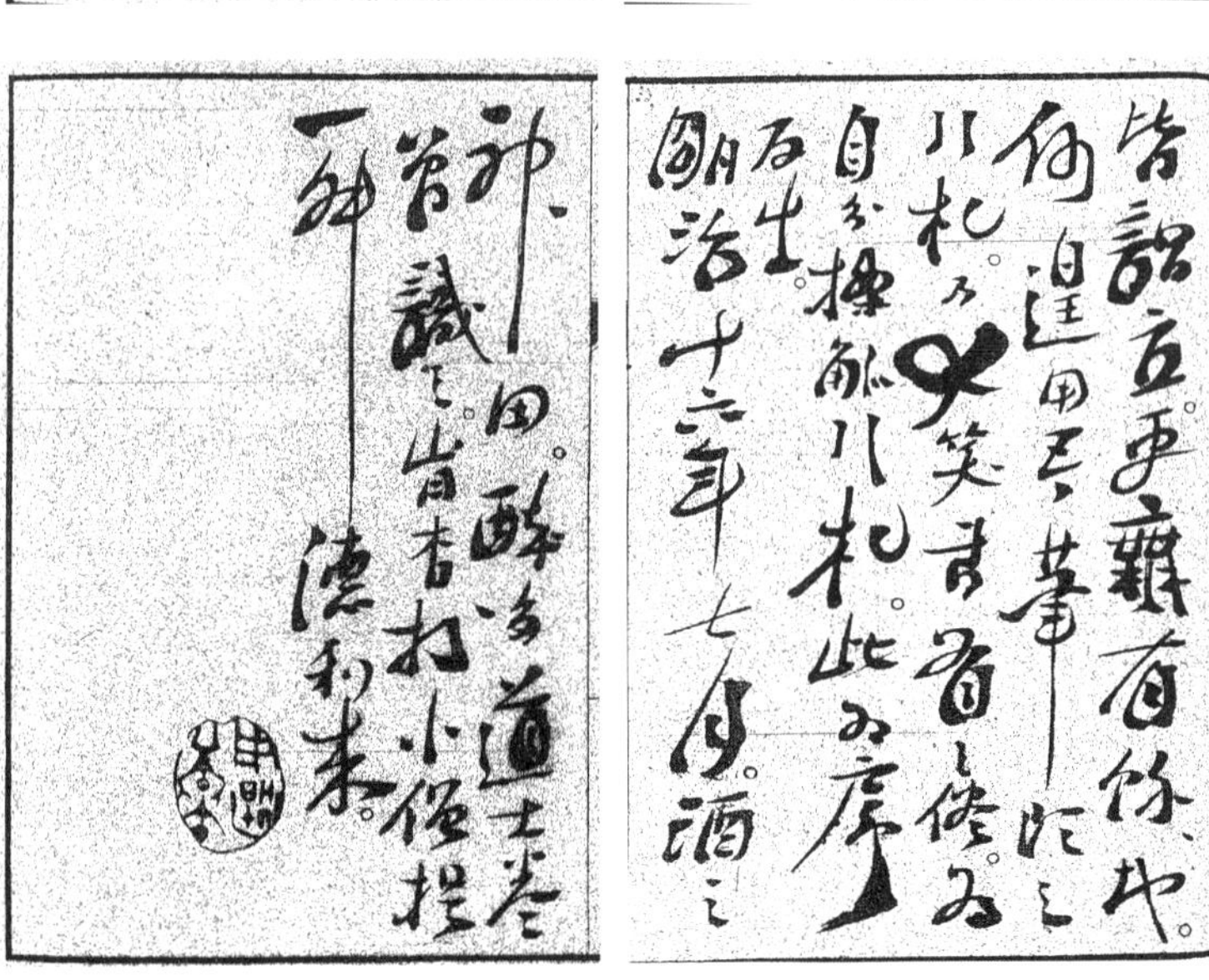

出るものはない、と言う（ここまでが旭昇堂主人の言葉）。そして私（この序文を書いている人、田島象二）に校閲と序を依頼してきた。まず引札の効能を書き、寝ころんでひととおり読んでみたところ、私の言いたいことはまさにみな述べられていて、加える余地はない。どうして引札について私が自分の筆で書く必要があろう。それで大笑いして序文を書いた。自分のために引札を書いて序文とした。

明治十六年七月、酒の神田酔吟道士がこれを記した。この日杏村の小僧が一升徳利を提げて来た。

このあと報條（ひきふだ）を続けて七九点紹介している。このうち、最初に登場するのが烏亭焉馬の「江戸一家　市川団十郎煎餅」である。これだけ紹介しよう。

江戸一家　市川團十郎煎餅

拙者親玉と申すハ、居宅（ゐたく）を建（たつ）てむかふから。成田屋七左衛門白猿。近頃牛島へ隠居致され。今のハ倅六代目三升と申し。生長（おいたち）より大評判にあづかりまする。此團十郎の名ハ。昔し御当地役者の根元。御贔屓つよき故。私義も何卒あやかり度（たく）。此度境町北側（がは）へ普請致し。町並でござれば。八方が八棟（やつむね）玉造りにハなりませぬから。看板に三升と鯉の滝のぼりの紋をもらひまして。系図正しい名代でござる。近年此煎餅。ヤレ売れるハはやるハとあって。饂飩（うどん）の粉に飴をまぜて煉（ね）り。それに黒砂糖を加へ。親玉菓子の三升煎餅のと。似たる名を申せども。市川團十郎煎餅と致したい。私店（みせ）ばかり。イヤ最前から広言（くわうげん）ばかり申しても。御存じない方にハ金平糖の丸呑白川焼。さらば煎餅売りかけて。其商（あきなひ）をお目にかけう。ひょっと売出すと。居（い）ても立（たつ）てもならぬほど閙（いそが）しい。そりゃ買（かひ）に来たハあまいと。砂糖の蜜練り上煎餅。紋の三升ハ滝のぼり。常住買人も賑かに。朝から晩までも。一時隙なし箱詰折詰。菓子盆〳〵お菓子盆。つみたて竪巻山椒入。庄屋拳の狩人を。落雁で拵へたハ今度の新菓子。今度の新菓子こん〳〵狐の三ツの友。其外仕出し月雪花。あれあの鼻を見て親玉を。嗚呼つがもないといふ。うぶ子觔ふ子に至るまで。此煎餅の御評判。御存じないとハいハれまい〳〵よりも御贔屓厚く。見世出せ〳〵吾蔵と。方々様のお陰を以て。右と左の両芝居。櫓太鼓のどんからどん〳〵。どっと〳〵今日御出の御見物へも。あげねばならね売らねばならぬと鬧がしく。大汗流して大煎餅。やくし如来も賞翫あれと。ホヽ敬ッて評判〳〵。

（抄訳）

この団十郎の名は、昔、ここの役者でごひいきいただいたので、私もあやかりたく、この度、境町北側へ普請して、八方が八棟玉造りはなりませんが、看板に三升と鯉の滝のぼりの紋をもらいまして、系図の正しい名代でございます。近年、この煎餅がよく売れて、うどんの粉に飴をまぜて練り、それに黒砂糖を加え、市川団十郎せんべいとしました。(1)

二　幕末の広告コピー

幕末になると「遊女大安売」とか「女郎買指南」などの引札が現れる。江戸幕府公認の遊廓吉原についてはさまざまな遊び方のガイドブックが現れ、また吉原のほうも毎年、数回に及ぶイベントをくりかえし、紅い灯の消えない努力をした。

色遷老人、女郎買指南

「こたび遊里に通ふ戯れ男等が為に、色情指南の道場を開き、普く契情買の奥秘をさとし、なまざき半可の不通を引てただちに一箇の大通者となさまく欲す。時ハ得が太く失ひ易し。すみやかに予が門に入て教を聞け。吾言甚知り易し。よく知る者なしよく行ふものなし。難易ハ学ぶもの、強弱によるべし。進んできゝつとめて学ぶといふことしかり。」天下第一の好男子。遊戯の本阿弥、通客の棟梁。色遷老人述之。

出張出稽古処

仲の町近江屋楼上日々出席

前半分を省略しているが、このような引札が今配られたらどうだろう。実際に配られたのは江戸時代末期の天保（一八三〇―四三）ごろであろう。天保の改革（一八四一年五月―四三年九月、水野忠邦が行った）で、この引札は発禁処分を受けた。宮武外骨の『筆禍史』にある津国屋藤兵衛（津藤）の報條「女郎買指南」がそれに当たると推定される。したがって色遷老人は津国屋藤兵衛のペンネームというわけだ。

天保の改革は享保、寛政の改革に比べてもはるかに厳しく、風俗矯正、質素倹約の励行、劇場、寄席、遊廓、好色画本類などをきびしく取り締まった。富くじの興行も禁止され、衣食住に対する制限、金銀の使用禁止などの措置もとられた。市川海老蔵が十里四方追放、為永春水も手鎖の刑を受けた。

この老人は若いときから、学問、音曲、絵画、俳諧を学んだが、一つとして奥義を極めたわけではない。ただ、若いころから妓楼ではたんまり遊んできた。新宿、品川、深川、吉原などのすべてに通じ、「一見にして契情（傾城）の胸中を見すかすこと、あたかも天眼通を得たるか如し」と自慢をし、したがって

「女郎買指南」の広告を出したというのである。

自分のことを「天下第一の好男子。遊戯の本阿弥、通客の棟梁」と自己紹介している。古代ギリシャの哲学者プロタゴラス（紀元前四八五―四一五年頃）は「人間万物の尺度」ということばで有名なソフィストだが、プラトンの『プロタゴラス』の中に「プロタゴラスは人が口を揃えて言論にかけては第一人者」と自らいい「金を出せば智者に育ててやろう」と広告していたという。

色遷老人の教えることはプロタゴラスとは全く別のことだが、その自身の表明のしかたは痛快といってもいいくらいだ。

はたして何人の客がついたのか、発禁になったとはいっても一度撒いてしまえば、それなりの効果があったはずだが……。出張稽古の「仲の町近江屋」は吉原仲の町の江戸一丁目入り口にあった「近江屋半四郎」と推定されている。

この広告は一八九三（明治一六）年『稗官必携戯文軌範』（前出）という日本で三番目の広告コピー集に収録されている。

ヨーロッパではゲーテ（一七四九―一八三二年）が自作の『親和力』の版元コッタ書店のために新聞広告を書いた。

有名人が残した広告コピーとしては、まず一七七六年、アメリカ独立宣言が全会一致で可決されたあと、最高司令官でのち初代大統領となったジョージ・ワシントンが、募兵のためのポスターのコピーを書いた。

「健康で五体満足の勇敢な若者に告ぐ。敵国の敵意あるたくらみに対し、アメリカの自由と独立を守るため、ジョージ・ワシントンが編成中の軍隊に参加せよ。」

つづいて、入隊すると一二ドル支給、衣料品も十分に支給、食事もよい、給料は金貨と銀貨で年間六〇ドル。除隊するときはこれらの支給品を全部タダで与える、など、よいことずくめの条件をいっぱいならべたてた。そして、次のように締めくくった。

「諸君は、入隊すれば、名誉ある兵士として、数年間にわたり、この美しいアメリカ大陸のさまざまな土地を訪れるチャンスを持つことになる。そして、頭には月桂冠をいただき、ポケットには金をいっぱいふくらませて、帰郷することになろう。神よ、アメリカを助けたまえ」（高桑末秀『広告の世界史』日経広告研究所、一九九四年）

いまアメリカは志願兵制。それで、毎年、巨費を投じて募兵キャンペーンをくりかえし行っているが、アピールポイントの一つは現在も「世界のさまざまな国を訪れるチャンスがある」ことだ。

三　大丸の社会貢献事業

今日では多くの企業が社会貢献事業を行い、企業広報の役目を果たしている。江戸時代の初期に誕生した大丸は幕末のころ、京都では「大丸さん」と呼ばれるくらい社会への貢献が評価されていた。

流行品と慈善事業の「大丸」

大丸は一七一七（享保二）年、下村彦右衛門（法名正啓）が京都伏見に開業した。しかし下村家が衣類の商売を始めたのは正啓の祖父のときで、これを数えるとさらに一〇〇年をさかのぼる。正啓は家運を立て直すため、行商するなど苦心して、上記の店舗を作った。こうして九年後には大坂心斎橋に、さらに二年後に名古屋、創業二六年で江戸大伝馬町に進出している。

大丸のマークは丸に大の字だが、正啓はいろいろ考えた末、「一室に横臥し、ふと壁に張りたる柱暦を見て、忽ちハタと手を打ち○の中に大と小、こいつは何でも大に越すことなし」として、㊅の商標を作ったという（『大阪商業史資料』第九巻）。しかし、大丸の説明は、○は宇宙を示し、大は一と人を組み合わせた字であるから、「天下第一の商人」という意味だという。大丸はこのマークをつけた萌葱（もえぎ）色（青と黄の中間色）の風呂敷をいつも用意して、荷物を送りだした。便利な風呂敷に包んで、小僧さんがこれを背負って歩いたので、大丸の名が知れわたった。また越後屋と同様、大坂店、名古屋店で経験ずみの「現金掛値なし」の看板を出して繁昌した。白木屋も越後屋も呉服店ではあるが、大丸の特色は流行品にあった。

大丸と　越川（えちがわ）でドラ　身ごしらへ

という川柳があった。ドラとは道楽息子で、越川は当時池之端にあった一流の袋物屋である。

拝見の　鐘は三井か　大丸か

お能の舞台で「道成寺」が演じられて、緞子（どんす）などを着せた鐘が舞台に上がる。これを上納していたのが三井（越後屋）か大丸かという句である。

大丸の　受取を読む　幕の内

は芝居の幕間で、引幕なども大丸製であったことを示すものであろう。大丸、越後屋の両者が当時（一七六三年）、激しい競争状態にあったことを示している。このほか、景物として、手洗所に手拭い、お寺に提灯、貸傘なども行い、これらには㊅の印が付いていた。

大丸の慈善事業も有名である。歳末の貧民救済の年中行事は、最初、密かに行われたが、次第に知れわ

江戸名所　1858（安政５）年　広重画

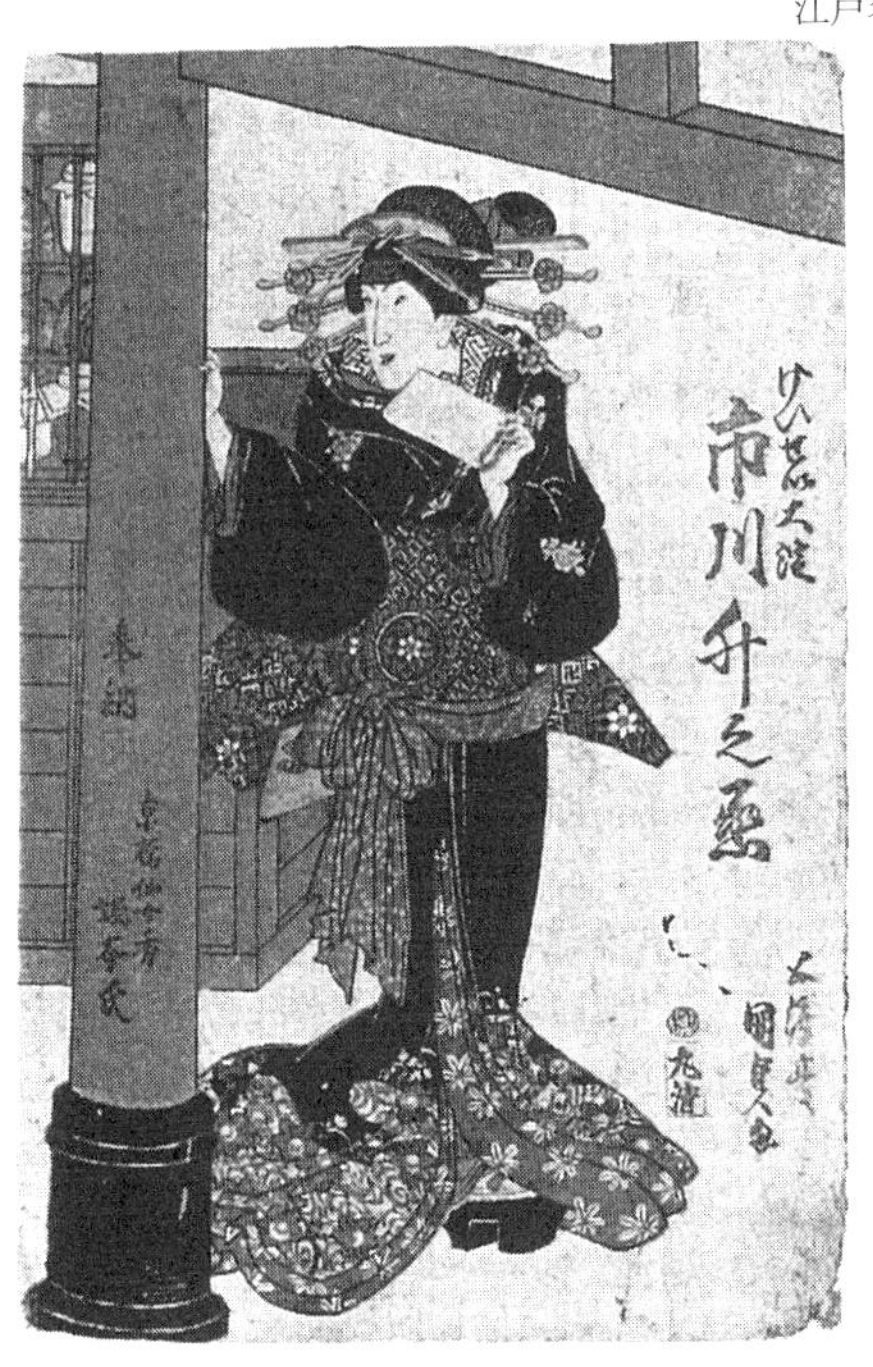

鳥居に「奉納　京橋仙女香　坂本氏」とある錦絵

たった。布子類を配り、銭も配った。幕末に、西陣機業没落のとき、失業者対策のため三井、島田とともに大規模な粥施行を行い、金銭も配った。今なお京都では「大丸さん」といわれている所以という。福袋の売出しもこのころ始まった。大丸はまた、円山応挙（一七三三―一七九五年）に西宮神社の祭神の絵図を写してもらったと伝えられるが、今はない。

四　浮世絵で華やかに演出「仙女香」

江戸時代に最も華やかに印刷媒体を駆使していたのは、京橋にあった坂本屋が発売した「仙女香」という化粧品ブランドであろう。媒体は草双紙（赤本、黒本、黄表紙、合巻の総称）と浮世絵である。このほか、うちわに印刷した手鞠歌のような景物（ノベルティ）もある。

浮世絵は当時の風俗や風景を描いた肉筆画や版画で、作家では歌麿、写楽、北斎などが有名だが、仙女香の広告には渓斎英泉や歌川派の国貞、国家、広重、国芳などが登場する。日本の浮世絵は、純粋絵画と広告とが区別されていないのも特色である。区別されていないということは、広告料の負担がなかったのではないかという見方もある。この点、歌舞伎の中の「ういろう売り」も、一五分もある科白（せりふ）が劇の中で演じられ、顧客はこれを楽しんでいる。

仙女香の広告は一八二三（文政六）年から一八四三（天保一四）年に制作されたもので、ブランドは「美艶仙女香」（おしろい）である。坂本屋の店主・和田源七は、浮世絵や草双紙の検閲（あらため）を行う係の名手（代表者）の一人であった。立場を利用して広告を出すよう制作者に圧力をかけたという説もある。

仙女香は華やかなブランディングを達成したが、一代で消えてしまった。今、アメリカ流ブランディング論が盛んだが、短時間で達成する事例が多い。仙女香は日本におけるよいサンプルであろう。このほか、前出の紀伊國屋文左衛門の例もある。

虎屋以下取り上げてきた、何百年もかけて達成したブランドと短期間で仕上げるアメリカ流。どちらがよいか、判断は読者におまかせしたい(2)。

五　マスコミの登場

幕末に近く、開国と同時に、欧米スタイルのマスコミが登場する。日本で最初の新聞は英字の The Nagasaki Shipping List & Advertiser であった。創刊は一八六一年。長崎に滞在していた英人A・W・ハンサードによる。同じ年、彼は横浜に移動して The Japan Herald を刊行した。前者の新聞はもっぱら、長崎港を往復する船舶の運ぶ積荷の中味を広告したり、求めたりする広告が中心である。これはかつてイタリアのベネチアやフロレンスの商人たちが、海外貿易商品を船舶の入港前に販売先を求めるために行った広告と同じである。ハンサードは横浜開港を契機に新聞社を移したのである。

続いて明治になるまで、次のような英字新聞が刊行された。

一八六二年　The Japan Express（横浜）
一八六三年　The Japan Commercial News（横浜）
　The Japan Daily Herald（横浜）
一八六五年　海外新聞（ジョゼフ・ヒコ）（日本人で、難破した船で米人に救助され、米国で学んで、帰

国）
The Japan Times（横浜）
一八六七年　萬国新聞紙、倫敦新聞紙、The Japan Gazette

最初の雑誌（一八六七年）

雑誌の定義を『雑誌広告の理論と実務』（日本雑誌広告協会編、一九七五年）では「①一定の題号のもとに②定期的に③継続して長期的に刊行されるもの」としている。この定義に当てはまる第一号の雑誌は柳河春三（一八三二―七〇年）が創刊した『西洋雑誌』である。

柳河春三は名古屋の出身でオランダ語をはじめ、英語、フランス語も修め、紀伊藩に仕えたのち、藩所取調所に出仕、開成所の教授となり、この間、西洋文明の日本への導入につとめた。『西洋雑誌』には西洋の歴史、科学関係の開発記事をのせた。慶応三（一八六七）年十月創刊したが、五か月で中絶、その後、明治二（一八六九）年九月に六号を再刊したが、柳河の死（一八七〇）によって廃刊となった。広告は掲載されていない。（内川芳美編『日本広告発達史　上』電通、一九七六年）

第七章　明治時代の広告

一　明治時代前期の広告——欧州に追いつけ、追い越せの時代

企業広告登場——はじめての新聞広告

江戸末期に現在の新聞の形態に近いものが現れている。文久三（一八六三）年、『日本貿易新聞』がわが国で初めて新聞に広告を掲載した。この新聞は外字新聞を翻訳したもので、広告も翻訳されていた。最初の広告は英仏伊語の教授、水先案内、ホテル、たばこ、書籍、保険、開店の広告等一二件が掲載されていた。広告主はいずれも外国人であることは当然である。

日本の広告主が登場したのは慶応三（一八六七）年に『万国新聞紙』に掲載された、横浜の中川屋嘉兵衛の「パン、ビスケット、ボットル、右品物私店に御座候間多少に寄らず御求被成下度奉願候」というものである。この中川屋嘉兵衛は当時の革新者のひとりで、「牛肉は健康体によろしきのみならず、別して虚弱及び病身の人これを食すれば気力を増し、身体を壮健にす」という牛肉の宣伝をしている。当時、牛肉を食べる習慣はなかったので、牛鍋屋を開業しようとしたかれは店にする家を貸してくれる人がなく、また、ようやく開店したところ、来客が少なくて困ったあげく、このような広告を出したという。牛肉屋

については福沢諭吉の進言もあったと伝えられている。これらの広告はいずれも記事だけであったが、同じ『万国新聞紙』第三集にはサンフランシスコ行きの出帆広告や印度シナ（ヴェトナム）、ヨーロッパ行汽船の出帆広告が絵入りで掲載されている。

明治時代の広告媒体は江戸時代のチラシ、パンフレット、看板、芝居の中の口上などに加えて、マス・メディアとしての新聞と雑誌が加わった。

政府の公告と企業広告

新聞広告の初期には売薬、たばこ、ビール、化粧品、書籍などが主要広告であった。これらの商品広告が盛んになる前に呼び水としての役割を果たしたのが政府の公告や会社の決算公告などであった。文明開化、殖産興業を旗じるしにした当時の政府としては郵便、電信、電話、交通などの近代国家の基礎づくりに力を入れ、これらの文明の利器を国民に広く利用させるために新聞広告で知らせている。

資本主義の勃興とともに銀行、保険会社、株式会社が発足したが、大衆は銀行や保険の利用法も株式とはどういうものかも知らなかった。したがって、銀行、保険会社は銀行業や保険業そのものの企業広告をすることから始めた。株式会社も株式募集に際しては会社の内容をまず紹介し、その株式の魅力を訴えなければならなかった。現在ではめずらしいすぐれた企業広告をいくつか見ることができる。

明治二十年前後から東京瓦斯（ガス）、品川電灯、日本製鉄などの基幹産業の広告も顔を出し始め、近代的な資本主義への足固めが着々と築かれていくことを示している。技術革新は旧秩序の交代を意味した。石油ランプからガス灯へ、ガス灯から電灯への変化は時代の流れとはいえ、決してスムーズにはいかなかった。

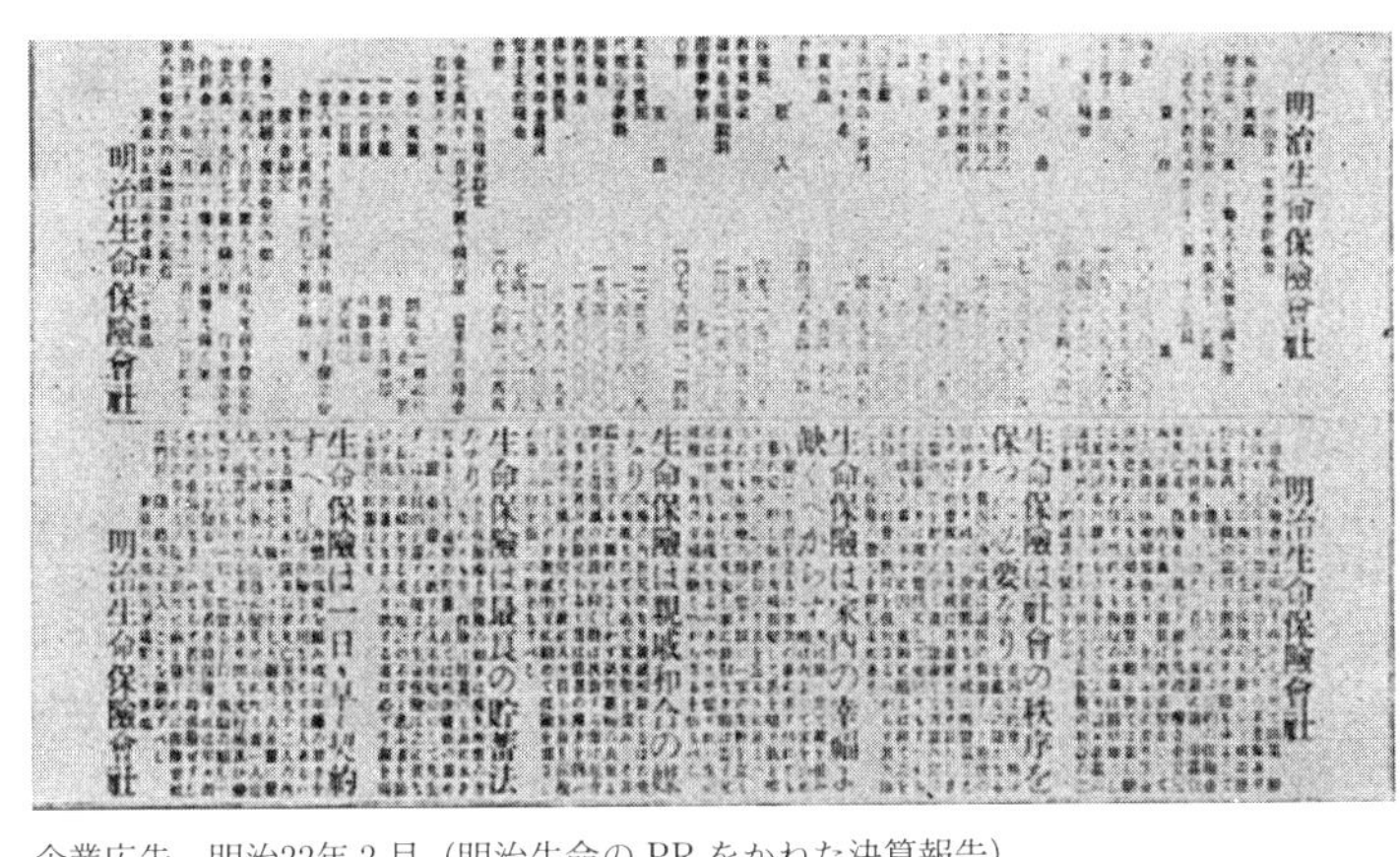

明治生命保険会社

明治生命保険会社

生命保険は社会の秩序を保つに必要なり

生命保険は最良の貯蓄法なり

生命保険は一日も早く契約すべし

明治生命保険会社

企業広告　明治22年２月（明治生命のPRをかねた決算報告）

漏電が原因で新築間もない国会議事堂が焼失すると、石油業者の巻き返しキャンペーンが盛んとなり、創立間もない品川電灯は別掲のような広告で大衆の誤解を解かねばならなかった。

薬品・化粧品の広告

当時の世相を物語る広告には岸田吟香の目薬「精錡水（せいきすい）」と守田治兵衛の「宝丹」がある。明治初期のはつらつとした商人の息吹を感じさせる大胆な表現で、継続的な広告活動をつづけた。薬品、化粧品の分野で資生堂、太田胃散、大木製薬、花王石鹸などの前身が小さいながら堅実に広告活動を始めた。

文明開化は西欧から始まった。衣生活に洋服がはいり、食生活には洋菓子、ビール、ウイスキーなどが登場した。耐久消費財には自転車や時計、万年筆などが普及しはじめている。

ビールの広告

ビールはすでに明治五年に横浜で外国人が作り始めたという。キリンビールの前身は「天沼ビーア・サケ」といって、すでに十年代に広告をしている。当時のビールの銘柄は今日よりきわめて多彩だった。浅田ビール、桜田ビール、日進ビール、千歳ビール、東ビール、札幌ビール、恵比寿ビール、大阪ビールと続々と広告戦線に登場している。このうち最後の三社は明治三十九年に合併して、大日本麦酒をつくり、のち、第二次大戦直後まで、わが国のビール業界のトップ・シェアを占めた。

たばこの広告

明治初期の広告で忘れることのできないのはたばこの広告である。日露戦争直後に専売制度ができて、民間のたばこ会社はなくなり、自由競争を前提とする広告戦争は消滅してしまった。したがってたばこの広告はわが国では明治初期にしか存在していない。当時のたばこ業界は国産と輸入品との競争であった。国産のたばこ王は有名な岩谷天狗である。かれは生まれながらの広告王ともいわれ、自ら天狗と称して、赤い着物を着用、のれんを赤くそめ、広告にも奇抜そのものはでな広告旋風をまき起こした。「おどろくなかれ税金〇〇万円」のキャッチフレーズ、「国益の親玉」のスローガン等、天才的な広告発想法は今日なお生きているといわねばなるまい。ちなみに岩谷天狗こと岩谷松兵衛の孫が女優森赫子（一九一四―一九八六年）である。国産たばこに対抗する輸入たばこは村井兄弟商会が負けずに大広告をつぎつぎに打った。カメオ、オールド、ピンヘット、ピーコック、パール、ヒーローなど、なつかしい名前が登場する。

ケーキの広告

西洋菓子（ケーキ）の広告は両国風月堂が始めた。同社は明治十七年にシュークリームを作り、十八年にはアイスクリームを売り出した。森永製菓が広告を始めたのは明治四十年のことである。

電燈を危む者は我社に來
て其惑を解け
電燈は室内の布線及器具
取附方完全なれば決して
火災の憂無し
布線廉價なる完全にして
且つ取附の完全を欲せば我
社に注文せよ
我社は遠近に拘はらず速
に注文に應ず可し
我社の裝飾品を一見せず
して他に注文する者は美
術と經濟に疎き人なり
芝區高輪南町　品川電燈會社

品川電灯会社の企業広告（明治24.7）

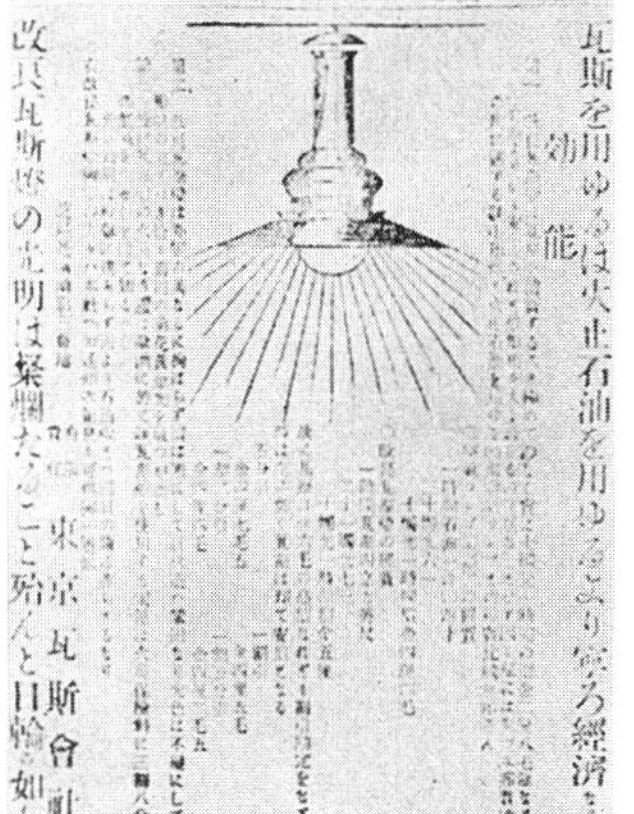

東京ガスの企業広告（明治22.6）
石油ランプからガス灯へ

天狗煙草の広告（明治35）

出版広告

明治初期の出版広告で、よい意味でも悪い意味でも評判をとったのが天狗書林である。この出版社を始めた望月誠はたばこ王岩谷松兵衛と相並んで明治時代初期の広告界をリードしたといえる。天狗書林と兎屋という二つの名称を使い分け、「廃業につき」と称して安売りで当てた。日本文学書の現代語訳を主要な刊行物とした東京稗史出版社や自由出版社、金港堂、同文社などの広告が数多く掲載されている。

雑誌は明治十三年に『東洋経済新報』、二十八年『太陽』『少年世界』『文芸倶楽部』、三十年に『少年倶楽部』『実業之世界』『中央公論』、三十三年には与謝野晶子夫妻の文芸雑誌『明星』がそれぞれ創刊されている。

万年筆ファウンテン・ペンを直訳した『泉筆』で売り出したり、自転車を「交通の利器、馬も驚く」のキャッチフレーズで売り出した広告、天賞堂の護身用ピストルの発売広告など、遠い明治を感じさせる広告が出ている。

江戸時代から引きつづいて引札の広告も、新聞がまだ大衆化していない時代でもあったので盛んであった。和紙には木版がよくつり合い、極彩色の錦絵、浮世絵、文人画風の多色刷は芸術的にも高い水準を維持していた。

広告掲示場

東京に広告掲示場が現れたのは明治十九年ごろからだと伝えられている。明治二十三年一月、東京日本橋の竹内専之助という人が六角堂の広告掲示場を設置したのを初めとして、日本橋、万世橋、上野、雷門、両国などの繁華街に広告掲示場が作られた。大阪、京都にはこれより数年早くこの種の掲示場が設けられている。

車内広告は十八年の秋、東京市内鉄道馬車に、電柱広告は二十三年五月に公認制度ができ、チンドン屋は三十四、五年ごろ高坂金兵衛という人がこれを始めたという。

マスメディア、新聞・雑誌の登場

国際的には先進の英蘭仏に対して、後発の米、露、独、伊などが植民地獲得競争に乗り出そうとしていた時期であった。幕府をフランスが、薩長を英国が支援するという列強の干渉する中で明治政府が誕生した。民権運動、政党の誕生、次いで帝国憲法の発布（一八八九年）、帝国議会の開設（一八九〇年）、教育の面では学制の実施（一八七二年）、地租を定め、農地を含めて土地の不動産化を行い（一八七一年）、地租改正によって税収入を安定させた。富国強兵をめざして近代産業に着手し、まず製糸・紡績工場、鉄道、電話の開設、銀行制度を整備した。

広告業は江戸末期に東西屋の名前で発生したが、この年代の最初の広告業は空気堂組（一八八〇年）で、次いで広報堂（現、日本広告社）と広告社（一八八四年）、大阪で萬年社（一八九〇年）が創業している。武藤山治（のち鐘紡社長）が作った広告会社は利益が多くて、こんなよい商売はないと書き残している。[1]こうして、この時期、広告業の新規参入がつづき、この期の終わりごろ、一五〇社に達した。競争が激しくなれば価格競争が始まり、同業者間の話し合いが多く持たれるようになった。

媒体では新聞、雑誌の創刊がつづいた。最初の日刊紙は『横浜毎日新聞』（一八七〇年）でかなりの紙面を広告に使っていた。この新聞はのち、『東京横浜毎日新聞』『毎日新聞』『東京毎日新聞』と名前をかえ、一九四〇年に廃刊している。現在の五大紙がこの期に創刊している。いちばん古いのが『毎日新聞』の前身『東京日日新聞』(一八七二年)。次いで『読売新聞』に合併された『郵便報知新聞』(同)である。『日本経済新聞』の前身、『中外物価新報』が三井物産の中で誕生したのが一八七六年十二月二日で、一三〇年ほど前のことである。『朝日新聞』はその三年後の創刊である。

一方、雑誌は一八六七年創刊の『西洋雑誌』が最初といわれ、一八七四年には『明六雑誌』、七六年に『東京雑誌』が創刊され、後者には一八八一年から広告が掲載されている。現存する雑誌では一八八七年創刊の『反省会雑誌』(現『中央公論』)がある。

当初、新聞は販売で採算をとり、広告収入はあてにしていなかった。『中外物価新報』も創刊当時、週刊で月五〇銭、広告はなかった。最初の広告は一八八一年七月十三日号からである。この広告は「売却火船」とあり、汽船を売るという産業広告であった。広告をあてにしていなかったので、広告受付係がいて、定刻になると受付を締め切っていた。スペースはほとんど三分の一ページ以下の小さいものであったが、新しい制度に合わせて、株式会社が続々と生まれ、会社設立、株式募集、決算、あるいは株式PR広告がたくさん出た。

コピー表現は短く、ストレートであった。「全国無類」、「古今無比」、「起死回生」、「元祖」など漢字表現が多かった。精神病院の広告が、せき、かぜ、ひきつけなどの薬と並んで多く、明るいばかりの時代でないことがうかがえる。

日本の雑誌広告表現

日本でいちばん最初の雑誌は柳河春三が創刊した『西洋雑誌』である。柳河春三(一八三二—一八七〇年)は名古屋に生まれ、蘭学を伊藤圭介、上田帯刀に学び、のち、英語、フランス語も修めた。一八五八年に紀伊藩に仕えたが、開成所の教官となり、一八六四年に教授、六八年に頭取となった。この間、多数の翻訳書を出版、『ジャパン・コマーシャル・ニューズ』『ジャパン・ガゼット』などを邦訳した。その後会訳社を組織し「新聞会叢」を編纂し、一八六七年『西洋雑誌』を刊行した。このほか森有札（一八四七―八九年）は明六社を創設して一八七四年に『明六雑誌』を、成島柳北（一八三七―八四年）も一八七八年に『花月新誌』を刊行している。

戦前の雑誌の歴史を産業と広告の歴史と対比してみると、次の四つの時期に分けられる。

（一）文明開化期（一八六七―一八九三年）

（二）産業革命期（一八九四―一九一七年）

（三）停滞時期（一九一八―一九三〇年）

（四）十五年戦争時代（一九三一―一九四五年）

この順序に従って、目立った雑誌広告をごらんに入れながら、歴史をたどってみたい。

開国とヨーロッパ先進国に追いつこうとした時代で、広告媒体は江戸時代に主流だった引札とポスターに代わって、マス媒体として新聞と雑誌が登場した。前記の創刊雑誌は長つづきしなかったが、一八七七年に登場した『団々珍聞』は「まるまるちんぶん」と読み、「まるちん」と呼ばれ、多くの人に親しまれた。ユーモア、風刺を中心にした週刊誌であった。のちに、専売になっているたばこの広告がたくさん出ている。たばこはポルトガル人が鉄砲といっしょに持ってきたといわれる。江戸時代には禁止されたり、許可されたりがくりかえされたが、明治時代には新種も輸入され、栽培・販売とも盛んであった。一八七六年にたばこ税を課し、財政の一助とした。専売になったのは日清戦争後、一八九八年からである。その直前、民間メーカーのたばこ広告合戦が華やかにくりひろげられた。専売後もしばらく民間での製造がつ

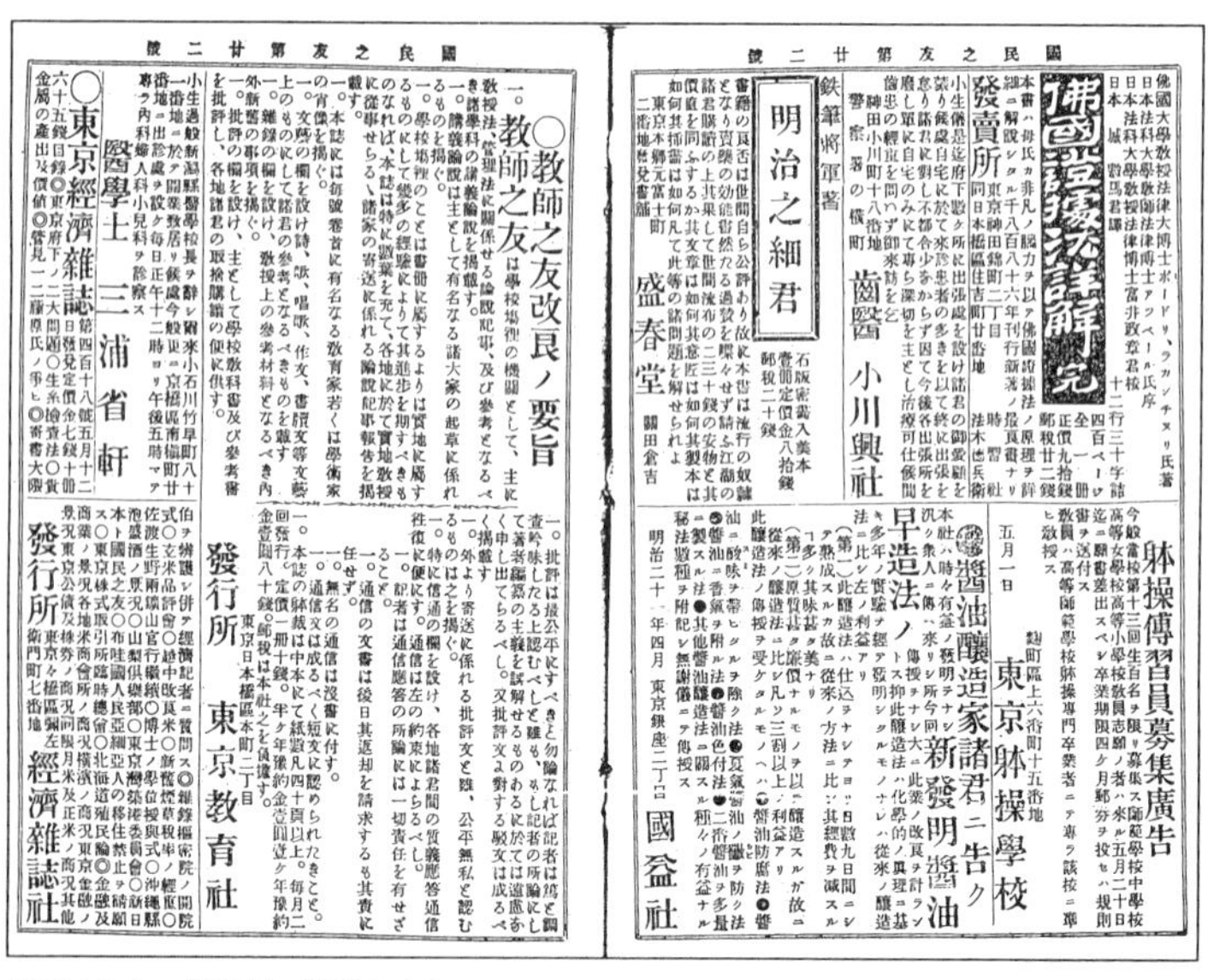
國民之友 第廿二號

佛國大學敎授法律大博士ボードリ、ラカンチヌリ氏著
日本法科大學敎師法律博士アッペール氏序
日本法科大學敎授法律博士富井政章君校
日本 城數馬君譯

佛國證據法詳解 完

十二行三十字詰 四百ページ 全一冊 正價九拾錢 郵稅廿二錢

本書ハ毋氏カ非凡ノ腦力ヲ以テ佛國證據法ノ原理ヲ詳細ニ解說シタル千八百八十六年刊行新著ノ最良書ナリ

發賣所 東京神田錦町二丁目 時習社
同日本橋區住吉町廿番地 法木德兵衛

小生儀是迄府下數ヶ所に出張處を設け諸君の御愛顧を蒙り候處自宅に於て來診患者の多きを以て終に出張を廢し諸君に對し不都合少なからず因て今後各出張所を廢し單に自宅のみにて專ら深切を主とし治療可仕候間齒患の輕重を問はず御來訪を乞ふ

神田小川町十八番地 警察署の横町
齒醫 小川興社

鉄筆將軍著
明治之細君
石版密畫入美本 壹冊定價金八拾錢 郵稅二十錢

書籍の良否は世間自ら公評あり故に本書は流行の奴隷となり資斃の効能衒然たる過襃を喋々せず繕ふ江湖の諸君購讀の上其果して世間流布の二三十錢の安物と其價値を同ふするか其文章は如何其意匠は如何其製本は如何其挿畫は如何凡て此等の諸問題を解せられよ

東京本鄕元富士町二番地 發兌書舖 盛春堂 關田倉吉

躰操傳習員募集廣告

今般當校第十三回生百名ヲ限リ募集ス師範學校中學校高等女學校高等小學校敎員志願ノ者ハ來ル五月二十日迄ニ願書差出スベシ卒業期限四ヶ月郵券ヲ投セハ規則書ヲ送付ス
敎員ハ高等師範學校躰操專門卒業者ニテ專ラ該校ニ準ヒ敎授ス

五月一日 麴町區上六番町十五番地 東京躰操學校

醬油釀造家諸君ニ告ク

本社ハ時々有益ノ發明ヲナシ汎ク衆人ニ傳ヘ來リシ所今回新發明醬油早造法ノ傳授ヲナシ大ニ此業ノ改良ヲ計ラントス抑此釀造法ハ化學的ノ眞理ニ基キ多年ノ實驗ヲ經テ發明シタルモノナレハ從來ノ釀造法ニ比シ左ノ利益アリ
(第一)此釀造法ハ仕込ヲナシテヨリ日數九日間ニシテ熟成スルカ故ニ從來ノ方法ニ比シ其經費ヲ減スルコト多ク其味甚タ美ナリ
(第二)原質甚タ廉價ナルモノヲ以テ釀造スルカ故ニ從來ノ釀造法ニ比シ凡ソ三割以上ノ利益アリ
此釀造法ヲ受ケタルモノヘハ●醬油防腐法●醬油ニ酸味ヲ帶ヒタルヲ除ク法●夏氣醬油ノ黴ヲ防ク法●醬油ニ香氣ヲ附ル法●醬油色付法●二番醬油ヲ多量ニ製スル法●其他醬油釀造法ニ關スル種々ノ有益ナル秘法數種ヲ附記シ無謝儀ニテ傳授ス

明治二十一年四月 東京銀座二丁目 國益社

國民之友 第廿二號

○教師之友改良ノ要旨

一。教師之友は學校塲裡の機關として、主に敎授法、管理法に關係せる論說記事、及び參考となるべき諸學科の講義論說を掲載す。

一。講義論說は主として有名なる諸大家の起草に係れるものを掲ぐ。

一。學校塲裡のことは書冊に屬するよりは實地に屬するものにして幾多の經驗によりて其進步を期すべきものなれば、本誌は特に斯業を充て、各地に於て實地敎授に從事せらるゝ諸家の寄送に係れる論說記事報告を掲載す。

一。本誌には每號卷首に有名なる敎育家若くは學術家の肖像を掲ぐ。

一。文藝の欄を設け詩、歌、唱歌、作文、書牘文等文藝上のものにして諸君の參考となるべきものを載す。

一。雜錄の欄を設け、敎授上の參考材料となるべき內外新聞の事項を掲ぐ。

一。批評の欄を設け、主として學校敎科書及び參考書を批評し、各地諸君の取捨購讀の便に供す。

一。批評は最公平にすべきと勿論なれば記者は篤と調査吟味したる上認むべしと雖も、若し記者の所論にして著者編纂の主義を誤解せるものあるに於ては遠慮なく申し出てらるべし。又批評文ニ對する駁文は成るべく掲載す
一。外より寄送に係れる批評文と雖、公平無私と認むるものは之を掲ぐ。

一。特に信通の欄を設け、各地諸君間の質義應答通信往復に便にす。通信は左の約束によるべし。

一。記者は通信應答の所論には一切責任を有せざること。

一。通信の文書は後日其返却を請求するも其責に任せず。

一。無名の通信は沒書に付す。

一。通信文は成るべく短文に認められたきこと。

一。本誌の躰裁は中本にて紙數凡四十頁以上。每月二回發行。定價一冊十錢。半ヶ年豫約金壹圓壹ヶ年豫約金壹圓八十錢。郵稅は本社之を負擔す。

東京日本橋區本町二丁目 發行所 東京教育社

小生過般新潟縣醫學校長ヲ辭シ爾來小石川竹早町八十一番地ニ於テ開業致居リ候處今般更ニ京橋區南槇町廿番地ニ出診處ヲ設ケ每日正午十二時ヨリ午後五時マデ專ラ內科婦人科小兒科ヲ診察ス

醫學士 三浦省軒

○東京經濟雜誌

第四百十八號 五月十二日發兌 定價金七錢 十冊六十五錢

目錄 ◎東京府下ノ二大問題 ○生糸檢查法 ○貨金屬の產出及價値 ◎管見一二 藤原氏ノ爭ヒ ◎寄書 大隈伯ヲ辨護シ併テ經濟記者ニ質問ス ◎雜錄 樞密院ノ開院式 ○玄米品評會 ○越中改良米 ○新潟煙草稅率ノ輕重 ○佐渡生野兩鑛山官行織織 ○博士ノ學位授與式 ○沖繩縣泡盛酒ノ景況 ○山梨倶樂部 ○東京灣築港委員會 ○新日本ト國民之友 ○布哇國人民亞細亞人の移住禁止ヲ請願ス ○東京株式取引所臨時總會 ○北海道殖民論 ◎金融及商業ノ景況 各地米商會所ノ商況 橫濱ノ商況 東京金融ノ景況 東京公債及株券ノ商況 同限月米及正米ノ商況 其他

東京京橋區彌左衛門町七番地 發行所 經濟雜誌社

『国民之友』第22号（明治21年）

づいた。この広告は国産たばこの「岩谷商会」のもので、『団々珍聞』の一八九九年に掲載されたものである。岩谷商会の「税金五十万円、職工三万人」の広告は広告史上最高の企業広告と考えるがどうだろうか。村井商会の輸入たばこ広告と比較広告（競争相手を引き合いに出して自社の有利性を訴える広告）競争は後世の語りぐさである。

今日につながる雑誌では『中央公論』の前身『反省会雑誌』が一八八七年に創刊されている。東京西本願寺の仏教学徒が「禁酒進徳」を旗印にして結成した反省会という団体の機関誌であった。東京に進出して『中央公論』となったが、「信用なき店舗及卑猥なる商品の広告掲載は謝絶する」と欄外に断るなど、広告倫理を推進したことで知られる。この広告欄を見ても、「禁酒会」や称念寺の「禁酒」広告など、すさまじい意気込みを感じさせる。今、酒を売る広告はあっても禁酒の広告はないのではないか。

ジャーナリスト徳富蘇峰、本名猪一郎（一八六

三―一九五七年）は民友社を起こし、『国民之友』を創刊した。一八八七年のことである。この雑誌は当初から発行部数を公表し、ごらんのとおり（前ページ図）、出版社、医師、歯科医などの広告を多く集め、手堅い雑誌との印象を強くする。

この時期、まだイラストや写真を組み込むことが少なかった。江戸時代の木版技術はカラー印刷も可能にしたが、金属活字と一体になった金属版による図版印刷の技術は次の産業革命期にならないと花開いていない。そのような中でのたばこ合戦は技術への貢献度も高かった。たばこ戦争を終えた岩谷松平は廃業と同時に営業権のすべてを政府に献上したという純粋な国粋主義者だったのである。

二　明治時代後期の広告――産業革命の時代

日露戦争以後はわが国の資本主義が根をおろした時期とされており、広告もようやく花を開いた。その広告は大正・昭和初期ほどの巧みさはないが、大胆率直な表現で、かえって迫力があった。

新聞広告からみてみよう。新聞社の経営がようやく軌道に乗り始め、広告代理店もいちおう形を整えてきたので、新聞広告は量的に著しく増大した。

活発な雑誌の発刊

出版広告は明治十六、七年ごろから丸善、同文社、春陽堂、北隆館、弘文館、天狗書林、有斐閣などがある程度の広告活動をしていたが、二十年代から三十年代にかけて、『太陽』（博文館）、『中央公論』、『新潮』など一般雑誌のほか『実業之日本』、『東洋経済新報』などの経済雑誌や『婦人画報』などの婦人雑誌

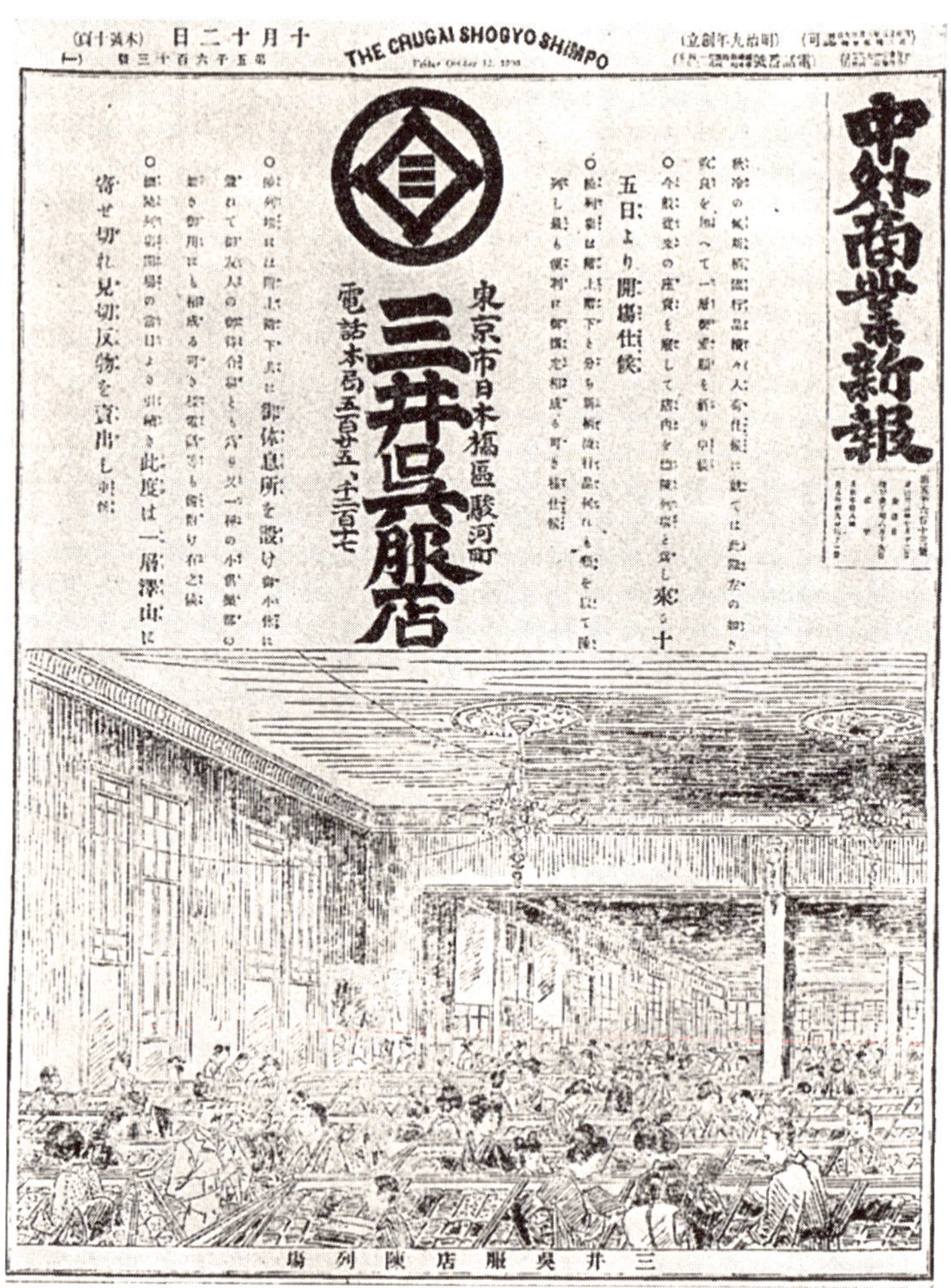

THE CHUGAI SHOGYO SHIMPO

中外商業新報

十月十二日

五日より開場仕候

御休息所を設け

此度は一層澤山に

寄せ切れ見切反物を賣出し

三井呉服店

東京市日本橋區駿河町

電話本局五百廿五、千二百七

三井呉服店陳列場

三越の前身三井呉服店の広告（明治33.10） 座売りをやめ，陳列式の対面，側面販売方式に切りかえたことを訴えた，商業史上にも画期的な広告．

が続々発刊され、広告面をにぎわせた。立志伝中の人・野間清治が起こした講談社の『雄弁』『講談倶楽部』も明治末期には発刊され、広告にもその意欲を示して注目を集めた。

デパートメント宣言

日本の百貨店の歴史は欧米に比べてもひけをとらないほど古い。いずれも呉服店から発足していることでも興味深い共通性を示している。百貨店の広告では、やはりなんといっても三越がその表現、広告政策ともに注目される。明治三十三（一九〇〇）年に江戸時代からの伝統である座売りから、陳列式の対面または側面販売に切りかえ、同三十七年には社名を三井呉服店から三越呉服店と改称、同時に「デパートメント宣言」を行い、近代的小売業への道を歩んだ。このような各機会をとらえて同社は毎回全ページ広告を行っているが、このことが、昭和初期の金解禁、同再禁止などに際して世論にその重大性を訴えるという有名な企業広告をさせた精神と相通じているのである。

もちろん、三越のほかにも白木屋、大丸、松屋、松坂屋などの広告も活発であった。

日本酒の巻き返し

明治初期のビールがはでな広告でシェアを広げていったのに対して、ようやく日本酒が巻き返しの広告をはでにするようになったのも明治後期の特色である。この傾向は現代でも貿易自由化、資本自由化に伴い欧米企業がマーケット・シェアを拡大するために第一段階として広告に着手し、これに刺激されて、わが国のメーカーが対抗している状態とよく似ている。「澤之鶴」「菊正宗」「月桂冠」などがかなり大きなスペースで広告するようになった。

このほか会社設立ブームもつづき、これに伴って企業広告も数多く新聞に掲載された。機械や素材の広告、いわゆる産業広告もかなり多く、大正時代から昭和初めにかけての消費財万能時代とは異なる雰囲気をただよわせていた。

デザイン化した大型広告

明治初期と違って、デザイン化した広告が一般化し、これに伴い全ページ広告のような大型広告がふえた。丸善が明治三十九年に『大英百科辞典』の広告を見開き二ページで掲載したことは特筆に値する。図案の中に花柳界や演劇界の有名人の写真を掲載したり、劇場とタイアップした広告もこのころに始まった。案内広告、連合広告、色刷広告なども徐々に一般化していった。

芸術的なポスター

ポスターがはやり出したのも明治後半からである。明治三十二年には三井呉服店が等身大の美人絵ポスターを新橋駅に掲げて評判をとった。三十六年にはキリンビールがスコッチ・ウイスキーのポスター図案を利用して、石版刷のポスターを制作している。また三越が四十一年に岡田三郎助の油絵「美人鼓を打つの図」を縦四メートル、横三メートルの大額面として大阪駅に掲げたり、四十四年には一等賞金一千円のポスター図案募集を行い、橋本五葉の美人画が当選した。このような企画はポスターの芸術性を高めるうえに大きな役割を果たした。これらの作品は今日なおすぐれた芸術性をもって文化遺産として生き続けている。

電飾看板

また今日のネオンのはしりとして、電飾看板は明治二十八年、京都第四回万国博覧会のとき、四条大橋上につけられたのが最初といわれ、三十四年ごろキリンビールが新橋駅の入口近くにそのかな文字六字を電球で点滅させた。その後、森永、亀井、村井兄弟商会などが電飾看板ないしイルミネーションを点滅させている。

雑誌もようやくその経営的基礎が固まりだした。しかし、広告がその収入のかなりの部分を占めるまでにはなかなかいかなかった。こういう中で欧米流の雑誌経営に力を入れた博文館の『太陽』は本文中三分の一近い広告を掲載し、しかも海外の広告主の広告も勧誘していた。

広告取締法生まる

ＤＭ（ダイレクト・メール）に関する法律「郵便広告法」が明治四十三年に施行され、広告主がＤＭを郵便局に依頼し、受取人を指定することなく差出人の指定した郵便局内に配達させることにしている。当時、配達夫に「郵便」といわせて投げ込んでいくので注意をひいた。

こうして広告が盛んになるにつれて、反面、広告の行きすぎも問題になり、明治四十四年四月には「広告取締法」が生まれた。

高度成長で消費が多様化

この時期、日本は日清、日露、第一次世界大戦と三つの戦争を体験する。日本の産業革命は日清戦争で得た三・六億円という賠償金がテコになって、進展する。この二四年の間、輸出は進展し、年率一三％を超える高度成長を達成した。

産業革命は都市化を促し、大衆消費社会が生まれる。政府は金本位制を採用し、その結果、為替相場は安定し各産業は活気をおび、生産量、輸出量は着実に増加した。

その後、日露戦争の勝利は、海外市場を拡大し、また関税自主権の回復、外国資本・技術の導入、水力電気事業の発達による動力革命が工業投資を活発にした。

ナショナリズムの高揚、都市化の進展、教育水準の向上などに助けられて、大都市中心に新聞が発展し、広告媒体としての地位を確立した。新聞の企業化が進展すると、販売だけでなく広告収稿への関心が高まり、広告収入が新聞社収入の四割を占めるという状況になった。新聞広告の新しい傾向として、大量生産と結びついた大量消費を目指すナショナル・スポンサーが登場し、新聞広告は大型化した。

新聞広告に対する社会的注目が高まり、新聞は第一面全面を広告欄に提供するに至った。それまで三大広告といわれた売薬、出版、化粧品に加えて、食料品、百貨店、大衆娯楽としての映画の広告など、都市における生活文化の向上を反映している。新聞広告の大型化と並んで、広告意匠や広告写真など、レイアウトや製版技術も進歩した。

文化水準の向上は、雑誌の市場をつくりあげ、広告媒体としての地位を確立した。読者層にターゲットを絞った広告も出現した。

伝統的メディアではトタンにペンキ塗りの新しい看板が登場し、各種の街頭・野外広告が急増した。印刷技術の向上は極彩色の美しい〝ポスター〟広告も出現し、屋外広告は最盛期を迎える。交通機関の発達で、車内広告も盛んになった。中でも目立ったのは、イルミネーション広告である。都会の夜空を彩るイルミネーション広告は、新しい都市社会の到来を告げるものとして、注目された。

このような時代の中で、広告業は活発化し、東京、大阪に多くの広告会社が生まれる。その中には博報堂（一八九五年）と現在の電通となる日本広告株式会社（一九〇一年）があった。ほかに帝国通信社、金蘭社、弘報社、正路書社、広目屋、廣告社、高年社などが有力会社に成長し、今日に至る広告界をリードしていくことになる。

この時期、薬品や石鹼に関する商品広告が多く、全体の四〇〜六〇％を占めている。その他、食品や飲料など、いわゆる生活必需品が多く、消費生活が大きく転換していくさまがうかがえる。

初期の表現の中には、誇大表現に似た広告が多かった。たとえば、「いかなる難病も請合治る保証薬」（一九〇五年）や、「十年の血の道三週間で全治」（一九〇〇年）といったものである。このことが一九一一年の広告物取締法の制定をうながすことになる。らい病（ハンセン病）、胃病、りん病など今では治療するのが難しくない病気に対しての薬のコピーにこういった表現が多いということは、当時多くの人たちがこれらの病気に悩まされていたといえるであろう。また、表記上の特徴として、外来語が使われる割合の変化がある。一八九四年から減少していた外来語が使われる割合が一九〇四年を境に大きく上昇している。日露戦争を契機に日本人は急速に国際化したのであろう。この時からたばこを中心とする外国製品が広告されていることも一因である。

ヘッドライン（見出し）の長さの推移も大きな特徴であろう。四文節以下の短文が一八九九年を境に大きく減っているのである。

戦後も高度成長期にヘッドラインが長くなった。平和な時期にコピーは長くなる。たとえば、「ニキビ吹き出物を根治し色白く美しくする内服薬」（一九一二年）、「恐るべき脳充血も根治する世界唯一の脳病良薬」（一九〇二年）などである。

誇大表現を避け、少しでも正確に書こうとしたのであろう。消費者のほうもゆとりをもって広告を眺めることができるようになったのであろう。

また、商品広告を訴える相手として、女性のみに訴えたものが、男性に訴えるものより上回ってきたのも特色である。「色白くつやも美し絶世之美人となる」（一九一一年）といった化粧品の広告が多かったのである。平和な時代には女性のほうが進展する。

産業革命期

日清戦争の勝利により、日本は清国から三・六億円の賠償を得、産業革命に拍車がかかった。産業革命により、工場生産が一般化し、三越（当時の三井呉服店）は一九〇〇年十月十五日に百貨店宣言を行い、従来の座売り方式を改めて陳列方式を採用した。この陳列方式は生産形態が見込み生産に変わったことを意味している。

綜合雑誌『太陽』の創刊は一八九五年である。今までになく、バラエティに富んだ広告主が登場した。外資系企業、産業広告、銀行などである。

産業革命期は第二次大戦後の高度成長期と同様、経済の発展が急であった。生活様式にも洋風化が起こり、婦人運動が起き、女性の地位向上をもたらした。これに伴って婦人雑誌がこの時期に八つも生まれた。最初の婦人雑誌は一九〇五年の『婦人画報』、次いで一九〇六年の『婦人世界』、一九〇八年の『婦人之友』、一九一〇年の『婦女界』、一九一一年の『青鞜』、一九一六年の『婦人公論』、一九二〇年の『婦人倶楽部』である。当然ながら女性の購買力が高まったことと符合している。法律上は結婚すると女性は禁治産者になるという日本流の民法化ではあったが、財産に係わることでなければ、女性の購買力は無視できなくなっていた。化粧品、薬品はもちろん、食品、飲料、雑貨などが女性による意思決定で消費されるウェイトは今日と比べてもひけをとらない状態になっていた（この種のデータがないのが残念だが）と思われる。しかし、有名な「元始、女性は太陽であった」で知られる、平塚らいてう（一八八六―一九七一年）の『青鞜』は女性解放を目指した青鞜社が版元であったが、わずか五年で廃刊してしまった。女性の購買力が上がったとはいえ、まだ女性解放を支持する人は少なかったのであろう。(2)

第八章　大正時代の広告

一　大衆消費財広告の発展

諒闇（りょうあん）不況から第一次世界大戦へ、好況から金融恐慌まで二転三転した大正の経済は関東大震災とその復興の途上で終わる。第一次大戦で戦勝国の仲間入りをすると、国際的な評価も高まり、輸出の増大、産業の隆盛、国民生活、文化の進展という背景から、広告も明治時代の単に荒削りな直截的表現から、石鹸のパーモリーブ、食料品のチンザノ、ベルモット、クエーカーオーツ、リグレーのチューインガム、自動車のフォード、ナッシュ、シトロエンも登場、シェル石油やダンロップタイヤの広告まで加わった大正時代はむしろ資本自由化時代の今日よりも多彩であったといえる。

関東大震災は第一次世界大戦の大衆消費生活の華美に対する頂門の一針であるといわれたが、まさに大正時代は明治の産業振興の成果がようやく大衆の上に及んできた時代であったのである。広告の面でも、興業、出版、化粧品、食品等の消費財広告が目ざましく、さらに後半には不動産、分譲地、別荘地の広告も現れている。

そして家庭電器、タイプライター等の広告の萌芽がようやく顔を出した。

はなやかな化粧品合戦

最もはなやかだったのが化粧品広告である。「クラブ」「レート」はおしろい、クリームをめぐって大広告戦を展開、歯みがき粉の分野では「ライオン」と「クラブ」、石鹸では「花王」「ミツワ」、目薬では「大学」「ロート」の広告戦は今日でも語り草となっている。化粧品は明治時代のなかばから国産品が作られてはいたが、第一次大戦で輸入品が途絶えたため、国産品奨励の動きと相まって、競争は激化したのである。クラブ化粧品は大正四年の夏、東京数寄屋橋畔の空中に噴霧をあげて電光で文字を映写して驚かせ、女性の写真を使用した新聞広告、中山文化研究所での女性講演会などで女性の関心を引いた。これに対してレートは消費者組織「レート会」で対抗、博覧会に特設館を設置したり、新聞広告では挑戦的な広告でクラブに対抗した。

化粧品広告の全盛時代（大正13.10）

御園化粧品、ホーカー化粧品、花王石鹸、ミツワ石鹸、オリジナル香水、パール化粧品、美顔化粧料、カオール、美顔ユーマー、ホーサン石鹸、水晶白粉、ラベル、ナイス、千代ぬれ羽、エンプレス白粉、香晶、スワン石鹸、メヌマポマード、エグロン、ミスジ石鹸、玉の肌、ヘチマコロン、ベーリン、金鶏香水、スモカ歯磨と並べると六十代以上の人にはなつかしい名前が多いだろう。

ライオン歯磨は大正五年、本店の新築に際し、二ページ見開き広告を出稿、九年には社会事業に三十余万円を寄付したことを広告し、また大阪通天閣にイルミネーションを設置して人気を集めた。

社会奉仕を加味した仁丹

薬品広告も化粧品に劣らず盛んであった。化粧品と同様、大戦により輸入が途絶え、国産品の奨励で、新薬は続々と誕生し、これが広告面に現れた。藤沢商店の「ブルトーゼ」、武田長兵衛商店の「ビオフェルミン」「カルモチン」、三共の「オリザニン」、塩野義の「カヴィトール」、田辺商店の「サロメチール」、近江兄弟社の「メンソレータム」等が広告戦の立役者であった。しかし、なんといっても薬品業界最大の広告主は仁丹であった。社会奉仕を目ざした広告は今日から考えても注目してよいものである。米騒動に関連して懸賞広告で論じさせ、中国の水難救助の義捐金募集や格言を刷り込んで容器で売り出すなど、評判も大きかった。

カルピスの「黒ん坊」誕生

森永対明治の戦いが始まったのもこのころである。キャラメルに始まって、末期にはチョコレートで競争し、これに江崎商会のグリコが「一粒三百メートル」のキャッチフレーズで当て、競争に加わった。明治初期から引きつづいたビールの広告合戦はようやく落ち着きをとりもどしたが、壽屋が「赤玉ポートワイン」「トリスウヰスキー」などの広告に本腰を入れ始め、洋酒の地盤を徐々に固めていった。第一次大戦の直後、カルピスは苦境に陥ったドイツの商業美術家を救済する目的で、ドイツの商業美術家の間に懸賞でカルピスの商標を依頼し、今日の「黒ん坊」が誕生した。同社は「乙女の肌」「初恋の味」のキャッチフレーズとともにこの種の飲料の中で不動の地位を築いていった。

味の素を池田菊苗博士が発明したのは明治四十年のことだが、その広告は明治四十二年六月に初めて表れ、大正の半ばから、ようやくその効果が出たのか、大量生産が軌道に乗り、広告活動も活発になった。

十一年ごろ、「蛇肉を原料にしている」との中傷が乱れ飛んだのに対抗して、反論の広告を全ページで出した。このころ缶詰などもようやく家庭での消費がふえ、国分商店や日魯漁業が広告をしている。

映画の広告は明治三十二年に歌舞伎座が「活動写真」のタイトルで最初に現れている。大正二年に帝劇が「エジソン・キネトフォーン活動写真」の広告をしているが、本格的になったのはもちろん大正末期である。このころになると浅草興行界の連合広告も登場するようになった。

新聞広告量七倍に急増

大正時代を通じて新聞広告量は約七倍にふえるという急増ぶりだった。

	総行数
大正元年	三三・四七二（千行）
大正五年	五三・二〇四
大正十年	一五〇・五八〇
大正十四年	二一〇・五五三

婦人雑誌の活躍

新聞の発展とともに雑誌もいちじるしい躍進を示した。すでに独自の地位を築いていた『中央公論』に対して、大正八年八月には『改造』『解放』が創刊され、特に『改造』は社会主義運動に与（くみ）して知識人層の人気を獲得、『中央公論』の地位をおびやかした。『現代』（講談社）、『新潮』（新潮社）の創刊も大正中期、十二年末には『文藝春秋』も創刊されて、雑誌経営の基盤も固まり、広告の収稿状態もよくなったことを示した。婦人運動の高まり、教育を受ける女性の数がふえたこともあって、婦人雑誌が続々と刊行された。『婦人世界』、『主婦之友』、『婦女界』、『婦人公論』、『婦人之友』、『婦人倶楽部』、『令女界』、『女性』等々が競い、薬品、化粧品の広告は多くこれらの婦人雑誌に流れることになった。

カラー広告の登場

経済雑誌も明治時代に創刊されている。『実業之日本』『東洋経済新報』に続いて大正二年『ダイヤモンド』が創刊され、次いで『商店界』、『エコノミスト』、『広告界』、『東京経済評論』、『経済タイムス』、『経済集報』、『かぶと新聞』等もこの時代に創刊されている。第一次大戦後の株式ブーム、新会社設立ブームが経済への関心を高めたためである。

大衆文芸雑誌として、戦前の大衆に忠君愛国を教えた『キング』が創刊されたのも大正十四年一月のことである。創刊当初から発行部数七四万部と称せられた。これらの雑誌には新聞に見られないカラー広告も登場し、このことがわが国の広告の質的向上に役立つことになった。

輸入車はんらん

外貨がふえ、生活水準が向上するにつれて、輸入がふえ、輸入広告が目につくようになった。震災後、自動車では米国のフォード、ゼネラル・モーターズ、英国のモリス、フランスのシトロエンなどがはでな広告で人目を奪った。国産車は昭和に入ってから生産、販売が軌道に乗ったもので、大正時代は輸入車全盛の時代であった。東京市内を一円で行く外車のタクシー「円タク」が氾濫した。

このほかチューインガムのリグレーやクエーカー・オーツ、ローヤル、ベーキングパウダーなどの食料品、ジレット、パリスガーター、コダック、ウエスチングハウス、コロムビアレコード等の広告が新聞、雑誌の紙面をにぎわした。

素人写真の流行しはじめたのも大正時代で、小西六やコダックの写真機の広告もこのころから活発になった。

二　名キャッチフレーズの登場

明治時代の広告を産業興隆期の荒削りな表現の全盛時代とすれば、大正時代にはかなり技巧が加わってきた。前述したカルピス「初恋の味」、グリコ「一粒三百メートル」などと並んで、三越の「今日は帝劇、明日は三越」、花王石鹼の「純粋度九九・四%」とか金鶏香水の「一滴、二滴、三滴、素敵」「クスリはホシ」など、後世に語りつがれたキャッチフレーズはおおむねこの時代の産物である。

キャッチフレーズといえば大正十四年の末に壽屋から発表された歯みがき「スモカ」のコピーは、その広告図案がパイプと歯磨きの組み合わせたものや、黒ん坊が歯を白く光らせているなどの印象的なデザインとともに忘れることができない。このコピーは片岡敏郎の作品で、わびさびのきいたもの、とぼけたもの、ユーモラスなものなど多彩である。

あっぱれスモカを手に入れて
磨きあげたる上からは

誰はばからずから〳〵と
大口あげてお笑いめされ

用ウレバ　忽チ　歯牙　白光　生ズ
此ハ　是レ　滅法界ノ　佳々品

歯磨は道楽に使うで無い。楊子に何度もつけ足して、茫と目を据えての咬わえ楊子！　そうした人にはこの歯磨は貴重すぎます。スモカは一缶で一箇月、それで沢山。

でっ歯、そっ歯のきらいなく、たばこのヤニなら根こそぎジャイ……

ゲッ、ガッ、ゴロゴロ！　鳴りものコワ色入り一流の長いお口の掃除！
せめて歯磨く時間だけは、スモカの即効で短縮すべし

するとネ、「ウソつけ、昼寝の寝起きにきまってら。えりに歯磨がついてるゾ」ていうじゃない？
妾、それからすっかりスモカにしてョ、なるほどコナが散らないわ

等々と生き生きとした文章は、今日まで広告のコピーの歴史を語るとき忘れることのできないものである。

アーティストの協力

このころから、広告主の間に広告部を置くことが普通になってきた。これが広告の技術的向上をもたらしたことはいうまでもない。外部の作家、画家に制作に協力させるような習慣も出てきて、いっそう生彩のある広告が登場した。「仁丹」が高須梅渓、中村吉蔵、「味の素」が坂元雪鳥、「クラブ」が東郷青児、「森永」が和田三造、「カルピス」が高嶋米峰、「星製薬」が白井喬二、「赤玉」が片岡敏郎等を協力者としていた。

広告の科学研究も始まり、広告に関する専門書や雑誌も刊行された。三越の宣伝部長をしていた松宮三郎氏（一九〇三―一九八六年）はスコットの広告心理学を翻訳し、萬年社は関西の各大学の商業関係の教授たちを招いて、広告論文集を刊行した。(1)

輸入と雑誌広告が増える

五大国の一つにはなったものの、すでに国際連盟の設立で、日本は疎外感を味わい、ワシントン条約（一九二二年）、ロンドン条約（一九三〇年）では主力艦、補助艦とも英米に対して七割を主張して、それを下回り、国際的な軍事圧力をひしひしと感じる時代であった。

この時期、大衆文化の発展は目ざましかった。前期末、義務教育はほぼ一〇〇％に達し、この時期、中学生の生徒数は一九二〇年の一七万人から三〇年の三四万人と倍増、大学生数も数千人から数万人にふえている。これに合わせて新聞部数の増大は目ざましく、この時期の終わりごろには百万部を超えるものも現れた。週刊誌の発刊も始まり、総合雑誌の部数がふえた。ニューメディアとしてラジオ、蓄音器、映画が加わった。この時期の終わるころラジオ台数は百万台に達する。

広告は雑誌の創刊と大量出稿に救われたものの、産業の停滞を受けて、低成長に甘んじた。この間、伝統ある帝通が倒産（一九二九年）、電通、萬年社とも一九二五年をピークに一進一退をくりかえしている。不況を回避するため広告団体をつくり、値引きや牽制や共同研究をつづけている。

この時期、広告業は科学化につとめた。特に萬年社は一九二五年『広告年鑑』を創刊、年二回の『広告論叢』も発刊した。ＡＢＣ（Audit Bureau of Circulations 発行部数公査局）による公査制度を主張する議論も活発になった。議論と並んで、実際に部数公査を求める新聞、雑誌も現れた。

この時期、大衆向け耐久消費財が発売される。電気製品ではラジオ、電気アイロン、扇風機、電熱器、蓄音器、末期には洗濯機、冷蔵庫も売り出される。乗用車も一九三一年にダット（田、青山、竹内の三人の技術者により、その頭文字をとった）自動車が生産される。輸入品では自動車のほか、シンガー・ミシン、食品、電気冷蔵庫などが広告されている。

シトロエンの広告（1925年10月３日）

「真夜中の二時、貴女のお足は冷えては居りませんか？」（一九一八年、中将湯）や「可愛いお子さまをタワシで擦るやうな石鹸を棄てて、ベルベットをお使い下さい」（一九二九年）のような話しことばでソフトにコミュニケーションする手法がふえた。外資系は「安全で迅速な運搬はシボレー号トラック」（一九二九年）、「本秋、流行戦線の最尖端に立つ小型映画機中の花型」（一九三〇年、コダック）のようなストレートな表現であった。

停滞の時代（一九一八―一九三〇年）

第一次世界大戦まで続いた経済成長は、大戦の終了とともに終止符を打った。アメリカでは大戦終了後もしばらく景気は持続したが、市場の狭かった日本ではすぐ景気後退が現れた。しかし、前期の産業革命による生産量の増加は広告にしばらく好景気をもたらした。二〇年代は二三年に小説家の菊池寛（一八八八―一九四八年）が『文藝春秋』を創刊した。

『文藝春秋』は文字どおり、当初は文芸雑誌であった。したがって、広告面には文学好きのファッショナブルな商品が顔を出している。当時、輸入品は舶来品といわれ、国産品に比べて、しゃれた印象を与えていた。したがって、この広告では「英来品以上」とか「欧米の製品より一歩を進めた」といった表現をとっているのである。当時、新聞にはGM、フォード、クライスラーなどのアメリカの乗用車が顔を出していた。

野間清治（一八七八―一九三八年）の講談社は一九二五年『キング』を創刊、国民雑誌といわれ、三〇年代の初めには百万部を突破することになった。講談社は「面白くて為になる」をスローガンに次々に新雑誌を送り出し、いずれも高部数を得ていた。最初の雑誌は一九一〇年の『雄弁』で創刊日を紀元節にした。翌年『講談倶楽部』を出した。ここまでが社名のとおり「大日本雄弁会」と連動していた。しかし、『キング』の成功で同社の積極策は次々に成果を生み、戦争に向かう日本人の心情に合った情報提供でいわば国民雑誌的地位についた。『少年倶楽部』（一九一四年）、『面白倶楽部』（一六年）、『現代』『婦人倶楽部』（二〇年）、『少女倶楽部』（二三年）、『幼年倶楽部』（二六年）と続け、一九三〇年には九雑誌の総発行

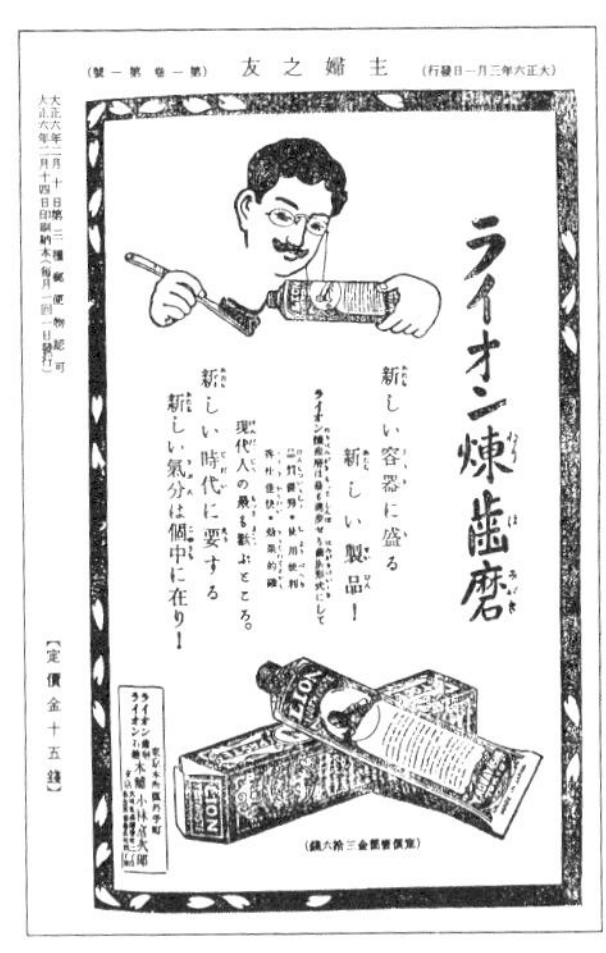

ライオン歯磨の広告（1917年）
（『主婦之友』第一巻第一号）

三越呉服店の広告
（『主婦之友』1920年）

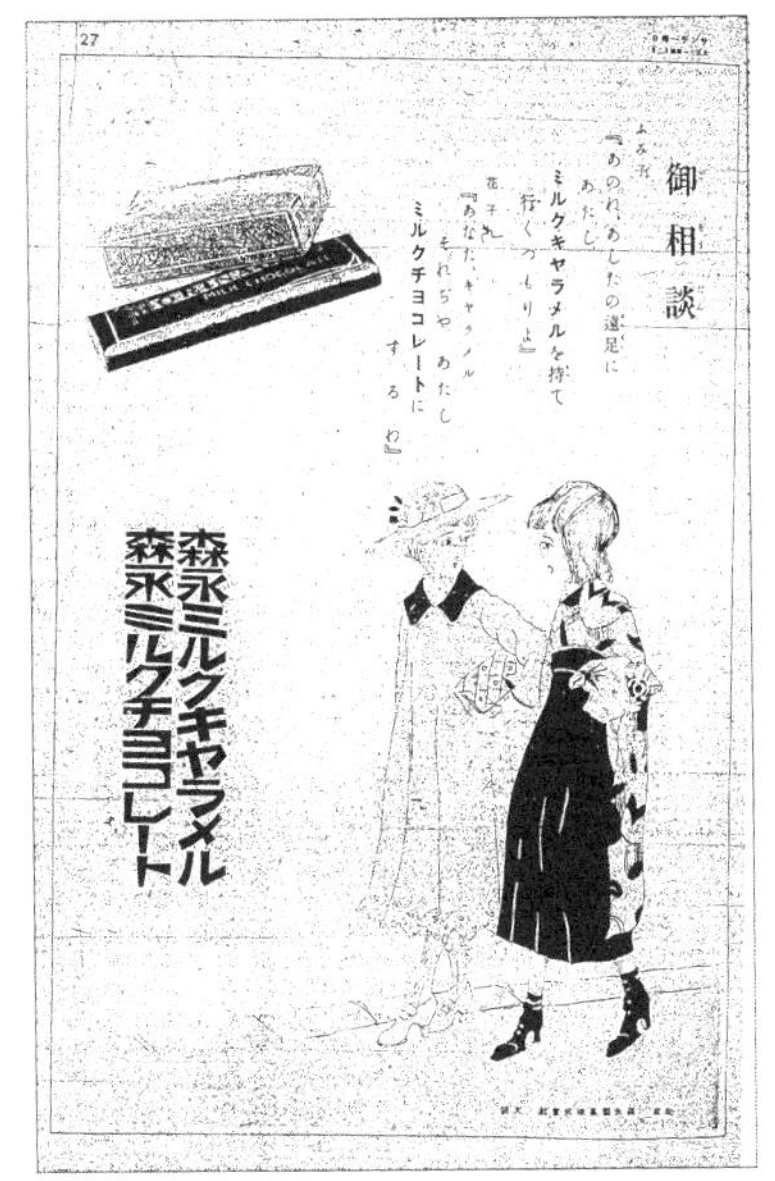

森永製菓の広告（『サンデー毎日』）

部数は一カ月百万部といわれた。これは日本全体の雑誌発行部数の七〜八割を占めた。

前ページの右上は一九二〇年『主婦之友』に掲載された三越呉服店の広告である。陳列方式が定着してきたことを示している。主婦之友社は一九九六年に八〇周年を迎え、同誌の第一巻第一号の復刻版を作った。その表4（裏表紙）にライオン歯磨が広告を出している。ライオンは当初から歯磨中心に製造を始め、広告をどう展開するべきかの研究を怠らなかった。一九二三年に早稲田大学広告研究会が「統計的広告研究」を残している。そのスポンサーになったのはライオンであった。この研究を行ったのはのち産業能率協会を作った上野陽一（一八八三―一九五七年）で、広告専門家二三人にサンプル広告七点を見せ、「どの広告が注目されるか」「どの広告が商品を売るか」を聞いている。広告の表現に関する日本で初めての調査ではなかろうか。使用したのは雑誌媒体の広告であった[2]。調査より六年前の作品だが、評価の最も高かった広告は「避暑」にも「旅行」にもという表現で、アピールしていた。広告心理の研究調査を行っていた上野陽一はライオンに招かれて講義をしている。

『主婦之友』の創始者は石川武美で、東京家政研究会を刊行元とする。大正末年には二〇万部という記録的部数になった。

新聞社の発行する週刊誌の中ではいちばん早い毎日新聞の『サンデー毎日』が刊行されたのは一九二二年四月である。しかし、情報が漏れ、朝日新聞も同じ週に『週刊朝日』を刊行することになったという（宮本信太郎『わが国の雑誌と雑誌広告の歩み』日本雑誌広告協会、一九七五年）。当時の『サンデー毎日』に掲載された広告を見るとデザインといい、コピーといい、今日の広告とそう違わない印象を持つ。文藝春秋が『オール讀物』を刊行したのは一九三〇年で、ここに掲載された化粧品の広告も同様、今日の広告にひけをとらないのではないか。化粧品広告が誌面を賑わしたのは、この時期に女性の地位向上があったためである。今日の寡占状態に比べて、激しい競争状態であった。

『サンデー毎日』に出た森永製菓の広告は斬新そのものという印象を持つであろう。当時森永製菓の広告部は日本の広告業をリードしていた。藤本倫夫、今泉武治、大藤好翰、新井静一郎らは戦後の日本の広告の復興期にも活躍した。日本の広告団体の役員には森永の広告部員が必ず顔を出していた。最初に片岡敏郎（のちサントリー）が一九一五年に入社し、クリエイティヴの伝統を作った。

写真が広告に使われるようになったのは前記のたばこ屋岩谷松平が一八八四年に屋外広告でフォトディスプレイといって出した看板が最初である。新聞広告に出たのは日本橋の中喜ネル店のコクカツーショールが一九〇五年。雑誌広告では東京編物講習会の広告が最初という。したがって、この時期から、雑誌広告に写真が多く取り入れられるようになった。とはいっても、美しく仕上げるにはイラストレーションのほうが手軽だったのであろう。写真の利用は次の時代に入ってから一般化した。

第九章　昭和の広告

昭和元年は十二月二十五日に始まり、六十四年は一月七日で終わったから、昭和時代は六十二年と十五日とほぼひと回りであった。ここでは第二次大戦前を第一期とし、十五年戦争時代を第二期とし、戦後を三つに機械的に分け、第三期を二十〜三十五年まで、第四期を三十五〜五十年まで、第五期を五十〜六十四年までとした。戦後は十五年きざみである。第一期の経営環境は不況から戦争へ、第二期は戦乱の時代、第三期は復興から躍進へ、第四期は成長から環境問題へ、第五期は円高から摩擦へと名付けた。広告会社はこれに対応して、プロセールスマンの時代、経理・財務の時代、マーケティングの時代、国際アドマンの時代と重点政策を移行させた。

一　第一期——戦前（一九二六〜一九三〇年）

円本合戦で幕あけ

昭和の広告は全集ものの出版広告によって幕をあけた。特に大正末年の改造社『現代日本文学全集』と昭和二年の新潮社『世界文学全集』がそれぞれ新聞一ページないし二ページの全面広告戦を展開した。新潮社の文学全集は予想の二倍近い五八万部の予約申し込みを獲得した。

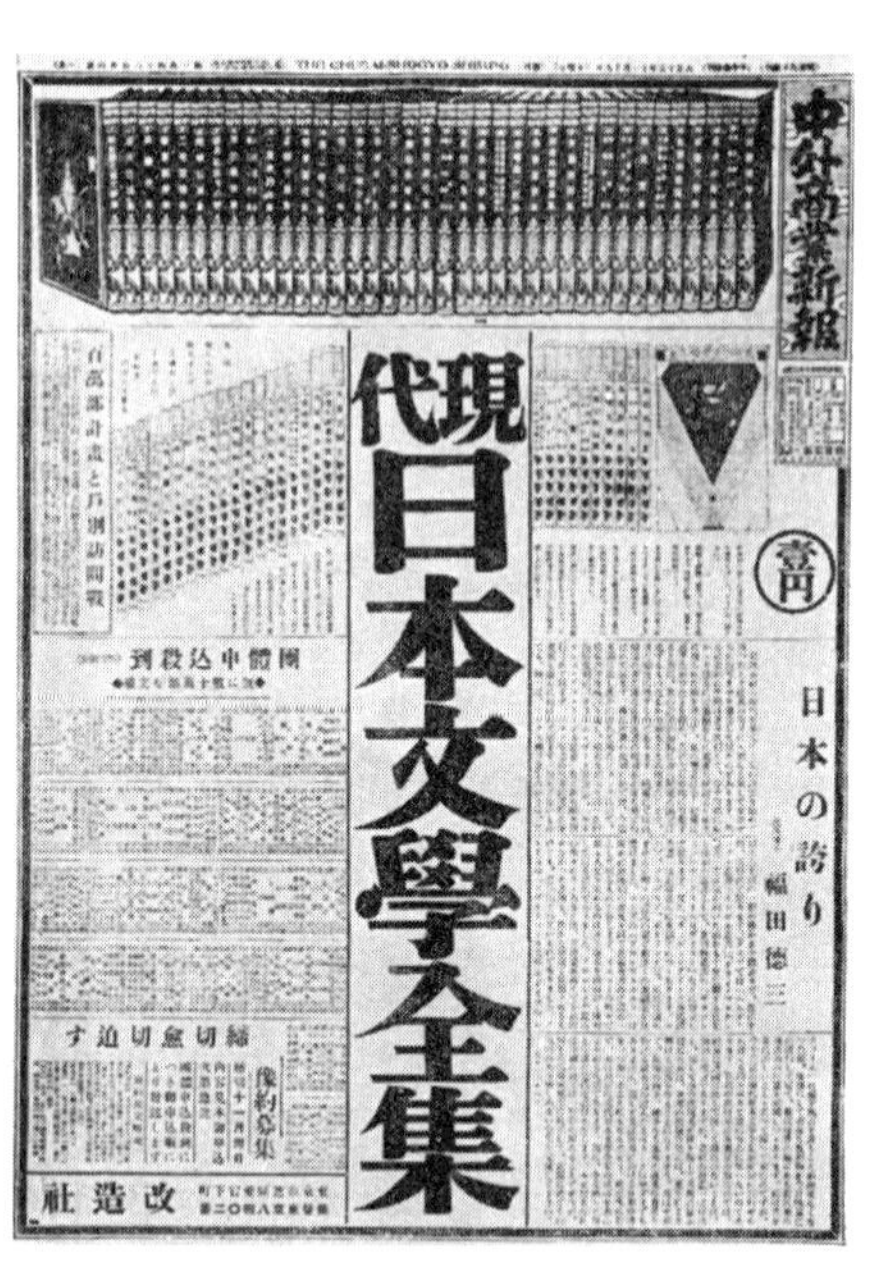

堂々第一面全面を占める円本広告

このほか春陽堂の『明治大正文学全集』、興文社の『日本名著全集』、博文館の『帝国文庫』、第一書房の『世界戯曲全集』、平凡社の『世界美術全集』、講談社の『講談全集』等々、昭和七年ごろまでに刊行された全集物は四〇〇種にのぼった。

善い本を安く読ませる！
この標語の下に我社は出版界の大革命を断行し、特権階級の芸術を全民族の前に開放した。一家に一冊宛を！　芸術なき人生は真に荒野の如くである……

これが円本広告合戦の口火を切った広告であった。しかし、この採算を度外視した円本合戦の結末は決して丸く収まったとはいえなかった。特に『日本児童文庫』を出したアルス社と『小学生全集』と名付けた興文社と文藝春秋社の同盟軍との争いは文字どおり泥試合といわれるにふさわしいものであった。アルス社は北原白秋の弟鉄雄氏が中心になり、同盟軍には菊池寛、芥川龍之介があって、広告の中におたがいを攻撃するコピーをのせ、最後には新聞四ページを埋める広告まで出してはとうてい採算の合う商売になり得ようはずがなく、ついに共倒れになってしまった。

明治後期から、わが国の新聞広告を最も多く占拠していた業種はいうまでもなく薬品であり、第一次大戦後、国産化粧品の全盛時代に化粧品が一位となり、出版広告は常にこの二業種の下位に甘んじていた。それが、この円本合戦の結果、出版広告は新聞広告の中で最大のシェアを占めるに至ったのである。

失われゆく言論の自由

昭和初期の円本の需要を支えたのは、世界的な大恐慌から浜口内閣のデフレ政策の浸透と、空前の不景気におそわれていた当時の、「大学は出たけれど」就職口のない大学浪人たちであった。本以外に安くて人々の娯楽を満足させるものはなかったのである。昭和二年七月にドイツの「レクラム文庫」にヒントを得た「岩波文庫」が刊行され、着実に読者層を広げていった。しかし、この出版広告全盛時代も長つづきしなかった。それは昭和六年の満州事変、七年の上海事変、十一年の二・二六事件などを経て、わが国の言論の自由は次第に失われていった。出版の自由もこの範疇にはいる。

昭和初期の不況をそのまま広告でみることができるのは、今では考えられない銀行の休業広告である。金融恐慌は台湾銀行の休業に端を発し、東京でも不動貯蓄銀行をはじめ銀行の休業が相次いだ。政府は金解禁で苦境を打開しようとすれば、三越はこれに対し、事態が容易ならざることを一般消費者に訴えるPR広告を出している。金の解禁は完全な失敗に終わり、浜口内閣は再び金輸出を禁じた。三越は再び時局の重大性を訴える広告を出した。

ビール業界の攻防戦

このころ、酒類、食料品のメーカーは過剰生産の処理を目ざして必死の広告戦を展開した。ビール業界は明治・大正を通じて大日本、キリンの両社の競争から東京洋食業組合の「ユニオン」、壽屋の「オラガ」「カスケード」が加わって、競争は激化した。後発の両社の広告は特にはでで、中でも「オラガ」は前首相田中義一大将のあだな「おらが大将」をとぼけてネーミングとしたもので、その発売広告は新聞全ページを「出たオラガビール飲めオラガビール」と特大の文字で埋めるという大胆不敵な広告で万都のどぎもを抜いた。また「カスケード」のほうはすでにびん生を発売していた。これらのはでなビール合戦も八年に共販会社の設立、企業合同の進展につれて下火となり、十四年になるとついに姿を消してしまった。

昭和初期から壽屋（今のサントリー）の宣伝活動は目ざましくなった。オラガビール、カスケードビールと並んで赤玉ポートワインには時勢をもじったマンガ広告が登場（「不景気か？　不景気だ！　赤玉ポートワインを飲んでいるかね？　飲んでない！　そうだろう！」）した。「サントリー・ウヰスキー」の広告は今日の新聞に掲載しても通用するような現代的なレイアウトをみせていた。壽屋は味の素とともに年間百数十万行というまさに当時の最大広告主であった。

「森永」対「明治製菓」の広告競争も激しかった。リンドバーグが来日したとき、明治製菓は、彼の名を利用し、森永は飛行機「森永号」を飛ばし、「パラシュート・チョコレート」を売り出した。わが国の国際的地位が高まるにつれて、著名外国人の来日もふえた。広告主はこのニュースに便乗することに抜け目がなかった。ジンバリストの来日を利用した前記の「ユニオンビール」はジンバリストのことばとして「私はワイン類は好みませんが、ビールなら戴きます。オオこれが日本における最高最新のユニオンビールですか……カラーといい、スメルといい、第一テーストが非常に優れております」といわせた広告を出している。昭和六年一月、米国の俳優ダグラス・フェアバンクスが来日したとき、目薬「スマイル」は「Smile?　Wonderful!　Just the same with my motto: SMILE Ha!　Ha!　Ha!」と出し、同年、米国のプロ野球

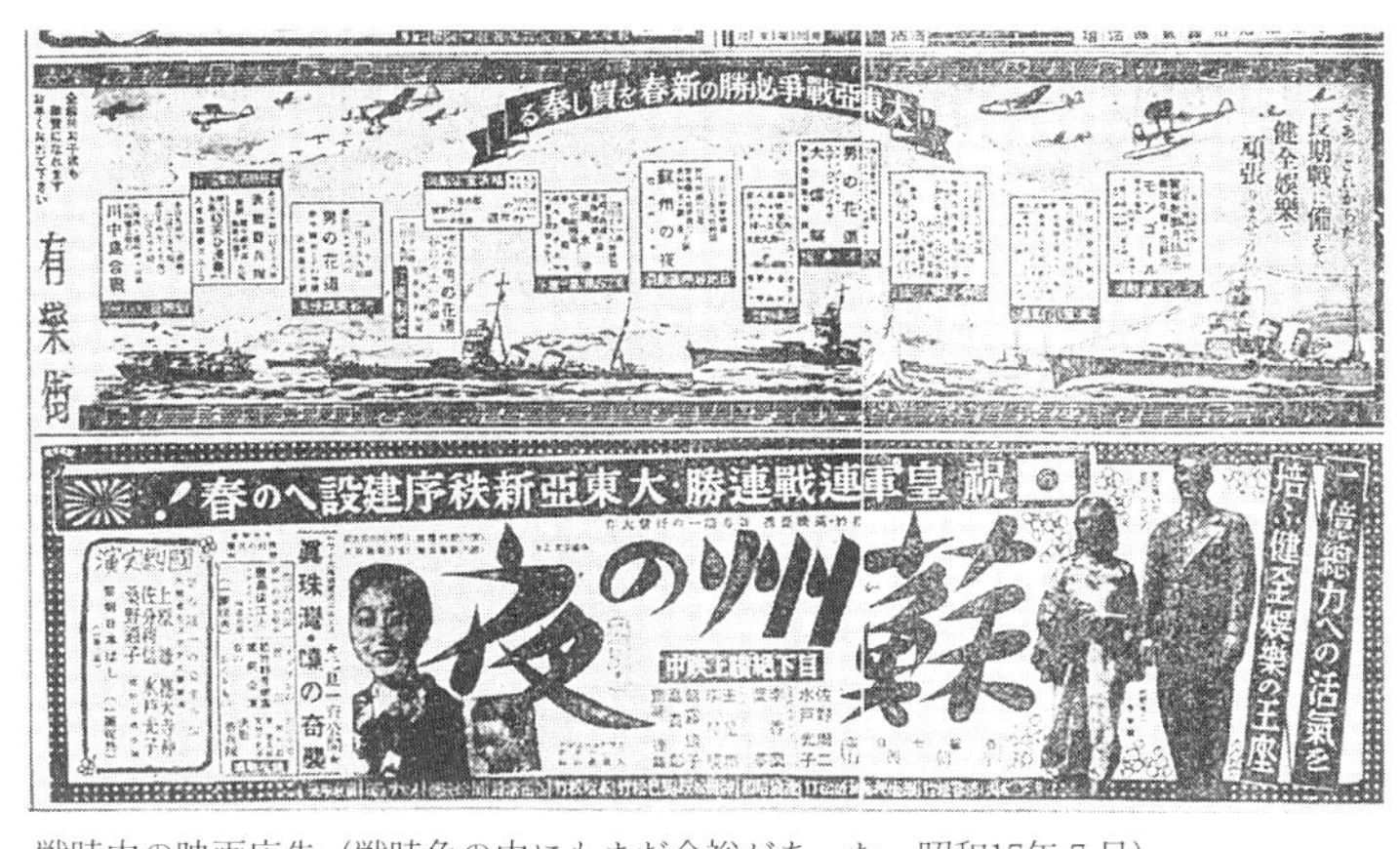

戦時中の映画広告（戦時色の中にもまだ余裕があった．昭和17年７月）

チームが来日したときは丸金醤油がこれを利用した。来日外国人の中で最高の人気者はなんといってもチャップリンであった。昭和七年五月にかれが来日したとき、『朝日新聞』は十二社のチャップリン連合広告を行った。

「浪費は避けましょう」

化粧品は大正時代以来の国産奨励策の効果がいちじるしく九九％まで国産品が使用されるようになった。そして輸出も盛んに行われた。しかし昭和八年の「ヘチマコロン」の花形スター片岡千恵蔵の相手役女優の募集、九年「ウテナ化粧料」の新興キネマの新人女優を募集等の花やかな懸賞広告合戦ののち、「非常時」に突入、まもなく姿を消していった。昭和十一年、花王石鹼は「浪費は避けましょう」というキャッチフレーズで広告をしている。資生堂は消費者組織「花椿会」を発足させて、行きづまりを打開しようとした。

栄養剤ぞくぞく登場

薬品では昭和三年ごろまで仁丹が圧倒的な広告攻勢でリードしていたが、その後武田、三共、藤沢、塩野義などが大型広告をつぎつぎに出すようになった。「わかもと」は四年に発売、「ヱビオス」「ネオギー」などの同種製品を引き離したが、その広告はオラガビールなどとともに奇抜な点では他を抜いていた。栄養剤がつぎつぎに発売されたのもこのころである。「ビタミンA」「理研レバー」「ハリバ」「眼鏡肝油」などがはでな広告をしている。

大売出しであおるデパート

百貨店も初期の不況時代にはふるわなかったが、満州事変以降、日華事変の始まるまでの間にはなやかな拡張合戦を展開、そのつど大売り出しの広告で消費者をあおった。

大正時代に活弁が終わって、昭和の映画はすでにトーキーの歴史である。当初の輸入ものに始まって、国産品も追い上げた。映画館にも冷暖房が導入されるようになって、映画は庶民の娯楽の中枢を占めるようになった。

「ダットサン」第一号

戦争への道は産業界が軽工業から重工業への比重を高めていったことと相応じている。大正時代にはほとんど広告らしい広告のなかった機械類の広告がつぎつぎに現れている。国産乗用車の「ダットサン」第一号は昭和十年三月一日に登場した。芝浦製作所、日立製作所、三菱電機、明電舎などのモーター、エレベーターの広告もみられる。ラジオ、電気冷蔵庫、扇風機、ガス湯わかし器、ガス風呂などもすでにこのころ発売されている。電気炊飯器、ガス炊飯器なども発売されているのだが、実際に普及するには戦後まで待たなければならなかった。当時は家事労働は女性が担当することにきまっていたし、労働は美徳、消

戦時色に塗られた広告（ミッドウェー海戦のころから緊迫に代った．昭和17年6月）

費は悪徳的考えが支配的であったので、これら家事労働軽減のための耐久消費財の普及は遅々として進まなかったのである。

献納広告現る

昭和十二年、日華事変の勃発で「非常時」に突入すると、消費を刺激するということがすでに国の方針と相反することになり、広告は後退・衰微の一途をたどった。十三年に新聞全ページ広告は姿を消し、広告による増ページも自粛された。新聞紙上に「節米にこぞって協力」（松坂屋）、「出征兵士を送る歌」（キングレコード）、「節電へもう一歩だ」（東芝）、「貯蓄を怠れば戦力にぶる」（壽屋）などのキャッチフレーズがつづく。

昭和十三年七・七禁令から「ぜいたくは敵だ」のスローガンが採用され、広告は全く生彩を失った。十七年四月一日、戦時政策の一環として広告税が施行され、広告業者を通じて行う広告は一割の税金が課せられた。また広告に時局スローガンをかかげる「献納広告」が表れ、商品名の掲載されたものは「献納」とはならなかった。

昭和十九年にはいると広告はほとんどなくなった。二十年前半は各地で空襲が激しくなり、株式会社は株主総会さえ満足に開くことができなくなった。新聞に株主総会延期の広告が並び、さらに戦火の拡大によって株式課の移転広告がつぎつぎに表れたのも破局を物語っていた。移転あとは土地分譲の広告で処分しようとしたが、まもなく終戦になった。

戦前、ラジオ広告があったことはあまり知られていない。内地ではないが満州（現在、中国東北部）と台湾では国内のスポンサーによって、経費補塡の意味で広告放送が行われていた。

「赤い灯、青い灯」と歌われたとおり、ネオン看板が本格化したのも昭和初期である。東京の新宿、大阪の道頓堀は当時でも世界に類のない密度の高いネオンの街といわれた。

二　第二期——十五年戦争時代（一九三一～一九四五年）

軍事力で市場を開拓

第一次大戦後の慢性的不況、震災、そして金融恐慌と不振を続ける経済活動に追い打ちをかけるように一九二九年にニューヨーク・ウォール街の株式大暴落を契機とする世界恐慌の波がおしよせた。

しかし一九三七年七月、日中戦争（支那事変）が勃発し、軍需最優先の戦争経済が展開されると、あらゆる基礎物資や原材料の民需用の供給および使用は厳しい統制を受けるようになった。翌一九三八年の国家総動員法の公布によって、規制は一層厳しくなり、国民の間にも非常時意識が強まり、「欲しがりません勝つまでは」と耐乏生活を続けた。贅沢を禁じ粗食に限った興亜奉公日の考案、背広の代用品の国民服、木炭車などが登場し、太平洋戦争間近になると、主食のみならず砂糖、味噌、酒なども配給制となった。

長期化した日中戦争、東南アジア侵略、ドイツ・イタリアとの提携強化等に伴う日本のファシズム化は、積極的広告活動の基盤である自由主義経済を圧迫し、やがて破局を迎える。

震災後低迷を続けた新聞の総広告行数は一九三三年あたりから経済の復興とともに上向き始めた。発行部数も一九三四年には初めて一千万部の大台を超えた。こうした中で新聞広告がしだいに有力紙に集中しだした。一九三七年当時一二〇八社の日刊新聞の中でも特に『朝日』『毎日』、震災後躍進した『読売』が確固たる地位を築いた。『中外商業新報』は一〇万部の大台を固めた。一九三二年までは増減を見せた全国新聞広告量は二億五四四〇万行に達し、太平洋戦争前における最高を記録した。広告面が記事面より多くなり、広告収入は販売収入とほとんど変わらぬまでになった。そしてわずか数十年の間に広告スペースが新聞紙面の六割近くまでを占めるに至った。

しかし日中戦争勃発から太平洋戦争にかけての戦時統制の強化は新聞の統合と新聞紙面の縮小をもたらした。国家総動員法に基づく一県一紙原則の下、日刊紙は五四紙となり、広告スペースも東京、大阪紙で二六％に縮小した（一九四二年）。

広告業界では、三つどもえの競争を演じていた電通、帝通、聯合の三社のうち、時代に取り残された帝通は一九四二年、星夜通信社に合併されてその幕を閉じたが、それぞれ三井財閥、三菱財閥を後ろ盾に持つ残り三社は、一九三六年、聯合と電通通信部が合併して国策電通社、同盟通信社となり、一方、電通が同盟通信社から広告業務を受け継ぎ広告専業となって各々の得意とする分野で別個の道を歩んで行くことになった。

新しいメディアとしてラジオ放送が始まった。一九三三年、植民地台湾で初めての広告放送が行われた。毎夕一時間、三分間二〇円の規定だったが、地元の反対にあって半年で中止された。しかし一九三六年、満州国において大連および新京で広告放送が行われ、半年後には年間数百件を数えるに至った。

出版界では婦人雑誌が売り上げを伸ばし、一九三四年までは成長率トップを維持し、それ以後は『キング』を代表とする大衆娯楽雑誌がトップを走った。これら雑誌の広告費は新聞のちょうど二〇％ほど（一九三三年推定）で、雑誌広告利用度の高さがうかがえる。

昭和初期に出現した広告気球は一九三三〜三四年に全盛を迎え、アドバルーンという名称は一般化した。大正期から活発になったネオンサインも同じころに盛り上がりを見せ、大阪では高層ビルの壁面をネオン広告で飾るアド・ビル合戦が私鉄間で繰り広げられた。

一九三一年に登場したスカイサイン（電光ニュース）も翌三二年には商業広告が実施された。

昭和初期ころまでにテレビを除くほとんどの広告形態が出そろい、それ以後は技術的・芸術的向上が主たる変化であったといえる。

一九三九年から新聞広告料金が凍結され、一九四三年から四年にかけて、広告業の統合が行われた。新聞広告業は一二八社から一二社と減少した。しかしこれによって広告料金の正常化が実現した。

日中戦争を境にした前半の特色は、出版広告（中でも婦人雑誌）が目立つことである。三大広告と言われる他の二つ、薬品、化粧品も多かったが、大型広告では、出版広告が約八〇％を占めている。一九三五年から翌年二月までの間、一ページの全面広告でなかったのは一度だけであり、ブームとさえ感じられる。特に『主婦之友』『婦人公論』『婦人倶楽部』の三誌が活発であった。

表現に関しては、出版広告は商品名がそのままヘッドライン化され、今一つ興味を引かないが、現在の出版広告には見られない詩のようなヘッドライン「秋よ！　あなたの魂のささやきよ！　心の奥の奥底まで清く美しく！　あなたの瞳はもえる」（『婦人公論』）などのいくつかはあった。

後半期の特色は、広告スペースが次第に小さくなっていくことである。日中戦争がはじまって間もなくの一九三七年十月から、その傾向が始まった。業種にも大きな変化が見られる。前半あれだけ多かった出版広告がピタリとやみ、薬品広告から銀行、満州鉄道、小石川職業訓練所等の戦争を反映した広告へと移っていった。

そして全体的に直接的な表現にもどり、ヘッドラインに商品名をおくようになった。ただ、後半期も最後のほうになると、三行広告に近い感じとなり、広告というより、お知らせといったほうがよいかもしれない。

雑誌広告の衰退

停滞を打破するため日本は戦争による市場拡大を図った。一九三一年の満州事変を皮切りに、次々に大陸に兵を出し、遂に一九四五年八月十五日に敗戦で幕を閉じる。この間、当初は市場拡大と好景気を謳歌したが、一九三七年の日中戦争の始まりで、戦時色が高まり、消費財の生産も滞るようになる。一九四一年に太平洋戦争が始まると、広告への圧迫は決定的になり、その後、雑誌を支える紙の供給もままならず、

博報堂（上）と丁子堂薬房（下）の広告（『キング』）

広告ソースもなくなって敗戦の年には続々、廃刊に追い込まれるか、わずかばかりの、しかも質の悪い紙で発行を続けるしかなくなった。

しかし、十五年戦争の始まったころはむしろ好景気がつづいた。戦前の経済データは一九三八年が最高水準を記録している。

戦前、戦後を通じて最高部数を維持したのが『キング』である。質実剛健、国威発揚、忠君愛国など戦前の日本人の体質を具現した雑誌といわれた。発行記念号には博報堂と正路喜社の両大手広告会社が広告を出稿している。博報堂は「新聞雑誌の広告は博報堂」という、長い間使っていた同社のスローガンが書かれている。一方の正路喜社は個人外交を優先させていたが、相談部を設けたり、三〇年代に入って大銀座祭りを挙行するなど一位の電通を脅かす勢いであった。百万部を突破した『キング』の広告のターゲットはすべて日本人であった。以下の広告を見ると「問題のトツカピン」のような老衰、性欲衰退といった高齢者向けの商品が顔を出しているのである。高齢者市場がすでにこのころ、取り上げられていた。もちろん、若い人、男性・女性を問わず、世帯全員を対象にした商品も登場している。今、このような総合的な雑誌はないのではないか。

戦争が激しくなった一九三八年には、政府は物価統制令を出した。物価は政府の許可なく上げるわけにいかなくなった。翌年、新聞広告の値上げも政府の認可事項になった。雑誌のウェイトは低かったのか、特に規制はなかった。しかし、戦争協力の大義のため、消費財の生産は減り、やがて、政府の戦争遂行スローガンが目につくようになる。「ぜいたくは敵だ」「欲しがりません勝つまでは」などである。多くの雑誌は廃刊、休刊、あるいは細々としたページになった。

この間、記録として残しておかなければならないのは、クリエイティブ面で当時の高い水準を残した東方社の『FRONT』という雑誌である。政府の対外宣伝用に作ったものだが、部数は二〇万部発行し、戦時下、唯一の上質紙の雑誌であった。全部で九号発行された。

プロセールスマンの時代

昭和が始まった頃、第一次世界大戦（一九一四〜一八年）で戦勝国に回った日本は、戦争景気を謳歌したのも束の間、金融恐慌が始まり、左翼運動が激化し、世界恐慌の波が押し寄せていた。金解禁で対応しようとして失敗、一九三〇年には昭和恐慌といわれるような物価の下落、ストライキの頻発、ロンドン軍縮会議、無産政党関係者のいっせい検挙と、暗い時代に急転回していった。

広告業も大正末に扱い高は急上昇したが、昭和に入ると停滞ないし減少を始めた。表1は、当時東京で第一位の日本電報通信社（現電通、以下電通とする）と大阪で第一位の萬年社の売上総利益を比較したものである。萬年社は一九三〇年には五年前より減少し、電通はわずか三・五％しかふえていない。新聞広告総行数は五年から七年にかけて続落している。一九二八年に電通に入社した吉田秀雄は「大学は出たけれど」という環境の中で、「まず食わねばならぬから、ともあれ月給にありつくことが先決問題。理想や主義はそれからのことだとあっさり割り切っていた」と語っている。月給は七五円、手取り七一円五〇銭で、電通が大学出を広告部員として採用した最初であった。同期は四人（日比野恒次、坂本秀男、浅原重継）で、その当時の電通広告部の雰囲気を吉田は「知的な匂いが一片もない。パッとしない顔つきの連中の出入りが多い」と表現している（拙著『世界の広告12使徒』プラトー出版、二〇〇五年、一三ページ）。

取扱高が減少してくると、値引きは経営にこたえる。そこで、大正末期から昭和の初めにかけて、業界リーダーの電通や萬年社を中心とし、業界団体が次々にできた。表面的には広告の研究を掲げているが、主たる目的は値引きをやめようという申し合わせである。しかし、昭和に入ると本格的な広告研究が始まった。

一九二七年七月、大阪に「木曜倶楽部」を設立した。萬年社社内に設けられ、広告理論と実際の研究を行った。萬年社は一九一六年に水曜会を作って、主に値引き防止を図った。東京では一九二九年四月に「日本広告倶楽部」ができ、広告関係者の相互親睦をめざしたが、同年十一月に「日本広告連盟」を設立させた。ここで初めて全国の広告団体の相互連携をめざし、さらに海外との交流も図ろうとした。

電通は一九三〇年十一月に「新聞広告奨励会」を三〇周年記念事業として設置した。電通が値引きの停止を求めて結成した業界団体に、一九一九年の「十日会」がある。

不況は一九三一年九月十八日に起きた満州事変で終わる。しかし、無理な戦争景気は長続きはしない。五・一五事件で政党内閣は終わり、満州国の建国宣言から国際連盟脱退、二・二六事件、日独防共協定、日中戦争から太平洋戦争へと突入する。戦前の最盛期の新聞広告費は、昭和十五年で二億四三五〇万円である。かりに新聞広告費が七五%であれば総広告費は三億二四六七万円で、二〇〇〇倍のインフレ率なら日本の総広告費は六五〇〇億円で、一九六二年ごろの水準になる。

経営が不安定ではあったが、この時代の広告セールスマンの中には広告の意義をよく理解し、いきいきとセールス活動をしていたことを伝える話がたくさんある。筆者はこの外交と呼ばれた人たちの数人から直接話を聞いたことがある。

吉田秀雄の入社試験にも立ち会ったという全国新聞通信社の山田平八によると、当時の外交は月一〇〇〇円前後の収入を得ていたという。官学出で七五円、私大出で五〇円という初任給の時代、一〇〇〇円の収入は今なら四〇〇〇万円ぐらいになるだろうか。奥さんは貯金通帳を見て、「私が何か悪いことをしているのではないかと思った」といっている。一〇〇〇円で家が買えた。しかし、この人たちのセールス武勇伝は、聞いてみるとマーケティングの原則に則っている。明通を作った宮沢芳洞の東京湾での船遊びが有名であるが、彼は担当していた日魯漁業の缶詰の販売を手伝った。へこんで売り物にならない缶詰は料亭に売った。山田氏も東宝を担当していた縁で、東横の建設を手伝った。ところが東横ビルの建設が行きづまると、お得意から資金を融通させることに成功して五島慶太の信頼を得て東横、東急の広告を獲得した。のちに自分の広告会社を持った小野久（三信広告）、関口卓三（協同広告）、船津基司（日本弘報通信社）、神戸亀蔵（日盛通信社）らは、いずれも独特のセールス技術を持つプロセールスマンであった。

この一五年間の最後が太平洋戦争の末期に起きた広告代理業の統合である。統合は昭和十八年、商工省物価局が「企業整備を業界の自主整備の形で実現するように呼びかけ、次の人々にその斡旋役を委託した」頃からである。「次の人々」には新聞社の局長クラス、広告業側から社長クラスおよび日本新聞会の理事などの名前が連なっている。商工省は広告業の実態調査を行い、整備案を提示した。この実態調査は「新聞・雑誌広告取扱業実勢概覧」（表2）にまとめられた。同年十月四日、商工省と斡旋役とが協議して、月額三〇万円をめどに統合することになった。結果は表3のようになった。実際に統合が完成したのは、昭和十九年十一月ごろであった。三〇万円をめどにすると、年三六〇万円の一二社が誕生したわけで、当時の日本の広告業の総売上高は四三二〇万円となる。この統合で電通は東京、大阪、名古屋、九州の四社を残し、シェア推計は三三・三%になった。

この統合の実質的プランナーは吉田秀雄だったことを『日本広告発達史』でも、永井龍男『この人　吉田秀雄』を引用して立証している。筆者らは昭和四十二年、商工省物価局の担当者だった熊谷典文（のち住友金属工業社長、会長を経て、現在同社相談役）に会って質したところ、「商工省としては物価統制の一環として、広告費を取りあげたことはあるが、統合を指示したことはなかった」といっていた。吉田は商工省の名をかりて、かねてから広告取引における乱売をやめる絶好の機会と考え、商工省の指示があるかのようにして統合を実現していった。新聞会側の広告課長だった田原武雄は、商工省の玄関で会った吉田に「おれがここへ来ていたことを人に話したら殺すぞ」といわれたと語っていた。

表1　電通・萬年社の売上総利益（千円）

	電　通	萬年社	合　計
1925	1,776	634	2,410
1930	1,839	551	2,390
1935	4,379	548	4,927
1940	2,177	758	2,935

（『日本広告発達史』上巻 p.369，372）

表2　新聞・雑誌広告取扱業実勢概覧（1941年）

日本電報通信社	22,879,637(円)	33.2(%)
博　報　堂	6,506,243	9.4
萬　年　社	3,724,356	5.4
正路喜社	2,644,124	3.8
旭　広　告	2,494,394	3.6
告　天　社	1,915,671	2.8
新　興　社	1,871,201	2.7
金　水　堂	1,430,955	2.1
弘　報　堂	1,379,803	2.0
京　華　社	1,292,399	1.9
		(66.9%)

（日本新聞会に出た数字による）

表3　新聞・雑誌広告取扱業実勢概覧（1945年）

日本電報通信社 東京(1)，名古屋(10) 大阪(3)，九州	1,440 (万円)	33.3 (%)
内外通信社博報堂	360	8.3
正路喜社(16)	360	8.3
日本広告社(5)	360	8.3
大東広告社(8)	360	8.3
共　栄　社(12)	360	8.3
萬　年　社(11)	360	8.3
旭　広　告(10)	360	8.3
近畿広告(8)	360	8.3
総広告費　4,320万円		

（(　) 合併会社数）

三　第三期——復興から躍進へ（一九四五〜一九六〇年）

一九四五年八月十五日の第二次世界大戦終了から一九九五年までの五〇年間を回顧してみると、一九四〇年代は連合軍による占領下の時代、五〇年代は経済復興と戦前水準への復帰の時代、六〇年代は経済成長と国際化の時代、七〇年代はドル・ショック、石油ショックの打撃から経済立て直しの時代、八〇年代は安定経済と次に来る新産業革命への準備の時代、円高とバブル経済の発生、九〇年代はバブル経済の崩壊と長期の停滞期と見ることができる。

これを消費者の生活から見ると、四〇年代は食べるものにさえ事欠いた欠乏の時代、五〇年代は着るものを除いて万事に不足の時代、六〇年代は衣食足りて、住環境へ関心が向き、耐久消費財需要が旺盛な時代、三種の神器（白黒テレビ、電気洗濯機、電気冷蔵庫）が急速に普及を始めた。七〇年代は住環境も改善され、欲望の多様化を招いたいわば満足の時代、八〇年代は満足が飽満に変わり、消費者はあり余る商品の中から欲しいものを真剣に選ぶ時代になった。九〇年代はバブル崩壊により、合理的消費を求める時代となる。

したがって売る側、作る側から見ると、四〇年代は、とにかく安く作れば売れた。品質まで問題にならなかった。広告はお知らせでよかった。五〇年代には先進国製品を作れば売れた。先進国のしゃれた生活をイメージづけるだけでよかった。六〇年代には新製品が登場した。新しい生活にマッチさせる生活情報が必要になった。七〇年代には多様化した欲望の研究が重ねられた。六〇年代の成長のつけとして公害や欠陥商品が生まれ、企業の社会性を問う必要も生じた。八〇年代は需要がつかみにくくなり、少数の人たちを対象にした商品を作る必要が生じてきた。これにこたえるニューメディアが登場してきた。九〇年代はコスト・コンシャスにこたえることが最大の課題になった。

このように、この五〇年間を一〇年きざみで見ることができるが、広告産業の実態から見ると、一五年きざみで見たほうが適切であるようだ。それは一九四五〜五九年の戦後復興時代、一九六〇〜七四年の高度成長時代、一九七五〜八九年の安定成長時代、および一九九〇年以降の国際的摩擦の時代である。なぜなら、一九四五〜五九年まで広告費の平均伸び率はGNPを一貫して上回り、広告費の伸びでGNPの伸びを割り、いわゆる弾性値を計算するとすべて一を割っていた。

その後一九六〇〜七一年の間も、一三年にわたって広告費はGNPの伸びを上回り、七一〜八三年ではGNPの方が伸びた。

このことは、四五〜六九年の間に広告は需要創造の努力を続け、七〇〜八三年の間にその成果を刈り取り、八三〜九三年で再び広告費は新しい需要の開拓に乗り出したと言うことができる。この循環からすれば一九九三〜二〇〇五年には再び広告費を上回る経済成長が期待されるが、六〇〜七一年の広告費の伸びは四五〜五九年のときと違って大幅ではなく、また需要も基本的な需要の満たされた難しい環境下にあって、循環どおりにはいかないようだ。ただ広告費の伸びに対してGNPの伸びをドル換算すると、広告費の伸びを上回る経済成長が達成されつつある。

また広告産業の上位一〇社をとると、その合計のシェアは、一九四五年は一〇〇%（統合により一二社となったが、電通が四社をとり、結局、会社数では九社しかなかった）であったが、六〇年には四六・〇%になった。それだけ競争が激化し、下位企業がシェアを獲得していったことになる。

一九六〇年から次の一五年の節目である七五年を見ると四七・八%となり、やや上位企業のシェアが増

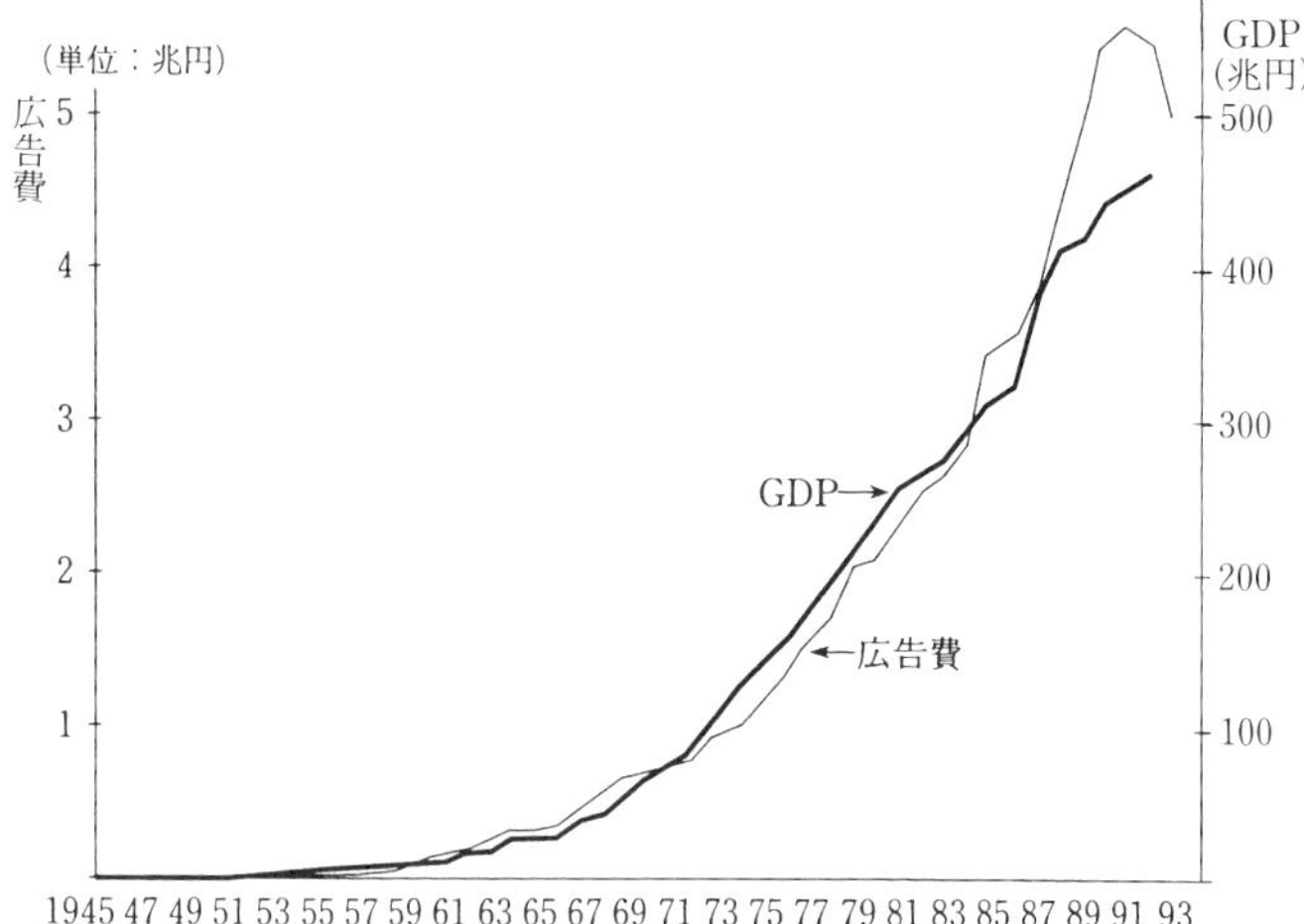

日本の広告費とGDP

えたが、その伸びはわずかである。高度成長時代は下位企業に活躍の機会があることを示している。これに対して、七五年から九〇年への一五年を見ると、九〇年の上位一〇社のシェアは五一・八%と上昇している。安定成長時代には上位企業のシェアを拡大する機会が多いといえよう。

このように、高度成長時代には広告主側の活発な新規参入が行われてきたことを示している。一九四五〜五九年の間の主力広告主は戦前から引き続き、広告界用語で軟派、あるいは雑品と呼ばれる薬品、化粧品、食品、それに書籍であった。これに六〇〜七四年には電機、自動車、精密機器が加わり、七五〜八九年では不動産、住宅、さらに産業広告からスタートしたOA機器が消費財としても加わった。二〇社中最も多くの数を占めたのは六一年に電機メーカー六社、七五年には化粧品と百貨店が四社ずつ、九〇年には再び電機メーカーが六社であった。しかし自動車メーカーも六一年にはゼロであったが、七五年に三社、九〇年には五社に増えている。

これらはほぼ産業構造を反映したものだが、もう一つ、広告を多用するのは流通形態の変化が大きく貢献している。一九五三年にスーパーマーケット第一号店が東京・青山に登場した。紀ノ国屋である。その後、スーパーマーケットは徐々に勢力を広げ、七〇年代には百貨店の売り上げを抜いた。このことはスーパーを最も多くの販売拠点とする化粧品・洗剤・食品メーカーの広告活動を活発化させ、これに対する百貨店の活動を刺激した。しかし九〇年代になると百貨店は停滞した。価格革命に後れをとったのである。

次に広告主の広告費／売上高をとると、六〇〜七五年まで一貫して下がり続け、七五年を底にして再び上昇を始めた。この上昇が前期のように次の一九九〇〜二〇〇五年の経済成長をもたらすと期待されるのだが、ここでもその上昇割合は弱く、次の成長を引き出すまでに至っていない。

このような循環を前提として、この一五年をさらに五年きざみで詳しく考察しよう。

1　欠乏の時代——一九四五—四九年

第二次世界大戦に敗れた日本は連合軍の占領下に置かれた。GNPは一人当り一〇〇ドル前後に落ちた。したがって家計の九〇％近くが食費に投入された。それでも食料は乏しく、「米よこせデモ」が行われた。このようななかで政府は傾斜生産方式により、石炭、鉄鋼など復興に必要な産業への投資を活発に行い、インフレ収束のために超均衡財政（ドッジ・ライン）を実施した。これらの政策が効を奏し、五年間で鉱業は二倍、工業は三倍の生産増を示した。

戦時下の言論統制が撤廃されて、新聞社は終戦時の五四社から五八〇社に増えた。しかし新聞紙の大部分は用紙難の状況で苦戦し、用紙統制撤廃後の自由競争時代に生き残ったのはわずか四〇社強であった。同様に雑誌も終戦時九九六誌しか残っていなかったが、一九四六年の用紙割当て時に二〇五六誌、翌四七年に二七九〇誌という状態であった。とくに総合雑誌、大衆雑誌が多く創・復刊した。しかし、四九年のデフレ期に過当競争の結果、五〇〇誌近くが廃刊に追い込まれている。このころアメリカ系の『リーダーズ・ダイジェスト』が用紙割当て外の適用を受け、アメリカへの憧れの強い消費者需要のおかげで一五〇万部の部数を記録した。

屋外広告ではネオンサインが一九四七年に復活、四九年にはアドバルーンも解禁となった。用紙難から屋外その他での広告の利用者は多く、この種の広告費は四七年から四八年にかけ一・五倍、四八年から四九年は六・七倍という増え方であった。

戦時中一八六社から一二社に統合されていた広告会社は一九四八年には二二四社になった。新聞広告料金の統制も撤廃された。

吉田秀雄がこの統合を推進した動機は、広告需要の失速もあったが、長らく料金問題に悩まされていた電通としては、戦争による需給バランスの均衡を機に正価取引を実現したいということにあった。こうして電通は一二社中東京、大阪、名古屋、九州でそれぞれ一社を占め、月額三〇万円、年額三六〇万円、合計四三二〇万円という広告需要のおよそ三分の一を占めることに成功したのである。

しかし戦後、ただちにこのような統合ははずされ、前述のように多くの広告業の発生をうながすようになった。統合されていた各社もそれぞれ独立するようになった。しかし、この時期、はっきり日本の広告業が将来、高度成長を遂げると見通していた人は少なかったのではなかろうか。

終戦の放送を聞き終えたとき、電通の吉田秀雄は「これからだ」と大きな声で叫んだという。これから言論の自由、戦争のない平和な時代が来る、そうなれば広告が不可欠になるという予想を持っていたのである。しかし当時業界第三位の正路喜社の顚末を書いた高森有吉は『どきゅめんと正路喜社』の中で「終戦直後から日本にも商業放送が誕生するうわさが飛んでいた」と人ごとのように書いている。博報堂の副社長になった岡田俊男は旧満州国官吏から徴兵され少尉で帰国したが、「ある人の紹介で入社したが、一時的な腰掛けのつもりだった」と語っている。

広告が本格的に復活していくのは一九五〇年からである。このような広告業幹部の広告産業に対する見通し、あるいは媒体各社の見通しも同様なものであり、その後の各社の盛衰をきめるものとなった。

電通は抜きん出た指導力を発揮して、トップに立つことができた。博報堂は及び腰ながら電通についていった。三位以下はニューメディアへの取組みで大きな差がついた。戦時下に生まれた一二社のうち、五五年に新生社、六〇年に正路喜社、六八年に旭広告社が、九九年に萬年社が倒産した。日本広告、大東広告などもついに今日まで、ベストテンに顔を出すことがない。大広だけはしばらく三位にはいっていたが、今は五位の座も危うい状態である。

ニューメディアに積極的になった旭通信（現アサツーDK）、東急エージェンシー、第一企画（アサツーと合併）、I&S（のちBBDOと合併）などは戦後派であるが、ベストテンに顔を出すようになった。このことが一九八〇年代のニューメディアへの唾つけ競争に走らせたのであるが、このほうは企業間に差をつけるまでに育っていない。

この時期を代表する広告表現には「遅欠配は完全な咀シャクで」（資生堂）、「蛔虫ダイジェスト」（森又商会）などがある。

2　不足の時代――一九五〇―五四年

ドッジ・ラインによってインフレは収束したものの厳しいデフレにおちいった日本経済を救ったのが、

一九五〇年六月二五日に起きた朝鮮戦争であった。戦争の特需は三五・六億ドルと、年間の政府財政を超えていた。消費水準は五一年に戦前水準を回復し、特需が引きがねとなって設備投資が増大した。しかし、停戦、そして五三年のスターリンの死亡と続き、五四年は引締め政策がとられた。

一九五一年九月八日、対日講和条約が締結され、五二年四月二八日に発効し、連合軍による占領は終わった。四〇年代に傾斜生産方式によって生産財生産の回復が優先したが、五〇年代前半に消費財の生産も回復した。広告はこの回復に大いに貢献した。

一人当りのGNPは二〇〇ドル前後だが、しかし生活水準の向上を示すエンゲル係数は五〇%を割ってきた。衣生活は五二年に戦前水準を回復、以後順調に成長したのは合成繊維によるものが大きかった。「戦後強くなったのは女性と靴下」といわれるように、ナイロンの靴下、ナイロンのブラウスは女性の必需品となった。薬品も朝鮮動乱で滞貨を一掃し、抗生物質の新薬が続々市場導入された。化粧品も五〇年にシャンプーの公定価格が撤廃され、石鹼の原料輸入が再開された。耐久財では最初のブームがカメラによってもたらされた。

この時期に広告界では民放ラジオが一九五一年、民放テレビが五三年にスタートした。新聞広告も用紙統制の撤廃と消費ブームで増ページを重ね、スポーツ新聞の発刊が相次ぎ、広告費は三・三倍に伸びた。このため、テレビはこの時期ほんの緒についた程度であったが、ラジオの導入はスムーズにいき、新聞が食われた形跡もなかった。

雑誌は前期のブームが去り、一九五三年には一五四〇社に激減した。これは一九四一（昭和一六）年当時より二〇〇社ほど少なかった。この時期の屋外広告ではニュースが自由化され、飛行機による広告が許可された。

広告業の創業も相次いだが、一九五三年に最初のスーパーマーケット「紀ノ国屋」が誕生した。広告の成長とスーパーの繁栄とは深い関係がある。広告があらかじめ消費者に商品特性を知らせておくから、無人のスーパーマーケットで買い物ができるのだ。

広告の活用・成長と縁の深いスーパーマーケットの誕生がまた、その後一九七五年に広告費の中でトップのシェアを占めるテレビ媒体の発足と同じ年であるというのも象徴的だ。しかしテレビは五三年に発足したものの、当初売り出された受像機は五〇万円という高価なもので、当時大卒の初任給が一万円にも到達していない状態で、大変に高価なものであった。これでは専門家の間でもすぐ普及するとは思われなかったのも、もっともである。そのようななかで、テレビの急速な普及と広告媒体としての力を認識していたのは読売新聞社社主の正力松太郎であった。

しかし、電通の吉田秀雄（当時常務取締役）はラジオに関しては熱心であった。彼は戦時下でもアメリカの媒体、広告動向の情報を入手していた。一九四五年一二月一日、船田中（東京商工会議所理事長）を創立準備委員長、吉田秀雄を副委員長として、民間放送の免許申請を逓信省に提出した。しかし、この構想は、船田ら主要幹部の追放で頓挫し、吉田らは事務局を電通内に移して、四九年にあらためて東京放送の免許申請を行った。これに刺激されて、朝日、毎日、読売の三社が免許申請を出し、四社競合となった。吉田は一本化を主張し、財界人の賛成を得て、五一年四月二一日、ラジオ東京に予備免許が与えられた。東京には他に、聖パウロ会のマルチェリーノ神父が背景にいたセントポール放送が中心になって、文化放送も同時に発足した。同時に全国で一六社が設立し、最初の民間ラジオ放送は中部日本放送と新日本放送が九月一日に開局した。

ラジオ受信機は当時、五三・八％の家庭にあったが、テレビ受像機はまったく新しい商品であった。し

「1姫2太郎3サンシー」(山之内製薬) と「ナイロンの靴下は足が丸見え!!」(ジュジュ化粧品)

かし、その普及の速さを吉田秀雄も予測できなかった。最も熱心だったのは読売新聞社社主の正力松太郎であった。吉田は一〇万台ほど普及してから広告媒体として価値が出ると考え、当初消極的だった。これを正力は街頭テレビ設置を通じて急速にテレビの価値をアピールした。

テレビの開局はNHKが一九五三年二月一日、民放では同年八月二八日の日本テレビ放送網である。吉田は正力を支援することで、やがてテレビにも積極的になった。このテレビに積極的であった広告会社と消極的であった広告会社との営業上の差は次の五年間に歴然として現れた。また、最初消極的であったが、あとから追随した社にも大きな影響があった。前述のように電通はラジオについて当初から積極的であった。テレビについても事前の姿勢は及び腰であったが、機を見るに敏で、すぐ積極的になった。敗戦時一二社あった広告会社は、ほとんど新聞による恩恵を受けていたので、テレビに対してどちらかというと消極的であった。

一方、新興の広告会社は新聞の口座（取引）をもらえず、やむをえず新しい媒体であるラジオ、テレビと取引せざるをえないという状況もあった。正力松太郎の関係で読売新聞社の広告部長であった馬立豊が一九四七年に設立した第一広告社はそのため、日本テレビの口座を多く持つことになり、やがて、四大広告会社の仲間入りを果たすことになる。四九年設立の国際企画（のち第一企画、現在アサツーと合併し、アサツーＤＫ）も同様である。

これに対して出遅れたのは日本広告、正路喜社、新生社、大東広告など。大阪の旭広告も同様であった。なお、第一広告はその後、経営が悪化し、セゾン系のBGM企画制作会社としてスタートしたストアプロモーションネットワーク（SPN）と一九八六年一〇月一日に合併し、I&Sとして再起した。今ではBBDOと合併し、第七位に入る。

ニューメディアを扱うようになって、広告費は一〇〇億円から一〇〇〇億円へと一〇倍に成長した。広告会社が意気上がるなかで、広告主も広告部をトップに近づけ、経営の中枢に置こうという議論がさかんであった。この点、アメリカの広告主が今でも広告部をマーケティングの下位に位置づけているのと対照的である。この意見の急先鋒は松下電器の宣伝部長から、日本で初めて広告の制作専門会社ナショナル宣伝研究所を作った竹岡稜一であった。

この時期を代表する広告表現には、「一姫二太郎三サンシー」（山之内製薬）、「ナイロンの靴下は足が丸見え!!」（ジュジュ化粧品）などがある。

3　戦後からの脱却――一九五五―五九年

一九五四年から神武景気は二年半続いたが、五七年は長いなべ底不況を経験した。しかし五八年末から三年近い岩戸景気が次の期にまたがって始まるという、いわば成長への助走の時期であった。

消費者の生活水準は一人当りGNPで三〇〇ドルから三五〇ドルぐらい、すでに食費の家計に占める割合は四〇%台に下がり、これに雑費の水準が三〇%近くまで向上していた。この時期、三種の神器と呼ばれる白黒テレビ、電気洗濯機、電気冷蔵庫が急速に普及を始めた。この時期の終わる一九五九年に皇太子の結婚式が行われ、テレビの普及に拍車をかけたが、上記の三つの普及率はそれぞれ二三・六%、三三・

〇％、五・七％に達していた。この他カメラは四三・四％、扇風機は二八・六％、電気釜は二〇・七％に普及した。

マーケティングが日本に導入されたのは一九五六年といわれている。この年、日本生産性本部のマーケティング専門視察団がアメリカへ派遣されたからである。翌年日本マーケティング協会が設立された。マーケティングは経営を消費者の側から見る。企業の生産性が高まり、供給が需要を上回り始めたからである。実質的なマーケティングはすでに十六世紀に始まっている（七八ページ参照）。

マーケティング視察団を斡旋したのは、当時日本で外資系として活躍していたNCR（ナショナル金銭登録機）であった。団長は日本貿易振興会（JETRO）の専務理事菱沼勇、コーディネーターは早稲田大学商学部教授宇野政夫であった。報告書は日本生産性本部から『マーケティング』というタイトルで翌年刊行された。当時のアメリカ視察報告はほとんどアメリカ礼賛であった。しかし団長の菱沼は、アメリカのマーケティングで今後日本が受け入れるべきでない点を三つあげている。第一はクレジットの問題である。日本では当時月賦といっていた。月賦はいうまでもなく借金である。借金を日常的に組み込んだ生活はどう見ても不健全というわけだ。第二が商品陳腐化戦略である。当時、すでにアメリカでも批判がなかったわけではない。自動車のテールを上げたり下げたり、車体を角ばらせたり丸くさせたりして流行を作り出し、翌年はもう流行遅れの感覚を消費者に抱かせて、新型商品を売るという手法である。第三は今日一般的とはいえないが、アイデア商品が多く、本質的商品の改良ではないという趣旨で、ムダだといっているのである。掬すべき見解といえよう。

この時期、もっとも躍進した媒体はテレビであった。一九五五年二一・三倍、五六年二一・二倍、五七年三・〇倍、五八年一・八倍、五九年二・三倍という驚異的な伸びで五七年には雑誌を、五九年にはラジオを抜いて新聞に次ぐマスコミ媒体第二位になった。五七年はいっせいに三四社に免許が下り、四つの全国テレビ・ネットワークが形成された。またこの時期、カラーテレビの試験放送も開始された。

新聞の技術革新は漢字テレタイプの採用、ファクシミリ送信が始まったが、事務に寄与するのは次期以降である。雑誌は一九五六年に『週刊新潮』が発売されてから、週刊誌ブームが始まり、五九年には月刊誌の発行部数を抜いた。消費者の生活が一週間単位に移行したのであろう。

ラジオは、五六年に広告費シェアで最高の一七・四％を記録してからテレビに押され、五九年以降はテレビに抜かれた。しかしこのころからトランジスタラジオが発売され、個人視聴が始まった。

このテレビ・ブームの陰で、広告代理店の中で、戦時下統合時に東京に残った六社の中の一つ新生社が一九五五年に倒産した。またもう一つの正路喜社も、テレビの扱いに乗り遅れて、倒産寸前に追い込まれた（一九六一年倒産）。

新生社は、正路喜社の一番外交といわれた黒崎雅雄が同社を退社して一九四三年に設立し、翌年、統合により多くの弱小広告会社を合併して共栄社となった。しかしこの合併は乗り遅れた社が統合という形を整えただけで、実際に本社に統合されるということもなかった。合併の証書だけで実体はなく、したがって終戦後、共栄社の中心である新生社はすぐ社名をもとに戻して、各社もそれぞれの道を歩んだ。こうして、新生社は「亀子だわし」など当時としてはよい広告主をつかんでいたが、社長黒崎の病気が倒産への道をはやめた。

このころ広告業界から少しずつ歩合外交制度が消えていった。歩合外交は広告会社の受け取る手数料の五〇％前後を個人の外交員が収入とすることのできる制度である。このような仕組みは戦前の広告会社では一般的であった。電通が歩合外交を廃止したのは一九五六年八月一日からであった。しかし電通は近代

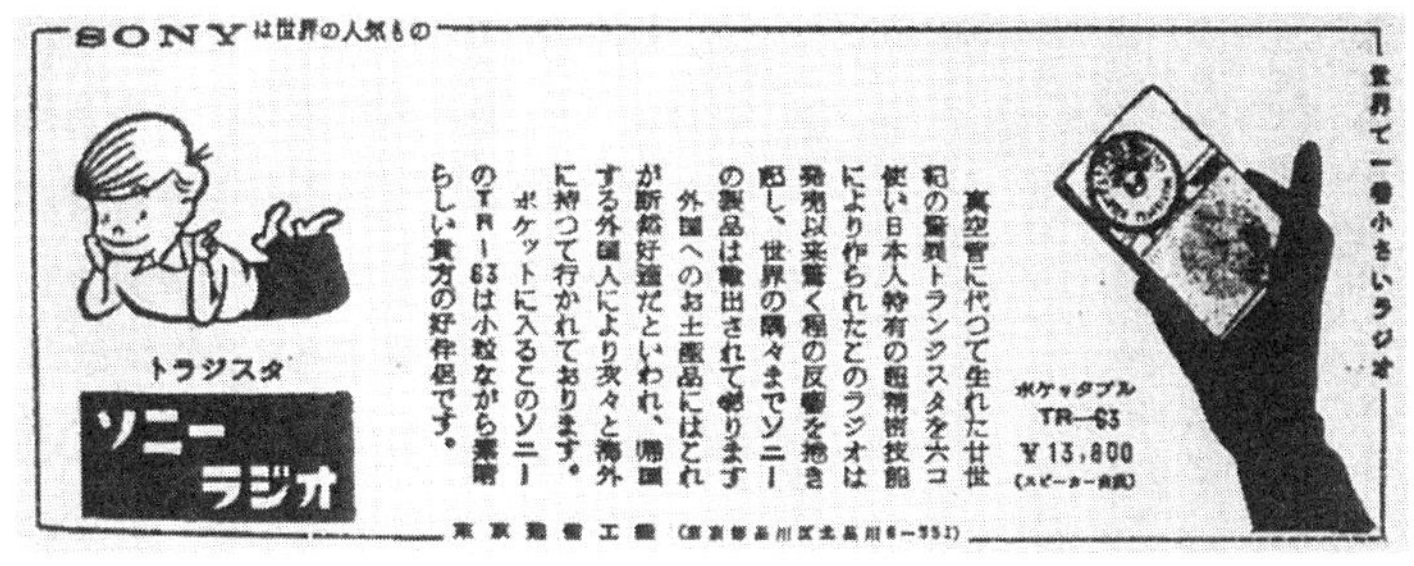

「世界で一番小さいラジオ」（ソニー）

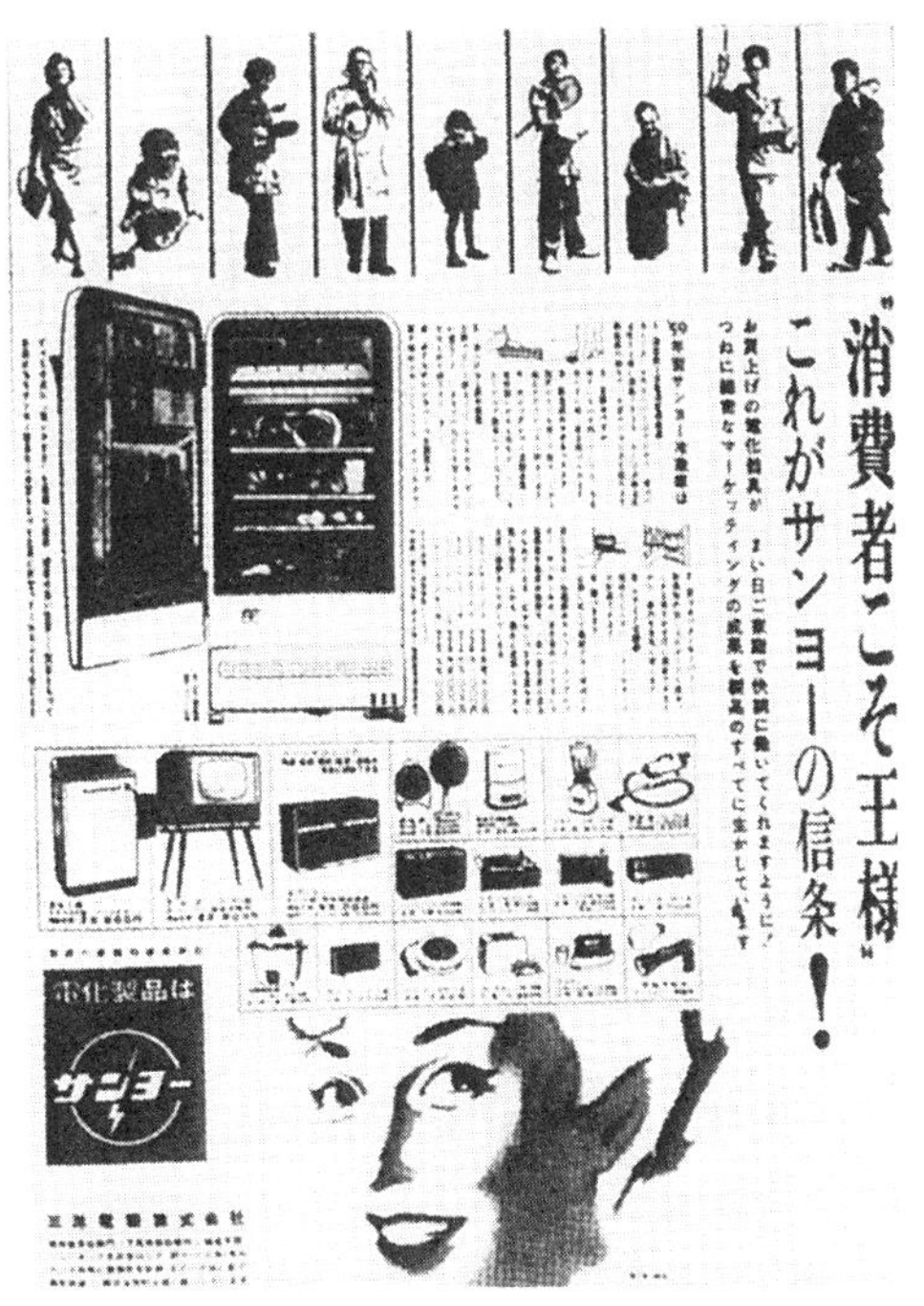

「消費者こそ王様」（三洋電機）

的組織に変更するのが早かったほうで、六八年に倒産した旭広告はこの年まで歩合外交を残していた。

一九五六年、トップの電通はアメリカにならい、ＡＥ（account executive）制を導入し、広告主のすべてのアカウントを扱うと宣言した。しかし、日本ではＡＥ制が完全に根づいたとはいえない。

ＡＥとは得意先の勘定、予算（account）を取りしきる（executive）係という意味である。このＡＥが絶対的権限を持って取りしきるといわれた。これはアメリカでは広告会社が一業種一社で取引をきめるから、最低の広告予算が一〇〇万ドル（当時三億六〇〇〇万円）といわれた。これだけ大きな予算を取りしきるのであるから、ＡＥの力は大きかった。しかし日本の広告取引は零細な商品単位、媒体単位でも行われている。したがって、一人の営業マンが何社かの広告主を担当することになっている。この仕組みは今でも基本的に変わっていない。にもかかわらず、名称だけＡＥといっても実体はアメリカとはかなり、というよりまったく違っていた。しかし、このように名前だけを取り入れて実態は日本的に解釈してしまうのは奈良時代の中国から取り入れた諸制度や用語ともまったく同じである。ＡＥ制が取り入れられたいちばんの変化は、これまで媒体部門中心であった広告会社が広告主に顔を向けることになったことだ。

この時期を代表する広告表現には「世界で一番小さいラジオ」（ソニー）、「消費者こそ王様」（三洋電機）などがある。

四　第四期――成長から環境問題へ（一九六〇〜一九七五年）

1　高度成長のスタート――一九六〇―六四年

一九六〇年は日本経済にとって画期的な年であった。この年は日米安保条約が一〇年目を迎え、改定の時期であった。改定はされたが責任者の岸信介内閣は国内の混乱を引き起こして退陣、代わって池田勇人が首相となった。池田首相はただちに所得倍増計画、貿易為替の自由化計画などを次々に発表した。五年間平均一一・一%という高い実質経済成長率を記録し、六四年には東京オリンピックを開催したが、この年の一人当りGNPはほぼ一〇〇〇ドルに達した。

消費生活を家計調査で見ると、六四年で食費の割合は三六%にまで落ち、雑費がわずかにこれを抜いた。白黒テレビは九〇・四%、電気洗濯機六七・三%、扇風機は六一・一%、電気釜五六・五%、カメラ五二・〇%、電気冷蔵庫四八・〇%、トランジスタラジオ四六・六%にまで普及した。

この時期、広告界にも大きな変化が起きた。まず、新聞業界にABC協会が新聞の発行部数の報告と認証を行った。またA・C・ニールセン社(A. C. Nielsen)が視聴率調査を始めた。広告取引の基本になるAudience(視聴者)を明らかにし、これをもとに広告料金体系も明瞭な形になった。

新聞社では新聞広告収入が大いに伸び、六三年には販売収入を抜いた。新聞社は注目率調査を中心に広告研究に熱心になった。

六〇年にカラーテレビの放送が開始された。この年、貿易為替の自由化計画にもとづいて、外資系広告主が日本に進出した。コルゲート社(Colgate-Palmolive Co.)は一九六三年、日本市場への進出にあたり、大量のサンプル配布を行い、新しいマーケティング戦略として注目された。

また、六三年に異業種広告主による共同広告方式のシャーベットトーン・キャンペーンが行われた。東洋レーヨン、資生堂、西武百貨店、伊勢丹、高島屋、東芝、不二家などが参加した。

一九六四年に東海道新幹線、東名高速道路が開通し、東京〜大阪間が日帰りの出張圏内に入った。また、この年、海外渡航が自由化され、ビジネス、公用以外に観光で海外へ出かけられるようになった。まだ、

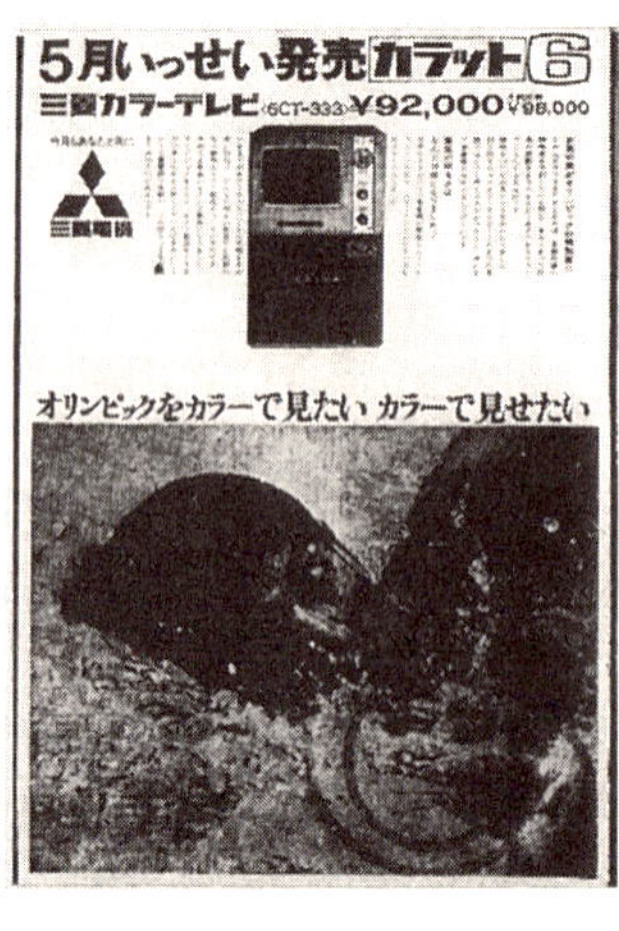

「ショウユ?　シリマセン　キッコーマン　シッテマス」(キッコーマン)と
「オリンピックをカラーで見たい　カラーで見せたい」(三菱電機)

一回当り五〇〇ドルという外貨携行に厳しい制限がつけられていたが、二万人が海外に出かけた。

六〇年にニセ牛缶事件が起き、誇大虚偽広告に対する社会的批判が噴き出し、六二年「不当景品類及び不当表示防止法」(景表法)が公布・制定された。

外貨の自由化で、広告業もマッキャンエリクソン(McCann-Erickson)博報堂の設立をはじめ、電通とヤング&ルビカム社(Young & Rubicam)の提携、グレイ大広、第一インターナショナル(第一広告とBBDO〈Batten Burton Durstine & Osborn〉の共同出資)などの設立があった。

外資の進出は当初、大変恐れられていた。それは他の業界でも同様であった。第二次世界大戦で完膚なきまでにやられた相手のアメリカが直接、今度は経済戦争をしかけてくると予想したのである。戦後もアメリカの広告システムはすべてよいものという前提で受け入れてきた。PR、マーケット・リサーチ、AE制度、マーケティングなどをアメリカから学んだ。日本にもあったのだが、そう思われていた。電通の吉田秀雄は広告業の自由化を前に、「今日の日本経済はある意味で鎖国状態である。電通はその狭い範囲にとどまっていることはできない。貿易自由化に伴って、今後の電通は常に国際的水準、国際的規模で作業を進めなければならない。（中略）われわれの仕事には常に三つの強力な競争相手がある。その一つは同業である。国内の広告代理業ばかりでなく、近代的広告作業を身につけた外国代理業、つまりトンプソン、マッキャンエリクソンが新しく加わった。今後はさらにＢＢＤＯ、ヤング＆ルビカムが加わってくるだろう」と演説している。彼らの取引方法は一業種一社、一商品一社というシステムであった。しかし、日本はこのシステムをとっていない。外資系広告会社はこのシステムを売り物にしたが、実際には日本の広告主はこれにほとんど同調せず、結局、今日まで外資系広告会社のシェアは、ヨーロッパのようには伸びていない。最新のデータでも上位一〇社に入っているのはマッキャンエリクソン社だけである。

一九六一年一〇月末、戦時下一二社に統合された大手広告会社の中の名門といわれた正路喜社が倒産した。前期の中でも記したが、同社は歩合外交を中心とする営業体制であった。したがって社全体の投資活動に後れをとり、あわててテレビ番組やＣＭ制作のスタジオ作りに資金が必要となり、これを高利貸しから借りたのが倒産の引きがねになった。五九年に労働組合が結成されたことも痛手であった。

日本にマーケティングの考え方が入ってきたのは一九五六年といわれている。この年、日本生産性本部がアメリカにマーケティング視察団を派遣し、そのもたらしたノウハウがマーケティングということになっている。しかし、本格的にマーケティングの概念が定着したのは、この五年間である。広告媒体調査は五五年に始まったＭＭＲ（Mass Media Research）が最初であるが、六〇年には媒体到達の包括的なデータであるＡＢＣの認証制度とテレビ視聴率調査が始まった。このほか、六二年にはＭＲＳ広告調査会社が広告の出稿量調査を公表し始めた。市場調査会社やクリエイティブ・プロダクションもこの時期に多く誕生し、いわば広告業界の下部構造が整ったといえる。これがまたこの期以降の高度成長に貢献したのである。アメリカでは一九二九年に大恐慌が起き、一九三〇年代初期にマーケティングの考え方が一般化した。市場調査会社や広告調査の専門会社が多くこの時期に起源を持っている。日米の差は三〇年あったのだ。

この時期を代表する広告表現には「ショウユ？　シリマセン　キッコーマン　シッテマス」（キッコーマン）、「オリンピックをカラーで見たい　カラーで見せたい」（三菱電機）などがある。

2　国際化時代と成長のひずみ──一九六五―六九年

東京オリンピック時の設備投資の過剰がたたって、一九六五年は広告費が初めて前年を割るという不況を経験した。しかし、六五年十一月には回復し、七〇年夏まで四六か月の長期高度成長を記録した。この結果、六九年のGNPは六五兆三六八一億円となり、一人当りで二〇〇〇ドルに迫るところまできた。通算で年実質一〇％を超える高度成長であった。

しかし、この時期の終わる一九六九年には欠陥車やチクロ入り食品などが指摘され、公害、地域開発問題も波紋を広げていった。六九年には新全国総合開発計画がスタート、全国的な地域開発を推進することが提案された。

消費者の所得は豊かになり、耐久消費財の普及率を見ると、前期に代わって3C（Color TV, Car, Cooler）がブームになりつつあった。カラーテレビは一九六九年に一四・六％、乗用車は一八・六％、クーラーは六・五％であった。他にステレオ三二・五％、ガス湯沸かし器二二・九％、テープ・レコーダー三二・〇％であった。広告は3Cをはじめ大いに伸び、海外渡航者の増大を見込んでパッケージ・ツアーの広告が多く登場した。

「工程で品質をつくる」（トヨタ自動車）と
「ジャルパック JOY」（日本航空）

一九六五年に初めて広告費が前年を割ったが、翌年一一・四%伸び、再び高度成長に戻っている。六八年からUHFテレビ局がスタート、同年五局、翌年一八局が開局した。またFMラジオ放送も六八年にチャンネルプランが決定され、翌年から新局として愛知エフエムが開局した。また六九年一〇月に東京に「日本ケーブルテレビジョン放送網」が設立されている。CATVのはしりである。

一九八六年一二月、戦時統合で残った大阪の四番目の広告会社旭広告が倒産した。倒産の原因は五六年の新生社や六一年の正路喜社と同様、体質の古さがそのすべてであった。この時期になっても旭広告には歩合外交員が大勢いた。創業者の奥野幾次郎が考案したという新聞社との雑報（記事中の定型広告）契約はいわゆる買取り制で、これを担当する外交員は手数料を会社と山分けできた。このような体質のまま発展した同社は、大学卒の新入社員を採用しはじめ、新入社員には給料制で対応した。やがて給料格差に気づいた大卒社員は組合を結成、給与交渉に入った。社長はやる気をなくして、会社を投げ出したのである。このほか正路喜社社員が作った三正堂（林清作）や南北社（小森源四郎）も破綻をきたした。

やはり体質の古さが残っていたのであろう。

貿易為替の自由化計画が一九六〇年に発表されてから、商品の自由化も資本の自由化も段階的に行われた。資本の自由化では広告業は六七年に解禁するときまった。この当時の新聞記事を見ると「広告業界を担う米資本」(『朝日新聞』一九六七年四月一六日)、「外国資本にねらわれる広告市場」(『産経新聞』六七年五月一八日)、「これが外資だ——上陸作戦あの手この手」(『東京新聞』六七年五月二六日)、「外資と対決する——広告」(『日経新聞』六七年六月二五日)、「米キャンベル社明通と合弁計画」(『読売新聞』六八年一〇月八日)など、広告業界の恐怖心をあおるのに十分であった。『アド・エージ』(Advertising Age 米広告業界誌)を見ると、この当時、ヨーロッパ市場ではアメリカの広告業の目覚ましい進出が始まっていた。上位一〇社に占める米広告会社の数を国別に見ると、英国では三社、ドイツでは五社、フランスでは三社、イタリアでは四社、オランダでも四社を占めていた。

しかし、日本市場はアメリカ広告業にとってまったく異質な市場なのであろう。今日でも上位一〇社の中に一社も入っていない。日本での広告取引は一業種一社の商習慣がなく、実に多くの広告主を抱えている。新聞社のように取引口座制があれば新規参入は難しい。したがって日本では広告業の最大の関心は媒体問題である。アメリカでは、最大の関心はクリエイティブにある。

この時期を代表する広告表現には「ジャルパックＪＯＹ」(日本航空)、「工程で品質をつくる」(トヨタ自動車)などがある。

3　石油危機——一九七〇—七四年

この五年間は経済の激動期であった。七〇年後半にさしも長かった景気上昇も、秋からスローダウンした。分岐点は夏の大阪における万国博覧会であった。七一年夏にニクソン大統領によるドルの切り下げ発表があった。日本では四九年に一ドル三六〇円ときめられてから、二二年間も変わらなかったため、ドルの切り下げにどう対処してよいかすぐには理解できなかった。このためこの処置を、ドル・ショックという名前で呼んだ。

円高で伸びざかりの輸出は壊滅的打撃を受けると予想された。輸出がだめなら国内需要を喚起することが必要だと、七二年に登場した田中内閣は「日本列島改造論」にしたがって、新幹線、高速道路網の拡大など公共投資をさかんに行った。折も折、七三年には第四次中東戦争が起き、原油価格が急騰、輸入の二分の一を占める原油の値上げは日本のあらゆる物価にはね返ることになった。翌年二月の消費者物価は実に二六・三％も上昇し、狂乱物価と名づけられた。この物価を鎮静させるために金利の引き上げ、厳しい公共投資の削減を行ったため、景気はいよいよ冷えていった。

しかし、消費者物価が二六％も上がった年の春闘では消費者側は三〇％近い賃上げを獲得し、かえって消費者のふところは豊かになった。ドル安、円高のためもあるが、一人当りのＧＮＰは四〇〇〇ドルに達した。

家計における食費の割合は三三・三％で、これに対し雑費は三〇％に近いところまできた。万博は将来、来るべき社会の具体的な展望であった。広告の分野でもシミュレーション・メディアとでもいうべき、実物を示す展示場が登場した。巨大な壁掛けテレビや電波新聞が展示された。しかし、その実現にはさらに一〇年、二〇年が必要であった。その後に続く列島改造論も、やがてほとんど凍結という憂き目を見た。

ドル・ショックは日本人の働き過ぎが原因という見方も出て、「のんびり行こう」（Beautiful Life）といったキャンペーンが登場した。広告界も高度成長一本やりを見直す動きが高まった。広告にともなう不

"Have A Nice Day"(富士写真フイルム)
「滅びゆく地球を救え」(日本オリベッティ)

信感をなくすためにこの時期、一九七一年二月に新聞広告審査協会を、七四年八月に日本広告審査機構を作った。前者は日本経済新聞社と朝日新聞社が中心となって、新聞の掲載広告の事前調査を行う機関である。後者は広告界の総意を結集して作ったもので、七四年六月一〇日に発足した。今では一〇〇〇社を超える会員を抱え、文字通り広告の自主規制機関として最大の組織となった。しかし日本のこれら自主規制機関は政府機関発足のあとを受けて、政府機関の補完ないし、その規制が拡大されないようにとの配慮が働いている。政府機関では一九六二年に公正取引委員会が景表法を作り、公取委の中に表示関係セクションを設け、さらにその政策を各都道府県に移管した。また、この法律では民間と協力して、業界ごとに公正取引協議会を設けている。今では一〇〇業種を超えている。一九六八年には消費者保護基本法が成立し、七〇年一〇月には国民生活センターが設立されている。

広告表現の中に「人と車の調和を目ざす」(一九七一年、日産)、「トヨタは一〇〇万の車にサービス技術をつけて輸出しました」(一九七〇年、トヨタ)など六〇年代終わりに起きた一連の欠陥商品に対する反省、ドル・ショック、石油ショックを経て、省資源広告(オリベッティ)などの企業広告がさかんになった。実は日本人は商品の選択にあたっても企業イメージを問題にしているのである。消費者に「ブランド間の差別ができないとき、あなたは何を根拠にブランドの選択をしますか」と質問したとき、最も多い答えは「メーカーの信頼度」（八〇％）なのである。したがって企業広告で、企業の信頼度をアピールしておくことは、マーケティングの見地からも重要なのである。

一九六〇年代に一回目の企業広告ブームがあった。今期は二回目のブームが来た。欠陥商品や資源問題が背景にあったが、マーケティング戦略の進化にしたがって、多ブランド戦略をとり続けている企業が、その統合を目指す戦略でもあった。

多くの企業は信頼性を回復するため、消費者課をつくり、ここで対話による企業のPRを行った。味の素の消費者課ではほとんど毎日、どこかで対話集会を開くという熱心さであった。

この時期、企業広告がさかんになると同時に、C・I（コーポレート・アイデンティティ）戦略が進められた。企業広告の展開とともに、商品広告も含めて、コーポレート・コミュニケーションの合理化が求められる環境に合致していた。この五年間にC・Iを実施した企業は、白鶴酒造（一九七七年一〇月）、リョービ（一九七五年一二月）、伊勢丹（一九七五年九月）、松屋（一九七八年九月）、共立（一九七八年五月）、ワコール（一九七八年一一月）、富士写真フイルム（一九七九年一二月）などである。これらの企業が先導役となり、八〇年代には一年に一〇〇社がC・Iを導入するようになった。

C・Iがもうかる商売になるというので、このころアメリカからウォルター・ランドール社（Walter Landor）、AGP（Anspatch, Grossman and Portuguese）、ケイス&ブライト社（Keith and Bright）、あるいはソウル・バス社（Saul Bass）など有名デザイン会社が訪日して直接、日本企業のC・Iを手がけた。しかし、やがてそのノウハウを得た日本のC・I専門企業であるパオス、平沢リー・ヤング、SDIなどが活躍した。その後は大手広告会社を中心にC・I部門を設け、八〇年代の仕事を請負っていた。

この時期を代表する広告表現には「滅びゆく地球を救え」（日本オリベッティ）、「"Have A Nice Day"」（富士写真フイルム）などがある。

五　第五期——円高から経済摩擦へ（一九七五〜一九八九年）

1　安定成長へ（一九七五—一九七九年）

一九七五年は、六〇年代と並んで日本経済の大きな節目である。ドル・ショック、石油ショックを乗り越えたものの、財政は赤字となり、公共投資による景気刺激は困難になった。企業は合理化によって二つのショックを乗り越え、かえって輸出競争力を増していった。しかし、合理化競争の結果、勝利を得たのは大企業あるいはトップ企業で、中小企業ばかりでなく二位以下の企業は苦戦を続けなければならなかった。

広告費のGNPに対する比率は〇・八四％とボトムを迎え、再び一％に向けて上昇を続けている。ということは、広告すれど売り上げは増えないことを意味している。上場企業についても、売上高に対する広告費の割合をとってみても、同様にこの年〇・四三％でボトムを迎え、再び上昇を始めている。

広告主の広告費を見ると、上位二〇社の寡占率は一九六一年に二一・三％であったが、七五年には一三・三％にまで落ちた。それだけ下位企業の活躍の余地があったことを示している。これも、この年をボトムに再び上昇し、上位企業同士の争いが激化しつつある。広告会社のシェアを見ても同様で、上位二〇社の扱い高のシェアは一九六八年五九・九％であったが、七五年には五六・〇％に落ち、その後再上昇の

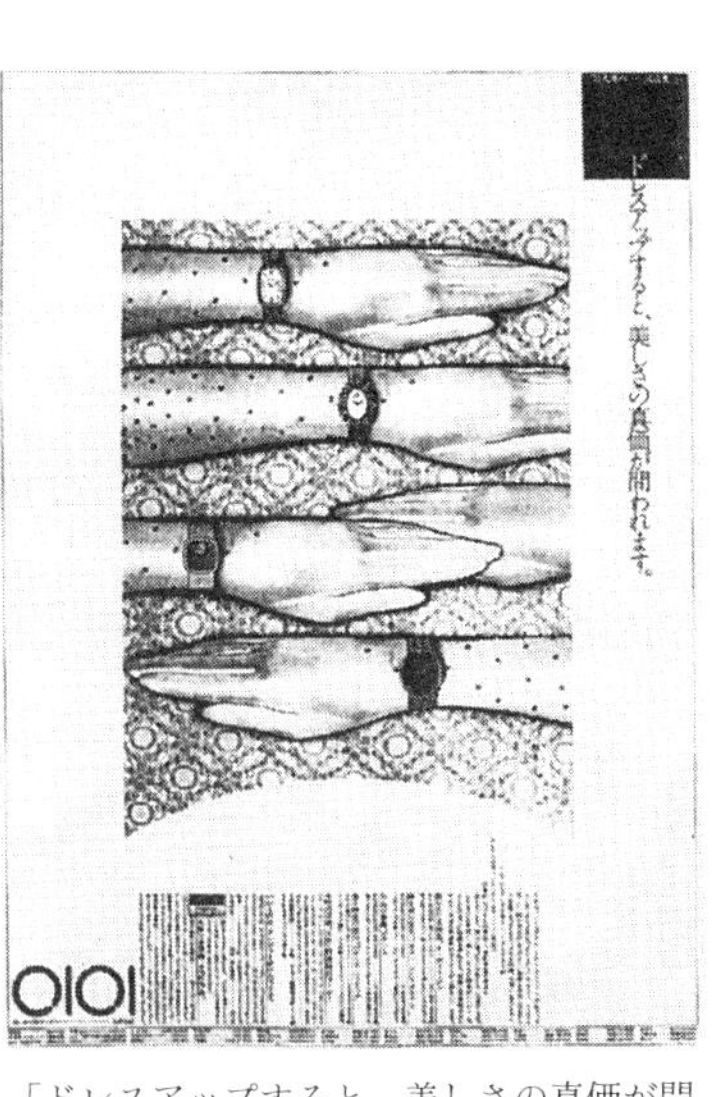

「ドレスアップすると，美しさの真価が問われます」（丸井）

「国鉄は話したい」（国鉄）

道をたどって八一年六二・三%、八六年六六・二%にまでなっている。上位企業に扱いが集中していることがうかがえる（一九八五年から総広告費の統計基準が変わり、九三年では五八・八%である）。

一九七五年はまた、媒体別広告費でテレビが新聞を抜いた年でもあった。一人当りのGNPは八〇〇〇ドルに達し、相変わらず急成長を続けている。

家計を見ると、一九七九年に食費は三〇・一%で雑費が三〇・二%とクロスした。人々は物より情報を求める。物を多く所有することは豊かさを意味しない。情報を求め、レジャーへの関心が高まった。生活の中の時間配分も自由時間の割合と拘束時間の割合が三〇%ずつで均衡するまでになった。

このように、一九七五年は六〇年から始まった高度成長が一休みした時期であった。円高、石油高騰に対処するため産業界全体が合理化に努めた。広告業界も先駆的な企業から情報の活用、コンピュータの導入がさかんに行われるようになった。早い企業では電通の五四年の導入があり、次いで博報堂の六〇年である。七〇年代から八〇年代にかけて利用範囲は広がり、オンライン・システムの完成からプランニング・システムへと進んだ。とくに媒体選択モデルは電通のD-MAP、DMPモデル、博報堂のHSOS、HAAPなどから協同広告のスタートプラン、KATSシステムと、上位一〇社はそれぞれ独自のシステムを持つに至った。

これにフィールドする媒体情報は一九七二年スタートのACR（Audience & Consumer Report、ビデオ・リサーチ社）が一般的で、個人の媒体接触と消費行動とがクロス・データで得られる。しかし、媒体の数も限定されていて、一般消費財の合同キャンペーンには汎用性があるが、対象を限定した産業広告の媒体選択には不向きである。これらのデータ開発が望まれる。

上位企業はコンピュータを導入し、それぞれが情報、データを入手し活用する余力があるが、これ以下になると情報、データの購入もままならない状態のところもある。その後、中小企業庁は一九八四年「情報化の進展にともなう広告業の近代化」をテーマに、一年間の研究を中小企業研究所に委託した。このねらいは中小広告業の間の格差が広がる一方なので、情報およびコンピュータの共有を進め、中小広告業のレベルアップを図ろうというものであった。しかし調査結果は、共同利用、共有への欲求は中小企業より大企業のほうが大きく、調査結果を活用するまでに至らなかった。結局その後一〇年経過したが、大企業の寡占化は少しずつ進んでいるのである。

一九七五年、広告業界第二位の博報堂で奇妙なお家騒動が起きた。当時、社長福井純一が突然、国税庁長官だった近藤道生に社長の座を譲り、副社長に降りた。これは前社長瀬木庸介から社長の地位を継いだ福井が、博報堂株を巧みにあやつり、乗っ取りを計画したためだった。しかしその年の一〇月に創業者瀬木博尚の三男瀬木博政が福井を特別背任で訴えたことから表面化し、東京地検特捜部が博報堂本社など三か所を家宅捜索し、翌七六年一月に福井は逮捕され、騒動は終わった。幸いなことに新社長近藤道生の適切な指導力で、博報堂は業績を落とすことなく終わった。

この時期を代表する広告表現には「国鉄は話したい」(日本国有鉄道)、「ドレスアップすると、美しさの真価が問われます」(丸井)などがある。

2　新産業革命を目指して(一九八〇―一九八四年)

一九八〇年の一人当りGNPは九六三八ドルで一万ドルにあと一歩であるが、八四年には一万四〇〇〇ドルを超えた。家計の情報化はますます進み、雑費の割合は三〇%を超え、逆に食費の割合は三〇%を割っていく。耐久財支出を含む住居費が食費の割合を抜く。物を消費するにも他人と違う消費を好む。

八〇年代に広告の媒体は大きく変わろうとしている。すでに新聞、テレビ両媒体は巨大化したがゆえに成長率の鈍化がみられ、これに代わって小回りのきく雑誌媒体が、細分化された市場に向けて多数導入され始めた。消費者の欲望が多様化するのに合わせ、媒体もセグメントされた対象を目指すことになる。コンピュータと通信技術を使用したニューメディアにもこのような多様化した欲望にこたえることがもとめられる。

一九八〇年代には企業の文化・スポーツイベントがさかんになった。企業が技術革新に取り組みながら、新しい市場に進出するとき、この新市場に企業の正しい姿を投影しようという動きに対応している。従来のマス媒体では表現しにくいことをイベントで行おうというわけだ。

企業の合理化が事務部門に及び、FA(ファクトリー・オートメーション)からOA(オフィス・オートメーション)の方向へ進んだ。OA機器(ワープロ、ファクシミリ、コンピュータ)がさかんに広告された。

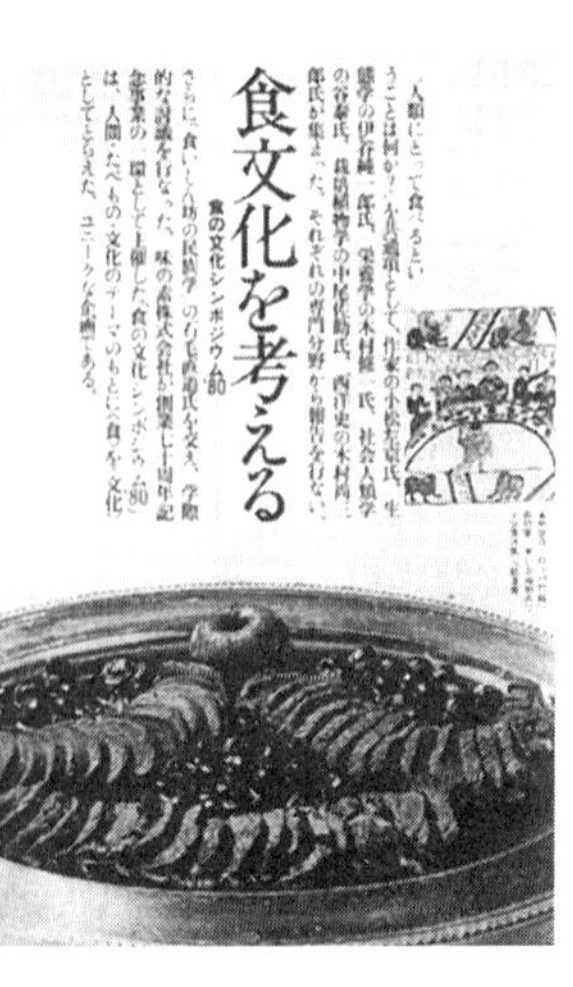

「あなたはワープロを打てる」（キャノン販売）（上）と「食文化を考える」（味の素）

一九七九年から四年間実験のくりかえされたVideo Tex（日本ではキャプテン・システム）は八四年から実用化された。八三年からはテレビ文字放送（Tele Tex）の実験が始まる。前者は双方向通信のできる媒体である。後者は空中波を使うが、チャンネル数が多く、一つ一つのチャンネルに異なる情報を盛ることができるので、電話との併用で双方向性も保つことができる。放送衛星による直接放送も一九八九年には実用化された。マルチ・チャンネル方式の都市型ＣＡＴＶの新規設立が始まった。

このニューメディアに対して広告産業も最初積極的に対応した。五〇年代のラジオ、テレビの誕生のとき、積極的であった広告会社は伸び、消極的であった社はその後のシェア争いで大きなハンディを負った。この先例から、広告業のいわば唾つけ競争が始まったのだが、今回のニューメディアは期待どおりには動かなかった。古くて新しい課題である。ソフトが先かハードが先かで、アメリカのようにネットワーク・テレビがあきられているとき、ＣＡＴＶとこれにソフトを提供するプログラム提供社はスムーズに市場を獲得した。しかし日本では既存の中波にＵ局を加えた五ないし八チャンネルで十分満足する視聴者が多い。CATV施設も全国をカバーするまでにはいたっていない。衛星放送は新聞社、放送局が競って設立認可を申請したが、これも需要の動向を見て、民間からは一局に絞って設立することがきまった。九一年の日本衛星放送である。文字放送も各局が申請し設立されたが、黒字局はNHKが設立したテルモ日本しかない状態である。

これに対して、この期に目ざましい変化を遂げたのがオリンピックであった。一九八〇年のモスクワ大会は政治問題もあって、日米などが参加を見合わせ、赤字を記録したが、八四年のロサンゼルス・オリンピックでは一転して大きな黒字を出すイベント商法が成功を収めた。いうまでもなく、オリンピックというイベントに協賛することで広告の成果をあげることになった。ユベロス大会委員長のアイデアでもあるが、日本からは電通がこれに大きく関与し、広告産業に新しい市場をもたらした。

一九八四年一〇月四日から八日までIAA（International Advertising Association）の世界大会が東京の帝国ホテルで開かれた。この大会には五〇〇名の外国人、一〇〇〇人の日本人広告マンが参加した。五日間（実質は四日間）で九つのセッションに分かれ、講演、研究発表、パネル・ディスカッションが行われた。最後のセッションは「一九九〇年の広告を予測する」というもので、議長のダニエル・ベル（Daniel Bell）は律義に七つの変わらないことと四つの変わることをあげた。変わるほうは、①所得、②レジャー時間、③ライフスタイル、④消費者の態度・気づく欲求である。変わらないほうは、①一日二四時間の制約、②消費者の値段を気にした買い物、③新製品の市場導入、④伝統製品が市場から消えていくこと、⑤政府規制の強まり、⑥公共広告が大切になる、⑦世界規模のコミュニケーションが世界をより小さくする、などであった。八四年から九四年まで、前掲のベルがあげたコミュニケーションが世界を大きく変えた。冷戦構造がなくなり、代わって民族紛争が起きた。広告はますます国際的規模で実施しなければならなくなった。

八〇年代の広告制作にCG（コンピュータ・グラフィックス）が取り入れられ始めた。

この時期を代表する広告表現には「食文化を考える」（味の素）、「あなたはワープロを打てる」（キャノン販売）などがある。

3　貿易摩擦と円高、バブル経済へ（一九八五―一九八九年）

一九八五年十一月にニューヨークで五か国蔵相会議が開かれ、アメリカの貿易赤字を解消するには日本と西ドイツがもっと輸入を増やすべきだと求められた。そのためドルの下落もやむをえないとされ、翌日から円高が始まった。円は二年間で一ドル二五〇円から一二〇円と二倍に上がった。景気刺激策としてとられた金利の引下げにもかかわらず円高は進み、企業は設備投資を控え、この金は株と土地に回った。株は八七年には二万六〇〇〇円台になり、八九年十二月には三万八九一五円という史上最高値になった。土地の値段は平均二〜三倍に上がった。土地価格の高騰がかえって住宅投資を刺激し、八七年には年間一七〇万戸の住宅が建てられ、材木や鉄鋼の市況を上げ、輸入も急増した。八七年春に売り出されたNTT株では一二〇万人が一兆二〇〇〇億円のキャピタルゲインを得たし、土地価格の高騰は五〇兆円の担保価格の上昇をもたらしたといわれた。こうして、生産、出荷とも回復し、在庫は減り、広告環境はきわめて良い状態になった。消費は根強く、とくに高級品が売れた。輸入も二倍の円高のなかで、ようやく完成品が売れ始め、とくに欧州車はBMW、ベンツ、ボルボなども含めて月二万台と好調であった。韓国、台湾および東南アジアからの輸入も急増した。

一九八五年に日本電信電話公社と日本専売公社の民営化、そして一年遅れて国鉄の分割民営化が行われ

「本貸しといて」（学生援護会）

「24時間闘えますか」（三共）

た。ＮＴＴにはＮＣＣ（new common carrier, 新電電）、日本たばこ産業には外国たばこ会社が同じ市場に参入して、広告合戦がさかんになった。ＪＲは三月に青函トンネルと本四架橋を完成させた。このような公共事業の民営化と規制の緩和は市場の活性化に貢献し、八七年後半から景気は回復、同年の広告費は八・一％増と久しぶりの好調であった。しかし、このころから土地と株式の投資がさらに促進され、バブル経済へと進んだ。このため、八八年は一二・〇％、八九年は一四・八％と広告費は増えた。

株価の上昇するなかで、広告業界で初めて株式を公開し、市場に上場する会社が現れた。旭通信社である。旭通信社は旧満州国官僚だった稲垣正夫社長が帰国後、講談社の広告部を経て一九五六年に同社を設立、独自のサービス精神と積極経営で業績を伸ばし、八七年十月二十九日に東証第二部に上場した。東証の上場を審査する人たちは、同社の株主構成に驚いた。社員株主が三二・六％もあったのだ。上場会社の平均は三・一％で、一〇％を超えているのは四社、一八％を超えているのも一社しかなかった。また社長の持ち株がわずか五・七％であった。稲垣社長の「全員経営」の思想である。上場の目的を稲垣社長は次のように述べている。

「公式には、資本の充実を図るところであるが、正直なところそれだけではなかった。確かに、基盤の浅い業種で、製造業と違い施設や工場があるわけでもない。ゆえに、これからの広告業として資金が十分であることは一つの条件である。また、創業三〇年を経てこの辺でもう一度会社の基盤固めをしたかった。タガを締め直したかったのである。」

「上場によって、より優秀な社員が広く集まることも期待している。また、生意気かも知れないが広告代理店が広告界というのか、世の中に新風を吹き込んで行かなくてはいけないと思う。その意味で、上場という形ででも旭通が先頭を切って行こうじゃないかと思った。私たちのあとも何社か出てくるという話も聞くので、社会からも広告会社を認識してもらうことも目的である」。

業界では続いて東急エージェンシー（第三位）、I＆S（第六位）などがうわさにのぼった。しかし、バブル経済がはじけ、広告業界の業績も悪化して、すぐには旭通信社に続くところはなかった。しかし、その後、電通、博報堂DYホールディングが上場した。旭通信社は、その後、バブル経済崩壊後も業績を伸ばしている。上位一〇社の中で随一の会社である。

この五年間で、広告業界に起きた突発事件としては、一九八九年一月七日の昭和天皇崩御とこれにともなう広告自粛の動きがあった。崩御当日の新聞夕刊の広告は一〇％程度、民放は七、八日の二日間で、在京民放五社の営業損失は四〇億円に達した。この時期を代表する広告表現には「二四時間闘えますか」（三共）、「本貸しといて」（学生援護会）などがある。

第十章　平成の広告

一　バブル崩壊と景気低迷

平成年代はまったく新しい時代に入る。バブル崩壊で企業行動・消費行動とも慎重になった。企業は行きすぎた製品多様化を改め、ブランドの統合を始めた。一九九二年になると新製品開発が低下し、九三年には研究開発費も減らした。消費者の消費性向は低下の一途をたどり、逆に貯蓄性向は高まっている。この行きづまりの状況を打破するには、当面政府の財政出動を求めるしかないというので、九三年度は三回にわたる補正予算が組まれた。さらに、九三年度中に大幅減税も必要とされた。しかし、その財源をどうするか、結局、消費税の引き上げに頼るとすれば、タイム・ラグはあっても消費需要の盛り上がりはかってのようにはいかない。九四年に減税は実施された。

九〇年代に入って、まだ広告費の成長は九・七%と高い水準であった。しかし九一年になるとわずかに二・九%の成長率で、新聞やニューメディアはマイナスに落ちた。九二年は戦後二度目のマイナス成長で、前年比九五・四%であった。九三年は再びマイナスで前年比九三・九%となった。二年連続マイナス成長は、戦後初めてである。

不況を加速したのは円高にもかかわらず日本の黒字が減らないこと、冷夏、災害などが加わった。黒字を解消すべきだという海外からの圧力は強く、日本の輸入規制、さまざまな商習慣にもとづく取引の特殊性までも問題にされた。七年がかりのGATTのウルグアイ・ラウンドも九三年十二月に決着。日本は初めてコメの輸入を厳しい制限つきながら受け入れた。八〇年代に新産業革命を謳歌しながら、消費財分野ではかつての三種の神器や三C、三Vなどを上回るトリガー商品が欠けている。九〇年代こそ、住宅あるいはより充実したレジャー用品を開発すべきときだろう。日本との比較で年収五倍の家はアメリカでは普通のこと、欧米ではボート、ヨットあるいはキャンピングカーなどぜいたく品ではない。マーケティング界は政府に協力して景気浮上に手を貸すべきときだ。円高もあって、日本の一人当りGNPは二万五〇〇〇ドルを超え、世界でトップクラスになった。しかし、生活水準はそこまではいっていない。

九四年は政界の不安定さが浮き彫りになった。内閣は細川、羽田、村山と三回替わった。所得税減税と猛暑が幸いして景気は重い足どりながら回復していった。

一九九〇年はバブル経済の余波があった。しかし九一年から九四年まで停滞一色であった。この間、広告業界が手をこまねいていたわけではない。政府の規制緩和策の一環として銀行広告の自由化、クーポン広告の制限解除、大店法の見直し、住宅関連の容積率の緩和などは広告の活性化に役立つ。これらの規制緩和要請の多くが日米構造協議から生まれたように、アメリカを中心に海外広告の活躍がようやく目立つようになった。九二年二月の日米財界人協議ではGM社の会長は「こんなに規制の多い国で右ハンドル車を作るまでもない」と言い切っていながら、実際にはGM社（General Motors Corp.）のみならずフォード社（Ford Motor Co.）、クライスラー社（Chrysler Corp.）の広告が目立ち、反面、日本の自動車メーカーが売り上げ不振から広告を手控え、日米逆転の状況さえ生まれた。コンピュータでもコンパック・コンピュータ社（COMPAQ Computer Corp.）、アップル・コンピュータ社（Apple Computer, Inc.）の出稿量がNEC（日本電気）、富士通を抜いた。成長の約束されている携帯電話においてもモトローラ社（Motorola Inc.）の市場参入の道が開かれ、広告量も増し、急速にシェアを拡大した。

一九九三年にはプロ野球と並んでサッカーのJリーグが誕生した。この誕生によって、ライセンス、サブライセンス商品、関連グッズの売り上げを含めると一五〇〇億円に達したと推定されている。

こうした契約料、ライセンス商品の売上げを含めて一五〇〇億円というわけである。全広告費の三％にあたる。

一九九二年一月に日産自動車は当時、電通、博報堂、日放などに分けていた扱いを一手に絞って博報堂に預ける方針を打ち出した。アメリカではごく普通の商習慣なのだが、いわゆる一業種一社に絞ったまでである。しかし、この件は新聞、雑誌に大きく取り上げられた。アメリカのみならずヨーロッパでもこの扱いを一広告会社に集中することは普通であったから、日本の大手広告主のこの措置はようやく日本にも欧米の商習慣が定着するのかという予測まで現れた。電通は自社の社用車からすべて日産を排除し、社員の自家用車も日産をやめるように指示したともいわれた。しかし現実には日本の商習慣は根強く、日産に追随する社はなかった。しかも日産はその後、バブル崩壊後の自動車産業不振のあおりを最も大きく受け、主力の座間工場を閉鎖したり、一九九三年度決算を赤字で締めくくるなど、よいことはなく、追随する社をむしろおさえてしまった観があった。

日本の広告界には、さまざまな新しい用語が取り入れられ、一見欧米ににているが、実質は大いに違っていた。一九九二年に行われた日米クリエイティブ・プロセスの比較研究（トム・グリフィン、八巻俊雄）ではこの点を一部明らかにした。

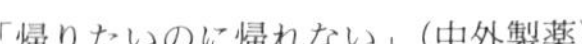
「帰りたいのに帰れない」（中外製薬）

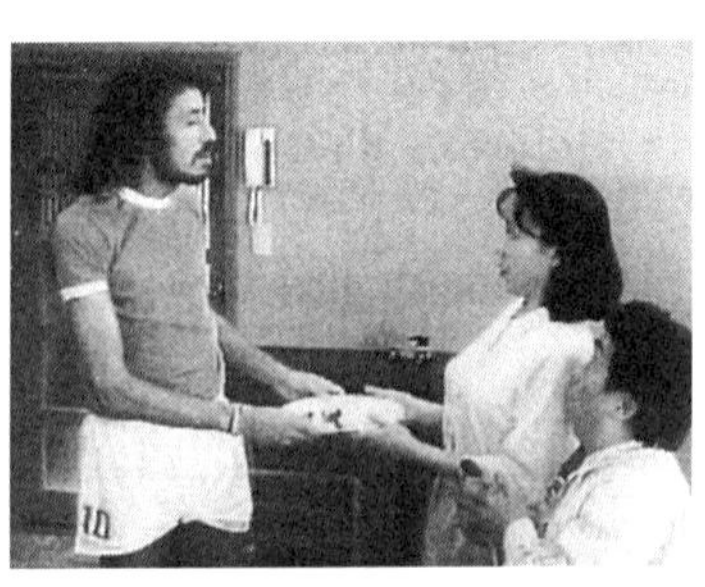
「Ｊリーグカレー」（永谷園）

停滞のなかで、広告業界の古い体質が露呈した事件があった。それはテレビ視聴率を世帯視聴率とともに個人視聴率調査を導入するという問題である。一九八七年にアメリカで始まったテレビの個人視聴率調査は、広告をターゲットごとに展開するというマーケティングの原則にしたがえば、より早くから求められていた調査指標であった。しかしテレビを見ている個人を特定するのは技術的に容易でないという理由で時間がかかった。個人を特定するのに、視聴者自身の個人番号を押してもらうアクティブな方法がまず開発されたが、この要請を調査対象者が的確に行ってくれる保証はない。そこで、センサーによって個人を特定する方法が開発された。これをパッシブ方式という。こちらは正確さに問題があるというので両者を併用する方法も提案された。日本広告主協会は一九九四年十一月から、押しボタン式に押し忘れ防止機能をつけたＶラインメーターによる個人視聴率調査をニールセン・ジャパンによって開始することに合意した。提案されてから実に七年目のこととなり、世界でも広告先進国といわれた日本は三八番目だった。

これに対してテレビ局側は再度、この方法の不正確さを理由に延期するように要請を出し、結局、九五年から実験するということになった。

広告産業を支えているのは広告を出す側の広告主、広告を掲載する側の広告媒体（マスコミ、ＳＰ媒体）と広告を扱う広告会社である。このテレビの個人視聴率問題が七年もかかってなお、決着が難しいのは、この三者の力関係がバランスを保っていないからである。広告費を負担する広告主が最も力が強いはずなのに、意外に力がない。これに対して日本では――アジア諸国も同様だが――媒体の力が強いのである。広告会社も媒体からコミッションをもらうという伝統のためか、広告主寄りというより媒体寄りなのであろう。この力関係のために今回の客観的に見れば需要者側の意見に近づくのが当然なのに、媒体側――テレビ局――が死活問題として反対したため長引いてしまった。日本ではマーケティングが完全に定着していないのであろう。

この時期を代表する広告表現には「帰りたいのに帰れない」(中外製薬)、「Jリーグカレー」(永谷園)などがある。

平成に入って、日本の広告は量的には停滞、質的にはよりクリエイティブなものをめざすようになり、媒体とともに大きな変化を遂げている。この変化に焦点をあて、まず国際環境の変化と日本の位置づけをみよう。

二　グローバリゼーションの進展

世界の広告費の伸びはこの一六年で六〇%と大幅だが、日本は一五%と四分の一だった。この一六年間のグローバリゼーションの進行の速度には驚く。筆者が初めて海外に出かけたのは一九六四年のことだが、海外の訪問先にはすべて航空郵便で予約をとった。返事をもらうには三か月ほどゆとりをもって手紙を出さなければならない。ジェット機が投入されたのは一九五六年だったが、最初はヨーロッパへ行くにもアメリカへ行くにもアラスカのアンカレッジ経由であった。空港に降りて、乗りかえのため北極の空気にふれなければならなかった。今はメールで予約し、航空機はヨーロッパもアメリカもすべて直行便だから一日もかからない。

世界の広告費は二〇〇〇年で四五七九億八〇〇〇万ドル（五九兆五二八〇億四〇〇〇万円）。このうち日本は一〇％弱だが、アジア太平洋地域では日本の占める割合は六四％である。したがって、日本の停滞がアジア太平洋地域の広告費に大きく影響してくる。日本はご存じのとおり、九〇年代四回、九二・九三年と九八・九九年と前年割れをしている（Zenith Media）。さらに二〇〇〇年に入って三回前年割れした。九〇年から二〇〇〇年までの広告費の伸びはアジア太平洋地域が一・四倍、ヨーロッパが一・八倍、北米が一・七倍で、アジア太平洋地域は日本の停滞が影響して伸び率が最低だった。(1)ヨーロッパの伸びが大きいのは共産主義体制が崩壊し、その結果広告が活性化されたからである。(2)

三　ヨーロッパの変化と現状

九〇年代には六回フランスに行った。ほとんどはパリ第七大学での講義だったが、広告の資料館を持っているクナップ（Cetre Nationale des Archives de la Publicité）や日本大使館での講演もあった。日本の広告に関して、バブル崩壊前後の話をするといろいろな質問が出るのだが、主なものは、①日本の景気後退に今こそマーケティングが必要というが、今さらどんな商品を作り出せというのか、②なぜ、日本はアメリカばかり参考にするのか、というのである。ヨーロッパ人、特にフランス人はアメリカ人を見下す雰囲気がある。もともと難民や本国でそりの合わない人たちが作った国であり、その子孫だから、いくら裕福になっても変わらぬ感情があるのだろう。日本はヨーロッパ人と接した歴史は百年強だが、アメリカ人は戦後の日本の復興を援助した。巨大な経済力を自然に学ぶのだと答えたが、満足したかどうかはわからない。広告の用語にも米語が多い。フランス人は自国語で表現する。広告はPublicité、メディアはSupportである。

フランスにいるとき、失業率が一三％を超えて、学生たちのデモがあった。しかし、フランス人は一か月のバカンスを楽しむのである。また、日本航空のパリ支店にいた深田祐介さんが、毎日犬を連れて仕事に来ているフランス人がいたので、「犬を連れて来るのは止めてほしい」といったところ、彼は会社を辞めてしまったという話[3]もある。フランス人の感覚を知ることができる。

四　急成長する中国

一方、社会主義国家の広告活動が活発になり、これが経済を押し上げている。一番典型的な国は中国である。中国のプロレタリア文化大革命は六六年、一〇年後に毛沢東が死去。七七年から鄧小平が復権して文革終結を宣言、「四つの現代化」を発表、八九年の天安門事件を経て八九年には江沢民総書記が誕生、改革開放路線は定着した。ソ連のペレストロイカより二年早い。九〇年代の経済成長率は年平均八％と高く、九〇年代に私が訪問した六回を通じて、その目ざましい変化は、日本の六〇年代を超えている。高速道路、マンションの建設は目ざましく、八〇年代には人民服を着ていた人たちが、今はファッショナブルな服装をしている。テレビ、洗濯機、冷蔵庫の普及率も都市では一〇〇パーセントに近く、平均給与は日本の一〇分の一と低いが、ベンチャーを奨励し、自家用車を持つ人も都市では一〇％を超えている。

二〇〇一年にはWTOへの加盟が決まり、〇二年には日中国交正常化三〇周年を迎えた。日本企業も続々と中国に進出している。しかし広告業の進出は欧米諸国に比べて後れをとっている。その理由は中国以外の諸外国に対してもそうだが、日本の広告業は外国の商習慣になじまず、国内の商習慣を継承しているからだ。電通も、アメリカでは二〇〇番目くらいである。フランスでは九〇年代の初頭は、オフィスは立派だがまだフランス広告業協会に入っていなかった。中国でも、二〇〇〇年の広告業ランキングを見ると、日本企業は電通が第一〇位で、欧米との合弁企業は七社も入っている。二〇〇三年にようやく第四位に入った。

その大きな原因は、日本企業の考え方が中国でも違うためである。日本人は成果よりも仕事ぶりを評価する。彼らは成果のみが評価の対象である。この点、中国人と欧米人の仕事ぶりは似ている。

五　アメリカにおける日本企業

一方、アメリカは九〇年の湾岸戦争のあと景気回復が進んだ。九〇年の夏、ニューヨークのタイムズ・スクェアを歩いていると、一人の男が「ここも日本企業が買ってしまったんだ。アメリカは戦争には勝ったが、今は日本は経済戦争で勝っている」と言っていた。しかし、日本の繁栄は長続きしなかった。

日本の貿易・為替の自由化の始まりは一九六〇年で、今から四〇年も前のことだ。そのころ、日本経済は自由化により欧米企業の進出が増え、崩壊してしまうのではないかという新聞記事が多かった。いつもマスコミはオーバーである。筆者も自動車産業、小売業など日米を対比すると十倍もの規模の差から危機感を持ったのは事実である。しかしその後、アメリカ企業で日本で大きな成果をあげたのはコカ・コーラぐらいであった。四〇年経って、今ようやく外資のコンピュータ関連、金融機関の進出が盛んである。終戦直後、ＩＢＭといえばコンピュータ（電子計算機と言った）の代名詞であった。ゼロックスは複写機の代名詞であった。しかしその後、日本製品の進出は目ざましく、これらの代名詞となった企業のシェアはトップを滑り落ちた。二〇〇一年八月に訪米したとき、ＫＰＲ（医薬関係専門広告会社で業界第一七位、二〇〇〇年の売上高二億ドル）のＭ・フェルト専務の講義を聞いているうちにパワーポイントが動かなくなった。彼は「日本製じゃない」と独り言をいっていた。まだ日本のイメージはよい。

日本は六〇年に貿易、為替を自由化し始め、ＷＴＯに加盟した。しかし、その後も自由化は段階的に進められ、外国向け広告費は日銀の了承を得ていた。このため、七五年までは「輸出広告費」が発表されていた。今は現地に進出した企業が広告を行っているので、輸出広告費という概念で含まれる広告費をカウントすることは難しい。広告会社の海外向け広告費は広告会社の調査を行っている経済産業省から発表されている。

九〇年代の海外広告費は、九二年から九五年まで四年にわたって前年を割り込んでいる。ここでも現地企業が現地の広告会社に依頼して行っている広告費は不明である。この間、輸出は減退しているわけではないので、現地での日本企業の広告活動は活発であったことは間違いないだろう(4)。

一方、海外から日本向けの広告はどうか。最大の顧客である米国からはコンピュータ、金融の広告費が増大している。これに対して、アジア諸国の場合はどうか。たしかに対外輸出は急増している。しかし広告費の増加は大きくはないのではないか。この点個別データがないが、日本企業の子会社が作った逆輸入品やアジア企業の製品でも日本のＯＥＭ（Original Equipment Manufacturing）製品として売られている場合が多いのである。九五年十一月から一か月間開かれたバレーボールのワールドカップ戦のテレビスポンサーは、韓国のサムソン電子であった。スーパー、コンビニで目にとまる韓国（サムソンのほかロッテ、真露、鏡月など）、台湾（ACER、プレジデント、雙龍など）、タイ（ジム・トンプソン）、シンガポール（タイガーバーム）、中国（青島ビールなど）の製品はさまざまあるが、これをサポートする広告は少ない[5]。

六　メディアの変貌

日本に海外の衛星放送が入り始めたのは八〇年代だが、残念ながら視聴率調査が揃っていないので、地上波との対比ができない。しかし、今ではCATVに加入すればたくさんの海外の衛星放送が見られるようになった。二〇〇一年八月にニューヨークのMTV一九チャンネルを訪問したら、音楽放送だけでトップの視聴率を得ているという。日本でも東京のJ-Comで同じ一九チャンネルで放送している。ヨーロッパでも衛星放送が始まって、TV広告を禁じていた北欧諸国も開放することになった。中国でも同様である。

最後にインターネット広告の世界の中の位置づけを見ると、前記のゼニス・メディアのレポートから二〇〇〇年のランキングを作ると、①アメリカ　六〇〇〇（単位百万ドル、以下同）、②日本　三九一・五、③ドイツ二五六・八、④フランス　一六一・九、⑤スウェーデン　一四四であった。アメリカのリードが大きい。日本は二位につけているが、〇三年の予測値ではドイツに抜かれている。しかし三位の座は守っている。

日本のインターネット広告費は九七年から組み入れている。九七年は六〇億円（対前年比三八一・三%）、九八年一一四億円（同一九〇・〇%）、九九年二四一億円（同二二一・四%）、二〇〇〇年五九〇億円（同二四四・八%）、二〇〇四年一八一四億円で、ラジオ広告を抜いた。しかし、eコマース（オンライン・ショッピング）の経験率は七・三%と低い。これに比べて米国三九・九%、スウェーデン二九・九%、韓国一二・五%である。[6]日本、韓国、シンガポールは「注文時に想像していたものと異なる商品が届く可能性がある」と不安を感じているのである。ここでも日本のグローバリゼーションは遅れているように思える。日本人は物づくりは強いが、情報やソフトには立ち遅れている。なかなか英語がうまくならない学生が多いのも、共通の秘められた問題点なのではなかろうか。

七　これからの広告――インターネット広告の時代

本書では政治広告、宗教広告、公共広告、個人広告なども扱ってきたが、広告の大部分は企業のマーケティングのために行っている。したがって、これからの広告の変化を論ずるとき、企業のマーケティングがどうなるかを展望しなければならない。

マーケティングの変化は一九六〇年代にマーケティング・セグメンテーション（細分化）、一九八〇年代にはマーケティング・フラグメンテーション（微分化）、さらに二〇〇〇年になるとワン・トゥ・ワン・マーケティングに移っている。今後は双方向マーケティングが加わるであろう。これには媒体が双方向化する技術革新が必要であろう。この変化を広告費でみると、二〇〇七年までの予測値はゼニス・オプチメディア[7]（英国の市場調査会社）のデータでは次のとおりである。世界全体では現在価格で四四二一億二一〇〇万米ドル。伸び率は二年間で一二・六%である。

また、世界のトップ十か国の二〇〇七年の広告費（予測値）は次表のとおりである。このとおり、これから広告費が伸びる地域はアフリカ、中東およびこれに隣接する国々である。過去に遡ると六〇年代の日本は五年で二倍、八〇年代は五年で三〇%成長してきた。現在のアフリカ、中東、これに隣接する国々は国連やＯＤＡ（Official Development Assistance、政府開発援助）などの支援もあって、経済成長も著しい。国別に、四年間の将来の予測をみると次のとおり。中東、アジアの後進国とみられた国々の伸び率が高い。韓国、中国はアジアだが、低成長の国はヨーロッパの国々が半数を占めている。

	2005年	2007年	伸び率(%)
北　米	175,014	194,931	11.1
欧　州	99,122	108,746	9.4
アジア/太平洋	80,392	92,109	14.1
中南米	16,875	19,554	15.3
アフリカ/中東その他	20,014	26,782	31.4
全世界	391,417	442,121	12.6

（単位：100万ドル）

	2007年
米　国	174,383
日　本	41,724
英　国	19,712
ドイツ	18,492
中　国	12,699
フランス	11,508
イタリア	10,635
スペイン	7,326
カナダ	6,760
韓　国	6,486

（単位：100万ドル）

交通手段、通信手段の発展によって、世界各国・各地域の経済格差は減少していくであろう。広告はこのための地盤づくりに貢献していくとみられる。なぜなら、広告はマーケティングの重要な一手段であるが、同時に媒体を支える役割を担っているからである。日本では新聞は売上の五〇％を広告で賄っているが、欧米では八〇％にもなる新聞が多い。雑誌も同様である。欧米では広告だけを収入源にしている雑誌もたくさんある。この場合、広告主が求める読者層をなるべく多く、場合によっては一〇〇％カバーする方法で、雑誌の経営を支えているのである。日本でもこのような経営を行っている雑誌もいくつかある。

テレビ、ラジオは国営放送を除くと、すべてを広告で賄っている。

八　商品の多様化

したがって、この旺盛な需要に応えるため、企業の商品多様化は急速に進んでいる。いくつかの例をあげると、二〇〇五年九月現在、ビールではアサヒが二九種類のブランドを売り出し、同様にキリンは二八種類、サントリーは実に四二、サッポロも二三種類のビールを売り出している。同様にシャンプーを見ると、花王は四種類と少ないが、問題を起こしたカネボウは二二種類、サンスターは四種類、資生堂は実に三〇種類、外資のユニリーバも八種類、P＆Gは七種類、コーセーは一六種類も売り出している。当然、これらをブランド別に広告を行えば、広告費の効率は悪くなるので、花王のようにブランドの整理を行なっているところもある。

いうまでもなく、ブランドづくりの大きな原因は広告であり、他に広報がある。日本では広報のウェイトが高いが、アメリカの消費者は広報でノウ・ハウを知り、広告でノウ・ホワットウィズを知るということばがある。

いま、ブランドの数がいくつあるか。日経テレコン21POS情報などでサービスされているアイテム数は四二万アイテムという。また、一日に出現している新商品は約二〇〇〇件という。とすれば、一年に七三万アイテムが登場していることになる。四二万との差を考えると、一年に三二万アイテムが消滅している計算になる。

このような激しい変化の中で、企業ブランドにも大きな変化が見られる。

いま、日経リサーチが行っている「企業ブランド知覚指数」調査の前身は日経が行っている「企業イメージ調査」で、一九六八年から継続して行われている。この調査では最初から、自動車ではトヨタ、日産、ホンダ、家電ではソニー、松下、日立、東芝などが名を連ねてきた。しかし、二〇〇五年の前記調査では一位がマイクロソフト、五位にヤフー、八位にオリエンタルランドと、これまでのいわばのれんブランドが大幅に変わり始めた。これを支えているのは媒体である。

九　媒体の変化

これまで見たように、消費者に伝える情報媒体は、明治時代に新聞と雑誌が登場し、大正時代にラジオが、昭和の戦後にテレビが誕生した。長い間、ナンバー・ワンのシェアを占めていた新聞が、一九七四年からテレビに首位を奪われた。しかし、このテレビは現在、一二七局あり、一九九六年に通信衛星を利用したCS放送が始まり、現在五〇チャンネル、また放送衛星を利用した衛星放送（BS放送）も六局になった。CS放送では囲碁・将棋チャンネル・釣りビジョン、ホームドラマチャンネル、ミステリ・チャンネル、カートゥーン・ネットワークなどの専門チャンネルがある。

しかし、テレビの民放ネットワーク系列ではタイム料金はゴールデンタイム（一八時～二三時）では三〇分一九〇万円、スポット料金も一五秒で一〇〇万円もするので、利用者は大手企業に限られている。東京企画の調査(8)では年間利用社数は二〇〇〇社弱、銘柄も一万弱である。これでは上場企業数より少ないのである。

新聞広告の料金も全国紙であれば、一段当たり三〇〇万円、一ページは四五〇〇万円するのである。そのような大きな広告を出すのは、多くの企業にとって難しい。

前記のようにブランドの数がふえるので、以上のようなマス・コミ広告に対して、インターネットの利用が急速にふえている。マス・コミ広告では直接商品を販売することを目的とするより、ブランドの信頼度を高めることを目的にしている。しかし、前記のようにＴＶでもチャンネル数の増加に伴って、ＴＶ通販の広告がふえてきたが、二〇〇四年にはＴＶ通販の広告の成長率が六・五％と、これまでの二ケタ成長に比べて鈍化した。

これに対して、インターネットを通した通販は、パソコン向けが二〇〇四年度は前年度比四一・三％とふえ、携帯電話向けは二・〇六倍という拡大基調を続けた。

インターネット広告費は二〇〇四年に、電通推計で一八一四億円になり、ラジオ広告費を抜いたことが話題になった。電通総研の推計では二〇〇五年に二七二二億円と前年比五〇％増になり、さらに四年後の二〇〇九年には五六六〇億円とさらに二倍にふえるとしている。すると雑誌広告を抜くことになるだろう。

インターネット広告の中味をウェブ広告、検索連動広告、コンテンツ連動広告、Ｅメール広告、モバイル広告の五つに分けて、その予測値を次表のように発表している。なお、ウェブ広告にはバナー広告、テ

インターネット広告費の予測結果

（単位：億円）

カテゴリー	2005年	2009年
ウェブ広告	1,700	3,304
検索連動広告	590	1,292
コンテンツ連動広告	13	139
Eメール広告	119	150
モバイル広告	300	775
計	2,722	5,660

（電通『日本の広告費』2005年）

キスト広告、リッチメディア（簡易動画）広告及び企画広告の四つが含まれる。

一方、世界のインターネット広告費の推移を見ると、二〇〇七年の予測値は北米が一一二億六一八〇万ドルで、二年間の伸び率は二七・三%、アジア太平洋は三〇億二六〇〇万ドルで二八・二%、ヨーロッパは三〇億四四〇〇万ドルで、二五・〇%、広告費全体に占めるシェアは北米が六・五%、アジア太平洋が三・三%、ヨーロッパが二・八%、中南米が〇・八%、中東、東欧などが三・九%で、全世界で四・四%である。この数字はいずれもまだ、マス・コミ四媒体を上回る結果にはなっていないが、もう二〇一〇年には、ラジオ媒体を上回ることになるであろう。

十　広告表現の変化

日本の広告は世界の広告オリンピックといわれるカンヌの国際映画祭のCM部門で入賞する機会が少なくなった。一九九六年に三本のCMが入賞し、そのうち日清食品のカップヌードルのCMは金賞を獲得した。しかしその後、二〇〇五年までに八本のCMが入賞したにすぎない。国際的な感覚が薄くなったのであろう。

一方、CMの好感率を、一五〇〇人のサンプルを得てチェックしている東京企画の調査結果をみると、平成元年の好感要因をみると、第一位は出演者（日本語ではタレント、英語ではセレブリティ）、第二位はユーモアのあるＣＭで、この傾向は調査開始以来続いている。しかし、調査開始後、目ざましく好感要因で伸びつづけているのが、平成元年当時第八位だった「商品の魅力」が翌年第七位、平成四年第六位、同七年第五位、同九年第四位に上がり、平成十六年には第三位に上がってきた。このことは、この間、ブランドの多様化が進み、新しいブランドの特色をストレートに表現することが、消費者の心を捉えるようになったことを表わしているのではなかろうか。このような傾向は欧米のＣＭの傾向と似てきたといえる。

もちろん、まだタレントの効用やユーモラスな表現が人気を呼んではいるが、商品そのものの効用をアピールすることが求められてきたことは、ブランドの多様化に対応するものと考えられる。

日本の広告表現は欧米と違って、事前に消費者の商品への好みを調査で確かめてから、消費者の最も求めている関心をアピールするという考え方になじまなかった。しかし、今は広告制作者の個性にだけ頼っていることがなくなってきた。その変化の現われであろう。そのような広告表現が続けば、再び日本ブランドの広告が海外での広告コンクールで上位に集まってくると予想される。

参考文献

第一章

（一）

（1）井上光貞・甘粕健・武田幸男、東アジア世界における日本古代史講座、『随唐帝国の出現と日本』学生社、一九八一年、一五二ページ。藤原京の源流は北魏の洛陽城としている。

（2）荒野泰典・石井正敏・村井章介、アジアのなかの日本史1『アジアと日本』東京大学出版会、一九九二年（第二版）、二一四ページ

（3）田中琢編『古都発掘――藤原京と平城京』岩波新書、一九九六年、三八ページ

［表］×於市沽遺糸九十斤蝮門　猪使門

［裏］×月三日大属従八位上津史岡万呂

（4）寺崎保広『藤原京の形成』日本史リブレット6、二〇〇二年三月、山川出版社、八七ページ

（5）広瀬久也「日本書紀にみる六つの市とそのランドマーク」『日経広告研究所報』二一〇号、二〇〇三年八・九月号、二一ページ

（三）

（1）邦訳『日葡辞書』岩波書店、一九八〇年、二四三ページ（土井忠生・森田武・長岡実編訳）

（2）宮武外骨『文明開化二　広告編』半狂堂、一九二五年、自序の二ページ

（3）Macqarie, Aboriginal Words: a dictionary of words from Australian Aboriginal and Torres Strait Islander Languages, Nick Theberger William McGregor Library Pky Ltd. 1994

(4) Diccionario Kechwa-Castellano, Castellano-Kechwa, Quinta Edicion, Los Andes, 1959

(5) 『アイヌ語イラスト辞典』和里高史・横山孝雄共著、蝸牛社、一九八七年

（その他）

『飛鳥・藤原京展』奈良国立文化財研究所創立五十周年記念、二〇〇二年「市のにぎわい」、一五二ページ

第二章

（一）

(1) 「中国広告大事記」、二〇〇四年北京でのＩＡＡ大会で配布された年表

(2) 『朴炳植・日本語の悲劇』情報センター出版局、一九八六年七月

同『ヤマト言葉の起源と古代朝鮮語』成甲書房、一九八六年

(3) 江上波夫『騎馬民族国家』中公新書、一九六七年、三二九〜三四〇ページ

（三）

(1) 『電通報』一九七二年一月十二日付、二ページ

（四）

(1) ロバート・S・カプラン著、鴨田・田中・森村訳『広告入門』大学広告社、一九六二年、二五ページ。

(2) Lo Duca, Affiche, Presse Universitaire de France 1948, p.8　邦訳は八巻俊雄訳『ポスター』白水社、一九五八年、一一ページ

(3) Printers Ink, Advertising today, yesterday, tomorrow　一九六三年、二九ページ

(4) 粟屋義純『広告原論』青山堂書店、一九三一年、一六〜一七ページ（ラムゼイ氏）

(5) 堀田善太郎『街頭宣伝学』雄文閣、一九三二年、七ページ（もっとも倫敦博物館となっている）

(6) 奥平稔『広告学概論』栗田書店、一九三三年、一六ページ

(7) 高田源清『広告法論』立命館出版部、一九三六年、二〇ページ

このほか次の著作はこのパピルスに触れていない。

一九二四年刊行の松宮三郎『広告学概論』巌松堂書店刊、同年刊行の中川静『広告と宣伝』宝文館刊、同氏の一九三○年刊

(8) 高桑末秀『広告のルーツ』日本評論社、二三ページ。しかし、高桑氏はその後の著作『広告の世界史』(日経広告研究所)でくわしく書いている。

(9) Brown Egypt Logical Studies I, Late-Egyptian Miscellanies, Ricardo A, Caminos Oxford Univercity Press, London 1954.

(五)

(1) 唐忠朴・賈斌著『実用広告学』中国工商出版社、一九八一年、一八ページ

(2) 苗杰編『現代広告学』(第二版)中国人民大学出版部、二〇〇〇年、三七ページ

(六)

(1) 福山敏男・中山修一・高橋徹、浪貝毅著『長岡京発掘』NHKブックス、一九六八年、二〇〇ページ

(2) 同書、二〇一ページ

第三章

(一)

(1) 『新訂増補・国史大系・令義解』吉川弘文館、一九八八年、二九九ページ

(2) 廣瀬久也『信仰と商い』朱鷺書房、一九九九年、九一ページ

(二)

(1) 鈴木知太郎『土佐日記』角川文庫、一九六〇年、四三、八四ページ

(2) 『特別展・やまと絵・雅(みやび)の系譜』編集発行・東京国立博物館、一九九三年

（三）

（1）金剛組ホームページ　http://www.kongogumi.co.jp/

（2）陳培愛『中外広告史』中国物价出版社、一九九七年、二六ページ。唐忠朴・賈斌著『実用広告学』中国工商出版社、一九八一年、二四ページ

（3）ロッテ・ヘリンガ著、高宮利行訳『キャクストン印刷の謎』雄松堂出版、一九九一年、三二ページ

第四章

（一）

（1）ブルース・バートン著、小林保彦訳『イエスの広告術』第五章、有斐閣、一九八四年

（2）黒田日出男、ＮＨＫ人間大学『謎解き日本史・絵画史料を読む』一九九九年、六七〜六八ページ

（3）『月刊百科』二七六号、一九八五年

（4）『新版絵巻物による日本常民生活絵札』平凡社、一九八四年

（三）

（1）高桑末秀『広告のルーツ』日本評論社、一九八一年

（2）樋口清之監修、丹羽基二著『家紋大図鑑』秋田書店、一九八二年、四二〇〜四二五ページ

（3）島武史『屋号・商標一〇〇選――ＣＩのルーツをさぐる』日本工業新聞社、一九八六年

（四）

（1）樋口清之監修・丹羽基二著『家紋大図鑑』秋田書店、一九六一年、四二〇ページ

（2）同書、四一九ページ

（その他）

「酒と日本人」『日本発見』第七号「心のふるさとをもとめて」、暁教育図書、『日本の銘酒事典』講談社、一九七八年

第五章

はじめに

（1）八巻俊雄「ブランド資産を創るのは広報か広告か――日米二〇ブランドの検証」日本広報学会第九回研究発表大会予稿集、二〇〇三年、六九ページ、七七ページ

（2）AL Ries and Laura Ries, The Fall of Advertising and The Rise of P R, 2002. Al Rise and Laura Rise.『ブランドは広告ではつくれない・広告 vs. ＰＲ』

（3）アル・ライズ、ローラ・ライズ『広告 vs. ＰＲ』共同ＰＲ株式会社、翔泳社、二〇〇三年

（一）

（1）島武史『屋号・商標一〇〇選――ＣＩのルーツをさぐる』日本工業新聞社、一九八六年

（2）井上隆明『江戸のコマーシャル文芸史』高文堂出版社、一九八六年、二二ページ

第六章

Ｉ　前期

（一）

（1）『躍動の軌跡・西川四三〇年』西川産業株式会社、一～一四ページ

（2）広瀬久也「マーケティングの世界的先駆者西川甚五郎家」（『日経広告研究所報』第二〇〇号）

（3）ＡＫＩＮＤＯ委員会編『近江商人のふるさとを歩く』サンライズ出版、二〇〇〇年、一二一ページ

（4）『西川四百年史稿本』監修・豊生治郎、編集・駒井鵞静、西川産業（株）発行、一九五六年、五三ページ

（二）

（1）八巻俊雄『日本余暇通史』（財）余暇開発センター、一九七二年、五三～五五ページ

（2）八巻俊雄『日本広告史』日本経済新聞社、一九九二年、五九～六〇ページ

（3）谷峯蔵『江戸のコピーライター』岩崎美術出版社、一九八六年、一〇五～一二五ページ
（4）伊藤竹酔『変態広告史』文芸資料研究会、一九二七年、八～一七ページ
（5）『稗官必携・戯文軌範』春陽堂、一九〇五年、八巻俊雄現代語／英訳監修、二〇〇二年CM総合研究所
（6）増田太次郎『引札、繪ビラ風俗史』青蛙房、一九八一年、二八〇～二八四ページ
（7）宮武外骨『文明開化・広告編』半狂堂、一九二五年
（8）松宮三郎『江戸歌舞伎文化と広告』東峰書房、一九七三年、一三八ページ

（その他）
井上隆明『江戸コマーシャル文芸史』高文堂出版社、一九八六年
谷峯蔵・花咲一男『洒落のデザイン』岩崎美術出版社、一九八六年
高橋克彦『江戸のニューメディア・浮世絵と情報と広告遊び』角川書店、一九九二年
林美一『東海道、色寺』三樹書房、一九七九年
小林忠『浮世絵の歴史』美術出版社、一九九八年
大伏肇『日本の広告表現千年の歩み』日経広告研究所、一九八八年
喜多川守貞『近世風俗史』文潮社書院、一九二八年（守貞謾稿）
小林忠監修『浮世絵の歴史』美術出版社、一九九八年
中村芝鶴『遊郭の世界・新吉原の思い出』評論社、一九七六年
三田村鳶魚・朝倉治彦編『江戸の花街』中央公論社
隆慶一郎『吉原御免状』新潮文庫、一九八九年
松井コレクション『逸品にみる浮世絵二五〇年』一九九八年（小田急美術館）
今野俊雄『江戸に遊ぶ』サンドケー出版部、一九九二年
季刊誌『歌舞伎』第三一号、一九七六年一月、特集・廓と歌舞伎

月刊誌『演劇界』第三三巻一号、一九七五年一月、特集・歌舞伎と遊里、そして遊女
豊田武・児玉幸多『体系日本史叢書』流通史Ⅰ、山川出版社、一九六九年
増田太次郎『江戸から明治、大正へ引札・繪びら錦繪広告』誠久新光社、一九七六年
『寛政の出版界と山東京伝』たばこと塩の博物館、一九九五年
『山東京伝全集』ぺりかん社、二〇〇三年
『式亭三馬集』本邦書籍、一九八九年
田村コレクション、引札、京都書院アーツコレクション、二〇〇三年
中村幹雄『浮世絵かぶき―歌舞伎一八番』学芸書林、一九八八年
三好一光編『江戸風俗事典』青蛙房刊、一九五九年初版　一九八七年復刊
至文堂編集部『川柳吉原風俗絵図』至文堂、一九七三年
北村長吉『吉原艶史』新人物往来社、一九八六年
有朋堂文庫『石川雅集』吉原十二刻、一九一八年
稲垣史生『江戸編年事典』青蛙房、一九六六年初版　一九八六年五版
三好一光編『江戸生業物価事典』青蛙房、一九六〇年初版　一九八七年復刊
三谷一馬『江戸吉原図聚』中公文庫、一九九二年
高橋真彦『浮世絵鑑賞事典』講談社文庫、一九八七年
高橋真彦『浮世絵ミステリーゾーン』講談社文庫、一九九一年
旅の文化研究編『落語にみる江戸の性文化』河出書房新社、一九九七年
山城由紀子『「吉原細見」の研究―元禄から寛政期まで』駒沢史学、第二四号、一九七七年、駒沢大学史学会
高橋幹夫『江戸いろざと図譜』青蛙房、一九九七年
松井コレクション『逸品にみる浮世絵二五〇年』日本経済新聞社、一九九八年
田野辺富蔵『江戸吉原細道』河出書房新社、一九九八年

三好一光『江戸風俗語事典』青蛙房、一九五九年
稲垣史生『江戸編年事典』青蛙房、一九六六年
三好一光『江戸生業物価事典』青蛙房、一九六〇年
至文堂編集部『川柳吉原風絵図』至文堂、一九七三年
その他
『江戸花街沿革誌』、一八九四年、『吉原大全』、『武江年表』、中尾達郎『すい・つう・いき』
『色道大鏡』、『洞房語園』、『甲子夜話』、『吉原天罌』、『露殿物語』、『花街風俗志』、『大八大通百手枕』、『八つ中大鏡』
『角屋案内記・長松』一九八九年四月二十二日
島原角屋俳諧資料・大谷篤蔵編集・解説・長松、一九八六年一月一日

II 中期

(一)

(1) 早稲田大学演劇博物館図書「せりふ大全」の中「切(きい)ほうもぐさ三升屋ひょうご」が広告主である。
(2) 鴻門の会、紀元前二〇六年、漢の高祖劉邦と楚の項羽とが鴻門に会し、項羽は范増（謀氏）の勧めによって、劉邦を殺そうとしたが劉邦は近臣張良の計に従って、樊噌を伴って逃れた事件。
(3) 林美一校訂『江戸廣告文學』近世風俗研究会刊、一九五七年九月『続江戸広告文学』同刊、一九六四年

III 後期

(1) 広告コピー集は筆者が現代語訳、英訳を入れて、東京企画から出版している。『ひろふ神』は一九九二年、『稗官必携戯文軌範』は二〇〇二年、『狂言綺語』は二〇〇五年中に刊行予定。
(2) 『虎屋の五世紀』二〇〇四年、『養命酒四〇〇年記念誌』二〇〇二年

第七章

（1）武藤山治『私の身の上話』國民會館、一九八八年、六六ページ

（2）筆者『日本の雑誌広告表現』雑誌広告、一九九八年六月号、日本雑誌広告協会

第八章

（1）松宮三郎『広告学概論』厳松堂書店、一九二四年九月、『広告実務』東洋出版社、一九三五年十二月、『新聞広告の諸問題』新聞之新聞社、一九三二年二月、訳書・W・D・スコット著『広告心理学』千倉書房、一九三九年九月

（2）上野陽一『統計的広告研究』早稲田大学広告研究会、一九二三年

第九章

佐々木十九『奇抜な広告で成功した実例』佐藤出版社、一九一七年二月
宮武外骨『奇態流行史・全』成光館出版、一九二二年六月
片桐祐一郎『広告実務の研究』日本広告学会、一九二三年九月
片桐祐一郎『広告辞解』日本広告学会、一九二四年八月
島田昇平『新聞と広告』大阪毎日新聞社、一九二五年五月
宮武外骨『文明開化・広告篇』一九二五年九月
伊藤竹酔『変態広告史・全』文芸資料研究会、一九二七年三月
藤澤衛彦『変態見世物史・全』文芸資料研究会、一九二七年七月
宮本良『変態商売往来・全』文芸資料研究会、一九二七年七月
大阪広告倶楽部編『広告随想』丸善、一九二七年十一月
佐々木十九訳・スコット『広告心理学』透泉閣書房、一九二四年六月
中川静『広告宣伝』萬年社、一九二四年九月

黒崎雅雄『広告文化』正路喜社、一九二五年五月
新田宇一郎『新聞広告研究』六合館、一九二八年一月
出口郁郎『新聞広告十七講』萬年社、一九二八年三月
水田健之輔『街頭広告の新研究』アトリエ社、一九三〇年六月
高木貞衛『広告界の今昔』萬年社、一九三〇年六月
粟屋義純『広告原論』青山堂、一九三一年一月
飯守勘一『生きた新聞広告論』新聞之新聞社、一九三一年九月
谷孫六『科学的宣伝戦』春秋社、一九三三年二月
飯守勘一『日本広告辞典』新聞之新聞社、一九三二年二月
奥平稔『広告学概論』栗田書店、一九三三年十月
金子弘『広告学』森山書店、一九三三年十一月
松宮三郎『広告実務』東洋出版社、一九三五年十二月
高田源清『広告法論』立命館出版部、一九三六年九月
湯澤精司『新聞業界・五五年思出噺』広告社、一九三七年六月
小山栄三『宣傳技術論』高陽書店、一九三七年十二月
思想戦展覧会『記念図鑑』内閣情報部、一九三八年
倉本長治『宣伝は勝つ』誠光堂、一九三八年一月
日本広告俱楽部『産業美術』日本広告俱楽部、一九四〇年六月
水田健之輔『本朝商業広告史』広告文化研究所、一九四〇年七月
迫太郎『日本新聞広告史』日本電報通信社、一九四〇年十一月
小山栄三『戦時宣伝論』三省堂、一九四二年七月
坂本英男・八火翁傳記編集委員會編『八火傳』日本電報通信社、一九五〇年

吉田秀雄に関しては、
片柳忠男『広告の中に生きる男』オリオン社出版部、一九五九年八月一日
同『吉田秀雄・広告の鬼』オリオン社、一九六四年九月
森崎実『忘れえぬ広告人―吉田秀雄の足跡』誠文堂新光社、一九六六年五月
永井龍雄『この人　吉田秀雄』一九七一年七月
植田正也『広告の鬼吉田秀雄からのメッセージ』日新報道、二〇〇一年十月
丹羽義信『事業の成功に宣伝実例』自由出版社、一九四六年九月
都市美技術家協会出版部編『広告法規便覧』日本学燈社、一九五〇年二月
『広告五〇年史』日本電報通信社、一九五一年
永田久光『下から読む新聞・広告記者の生活日記』学風書院、一九五四年七月
『広告六〇年史』博報堂、一九五五年
慶應義塾広告研究会編『現代広告ハンドブック』同文館、一九五八年十一月
企業広告研究会『企業広告』日本能率協会、一九六〇年八月
杉浦栄三『図説広告変遷史』中部日本新聞社、一九六一年十二月
『全日本広告連盟一〇年史』全日本広告連盟、一九六三年
『広告三代史・日本経済新聞にみる』日本経済新聞社、一九六四年十一月
長沢千代造『広告随想・砂けぶり・戦後における広告界のあゆみ』一九六四年十一月
鵜月洋『広告文の歴史・キャッチフレーズの一〇〇年』日経新書、一九六五年十二月
金沢覚太郎編著『放送文化小史・年表』日本民間放送研究所、一九六六年三月
西部謙治『広告外史』旭東通信社、一九六七年六月
『電通六六年』電通、一九六七年
『広告界二〇年のあゆみ』東京広告協会、全日本広告連盟、一九六八年

小林太三郎『広告管理の理論と実際』同文館出版、一九六八年六月
中瀬寿一『日本広告産業発達史研究』法律文化社、一九六八年四月
若園清太郎『広告をつくった人びと』ブレーン・ブックス、一九六八年四月
『東京広告協会二〇年史』東京広告協会、一九六九年
『東京広告協会三〇年史』東京広告協会、一九七八年
『新聞広告――その使い方と効果のとらえ方』日本新聞協会、一九七〇年三月
『案内広告百年史』読売広告社、ダヴィッド社、一九七〇年四月
『日本デザイン小史』一九七〇年九月
藤田幸男『新聞広告史百話』読売広告社、新泉社、一九七一年
日本広告主協会『社長の広告観』日本広告主協会、一九七二年二月
『ビデオ・リサーチ十年の歩み』一九七二年九月
『視聴率20年』ビデオ・リサーチ、一九八二年九月
西部謙治『明治広告人夜話』旭東通信社、一九七二年六月
高森有吉『どきゅめんと正路喜社』北海道正路喜社、一九七二年十月
チャールズ・Y・ヤン『広告――現代の理論と手法』同文館出版、一九七三年九月
松本剛『広告の日本史』新人物往来社、一九七三年九月
『ABC一〇年のあゆみ』日本ABC協会、一九七四年六月
『ABC二〇年のあゆみ』日本ABC協会、一九七三年
衣笠静夫『ロマンと広告』日本広告協会、一九七四年七月
織田久『広告百年史――明治・大正・昭和』世界思想社、一九七六年十二月
新井静一郎『ある広告人のエッセイ』ダヴィッド社、一九七四年九月
日本雑誌広告協会PR委員会『雑誌広告の理論と実務』日本雑誌広告協会、一九七五年四月

『日本広告業協会三〇年史』日本広告業協会、一九七六年
『日本広告主協会のあゆみ』日本広告主協会、一九七八年
渋谷重光『昭和広告証言史』宣伝会議、一九七八年五月
藤本倫夫・棚橋勇『広告野郎五〇年』カオス出版、一九七八年
山名文夫・今泉武治・新井静一郎『戦争と宣伝技術者』ダヴィッド社、一九七八年二月
『中央調査社25年の歩み』一九七九年
『広告わが社のあゆみ』日本経済広告社、一九七九年三月
『広告電通賞30年史』電通、一九七八年六月
『広告プロダクション発展史』日本制作会社連盟編、宣伝会議刊、一九七九年四月
河口静雄『広告の中の断面』全日本広告連盟、一九八〇年五月
西部謙治『私の広告春秋・裏方の50年』新聞之新聞社、一九八一年
田中兄一『日本の銀行広告史』学陽書房、一九八一年
八坂有利子『鈍根の花』三宝通信、一九八一年三月
『電通PRセンター二十年史』一九八一年九月
小学館美術編集部『幕末明治 KANBAN 展』日本テレビ放送網・読売新聞社、一九八四年
『JARO10年のあゆみ』日本広告審査機構、一九八四年
大広『広告の基本』日本能率協会、一九八四年五月
山本武利『広告の社会史』法政大学出版局、一九八四年十二月
瀬田兼丸『遠ざかる大正・私の銀座——広告代理業の草分け・弘報堂の回想とともに』新泉社、一九八六年十月
『中央宣興35年の歩み』一九八八年
『松下電器・宣伝70年史』松下電器、一九八八年十一月
名古屋銀行四〇周年記念『日本のポスター史』名古屋銀行、一九八九年九月

『広告社百年・戦後略史』広告社刊、一九九〇年八月
新見博『広告人湯沢精司』広告社刊、一九九〇年八月
大伏肇『日本傑作広告』青蛙房、一九九一年六月
『萬年社一〇〇年史』萬年社、一九九一年六月
『電通九〇年史・虹をかける者よ』電通、一九九一年六月
中井幸一『日本広告表現技術史』玄光社、一九九一年八月
深川英雄『キャッチフレーズの戦後史』岩波新書、一九九一年十一月
『日本経済社50年史』日本経済社、一九九二年十一月
根本昭二郎『広告人物語』丸善ライブラリー、一九九四年二月
『大広百年史』大広、一九九四年三月
『日本広告協会25年史』一九九五年一月
『旭通信社四〇年史』旭通信社、一九九六年六月
斎藤悦弘『広告会社の歴史』広告経済研究所、一九九七年八月
嶋村和恵・石崎徹『日本の広告研究の歴史』電通、一九九七年十月
『電通一〇〇年史』電通、二〇〇一年
『日経広告賞・一九五二―二〇〇一年』日本経済新聞社、二〇〇一年十二月
山田道夫『僕の広告営業小史 1955-1969 in NAGOYA』あっぷる出版社、二〇〇二年三月

第十章

（1）*Advertising Expenditure Forecast*, Zenith Media, December 2000.
（2）筆者「広告から見たグローバリゼーションの進行」『東京経済大学会誌』二二六号、二〇〇一年十月
（3）深田祐介『新西洋事情』北洋社、一九七五年

（4）筆者「消費者はデフレを希望している」『マーケティング・ホライズン』二〇〇一年十二月号
（5）筆者「日本における国際ブランドの課題」『東京経済大学会誌』二〇〇号、一九九六年十二月
（6）野村総合研究所「情報通信利用に関する国際比較調査」二〇〇一年一月
（7）*Advertising Expenditure Forecasts*, *Zenith Optimedia*, 2005.
（8）東京企画「CM好感度データブック」、『ヒットCM全集二〇〇四年版』二〇〇四年十二月

あとがき

広告の仕事を始めて、半世紀が過ぎた。この間、世界五〇カ国、日本の四七都道府県を訪問する機会があった。これは広告の取材と講演のためであった。このとき出会った多くの広告に関心を持っていた人たちからいただいた話で資料をまとめておく気になった。昨年（二〇〇四年）、北京で開かれたＩＡＡ（International Advertising Association）の第三六回大会で展示された中国の広告史年表には七〇〇〇年前の記録まで記されていた。これからも、まだまだ調べることが残されている。

広告の仕事を始めたときは、なかなかなじめない気持を持った。しかし、一九五七年にロベール・ゲランは「広告がなければ、われわれはまだ洞窟で暮らしているだろう」と書いていた。私はこの本を翻訳してから、広告に生きがいを感じた。最後に、私の広告観を記しておこう。

「広告は真実を、記事は建て前を伝えている」。同様に「ＣＭは真実を、番組は建て前を伝えている」といったら、奇を衒って（てら）いるという批判が出そうだが、ときに「広告は真実を、記事は嘘を、ＣＭは真実を、番組は嘘を伝えている」といい変えてもよいと思っている。一九九二年九月十九日の午後、北京広播学院で講義したとき、このことばを最初に言ったら、学生たちは笑った。政府批判の恐れもあったが、このくらいの批判はよくしているのであろう。『人民日報』の記事や北京放送（ＣＣＴＶ）のニュース番組を見ていると、中国の経済程度や中国要人が外国の要人を迎え、友好を確保したとか、いいことづくめで彼らも「ホントかいな」と思っているのであろう。笑いは同意の意味と受けとった。

ソ連の崩壊で、社会主義国の無理な情報操作が話題になった。一九七七年にモスクワを訪れたとき、『夕刊モスクワ』にたくさんの広告が出ているのを見つけた。しかも、広告は記事本体とは別に、水曜日と土曜日の週二回、記事四ページに対して、八ページの特集形式で掲載されていた。そこには歯みがきの六種類もの売り出し広告があって、消費の急激な多様化を知ることができた。また、別荘の売り出し広告もあって、私有財産のあることも知らされた。記事のほうはモスクワ市の条例が変わったとか、東欧の友好都市同士が訪問してきたとかを知らせている。政府機関紙『プラウダ』にもたまに広告があり、ウラル河上流のダムで技術者を求めている求人広告を見た。待遇条件がモスクワの六割増しもあり、かつ一〇%を支度金として支給するとある。そんな田舎へ率先、赴任する人がいないことがわかる。広告調査の必要から、この新聞の送付をナウカ社に頼んだら、本体だけは送られて来たが、広告特集はついに来なかった。何度か催促してわかったことは「広告特集は海外に出さない」ということで、「広告が真実を伝えている」ことを証明したようなものだった。

一九八六年に初めて、中国の江蘇省、浙江省などを訪問したとき、地方紙の広告に、「幼児を誘拐されたので、見つけたら連れ戻したい」というのを見た。一人っ子政策の意外な結果の一つであった。

日本の第二次世界大戦中でも、似たようなことを見ることができる。記事はどんな空襲があっても、「敵機は百機、うち三十機撃墜」と出ていた。同じ日の広告欄では「工場売却」「株式を譲渡する」の広告が並んでいるのである。大日本産業報国会の広告で「乗車券はすぐ入手できる。直ちに職場に復帰せよ！」とある。産業戦士（労働者）たちが、続々故郷へ逃げ帰ってしまったことがわかるのである。ルポライターの鈴木明は『続・誰も書かなかった台湾』の中で終戦の年、十月十日の双十節を期して、本格的な台湾の中国化が進んだという。十月十七日に新聞の行間に「国軍抵台第一歩之偉容」という見出しで、国軍の基隆港上陸を伝えた。

しかし、十月十日の広告には、北投温泉の「佳山」が「本日より、従来通り営業致します」と、わざわざ「吉田サミ」の日本人名入りで広告を出した。同じく「元食堂若松はカフェー新高華園」と中国風の名前に変えて「女給さん募集」をしているが、経営者は寺田喜代次という日本名である。このほか台湾三省堂からは『三民主義早わかり』や『読メバスグ判ル国語会話集（北京語）』が出版されている。記事がただひたすら「祖国日本に引揚げる」ことを夢見ていたように書いているのに、広告面からはしたたかに台湾に根づこうとする日本人の実態を見ることができるのである。

本書も多くの読者に少しでも広告に興味をもって見てもらいたいと思って書いた。

二〇〇五年八月

八巻俊雄

著者略歴

八巻俊雄（やまき　としお）

1932年山梨生まれ．東京大学法学部公法学科卒，日本経済新聞社企画調査部長，日経広告研究所専務理事を経て，東京経済大学名誉教授．日本広報学会理事，ＣＭ総合研究所顧問．
主な著書：『世界の広告事情』（日本経済新聞社），『広告読本』（東洋経済新報社），『広告表現の科学』（日経広告研究所），『世界の広告12使徒』（プラトー出版），『八巻俊雄全仕事』（プラトー出版，共著），『広告国際比較とグローバル戦略』（産能大出版部），『日本広告史』（日本経済新聞社）その他多数．

ものと人間の文化史　130・広告

2006年２月１日　　初版第１刷発行

発行所 財団法人 法政大学出版局

〒102-0073 東京都千代田区九段北3-2-7
電話03(5214)5540／振替00160-6-95814
印刷／平文社　製本／鈴木製本所

Printed in Japan

ISBN4-588-21301-6

ものと人間の文化史

★第9回梓会出版文化賞受賞

文化の基礎をなすと同時に人間のつくり上げたもっとも具体的な「かたち」である個々の「もの」について、その根源から問い直し、「もの」とのかかわりにおいて営々と築かれてきたくらしの具体相を通じて歴史を捉え直す

1 須藤利一編

船

海国日本では古来、漁業・水運・交易はもとより、大陸文化も船によって運ばれた。本書は造船技術、航海の模様の推移を中心に、漂流、船霊信仰、伝説の数々を語る。四六判368頁・'68

2 直良信夫

狩猟

人類の歴史は狩猟から始まった。本書は、わが国の遺跡に出土する獣骨、猟具の実証的考察をおこないながら、狩猟をつうじて発展した人間の知恵と生活の軌跡を辿る。四六判272頁・'68

3 立川昭二

からくり

〈からくり〉は自動機械であり、驚嘆すべき庶民の技術的創意がこめられている。本書は、日本と西洋のからくりを発掘・復元・遍歴し、埋もれた技術の水脈をさぐる。四六判410頁・'69

4 久下司

化粧

美を求める人間の心が生みだした化粧―その手法と道具に語らせた人間の欲望と本性、そして社会関係。歴史を遡り、全国を踏査して書かれた比類ない美と醜の文化史。四六判368頁・'70

5 大河直躬

番匠

番匠はわが国中世の建築工匠。地方・在地を舞台に開花した彼らの造型・装飾・工法等の諸技術、さらに信仰と生活等、職人以前の独自で多彩な工匠的世界を描き出す。四六判288頁・'71

6 額田巌

結び

〈結び〉の発達は人間の叡知の結晶である。本書はその諸形態および技法を作業・装飾・象徴の三つの系譜に辿り、〈結び〉のすべてを民俗学的・人類学的に考察する。四六判264頁・'72

7 平島裕正

塩

人類史に貴重な役割を果たしてきた塩をめぐって、発見から伝承・製造技術の発展過程にいたる総体を歴史的に描き出すとともに、その多彩な効用と味覚の秘密を解く。四六判272頁・'73

8 潮田鉄雄

はきもの

田下駄・かんじき・わらじなど、日本人の生活の礎となってきた伝統的はきものの成り立ちと変遷を、二〇年余の実地調査と細密な観察・描写によって辿る庶民生活史　四六判280頁・'73

9 井上宗和

城

古代城塞・城柵から近世代名の居城として集大成されるまでの日本の城の変遷を辿り、文化の各領野で果たしてきたその役割を再検討。あわせて世界城郭史に位置づける。四六判310頁・'73

10 竹 室井綽
食生活、建築、民芸、造園、信仰等々にわたって、竹と人間との交流史は驚くほど深く永い。その多岐にわたる発展の過程を個々に辿り、竹の特異な性格を浮彫にする。四六判324頁・'73

11 海藻 宮下章
古来日本人にとって生活必需品とされてきた海藻をめぐって、その採取・加工法の変遷、商品としての流通史および神事・祭事での役割に至るまでを歴史的に考証する。四六判330頁・'74

12 絵馬 岩井宏實
古くは祭礼における神への献馬にはじまり、民間信仰と絵画のみごとな結晶として民衆の手で描かれ祀り伝えられてきた各地の絵馬を豊富な写真と史料によってたどる。四六判302頁・'74

13 機械 吉田光邦
畜力・水力・風力などの自然のエネルギーを利用し、幾多の改良を経て形成された初期の機械の歩みを検証し、日本文化の形成における科学・技術の役割を再検討する。四六判242頁・'74

14 狩猟伝承 千葉徳爾
狩猟には古来、感謝と慰霊の祭祀がともない、人獣交渉の豊かで意味深い歴史があった。狩猟用具、巻物、儀式具、またけものたちの生態を通して語る狩猟文化の世界。四六判346頁・'75

15 石垣 田淵実夫
採石から運搬、加工、石積みに至るまで、石垣の造成をめぐって積み重ねられてきた石工たちの苦闘の足跡を掘り起こし、その独自な技術の形成過程と伝承を集成する。四六判224頁・'75

16 松 高嶋雄三郎
日本人の精神史に深く根をおろした松の伝承に光を当て、食用、薬用等の実用の松、祭祀・観賞用の松、さらに文学・芸能・美術に表現された松のシンボリズムを説く。四六判342頁・'75

17 釣針 直良信夫
人と魚との出会いから現在に至るまで、釣針がたどった一万有余年の変遷を、世界各地の遺跡出土物を通して実証しつつ、漁撈によって生きた人々の生活と文化を探る。四六判278頁・'76

18 鋸 吉川金次
鋸鍛冶の家に生まれ、鋸の研究を生涯の課題とする著者が、出土遺品や文献・絵画により各時代の鋸を復元・実験し、庶民の手仕事にみられる驚くべき合理性を実証する。四六判360頁・'76

19 農具 飯沼二郎／堀尾尚志
鍬と犂の交代・進化の歩みとして発達したわが国農耕文化の発展経過を世界史的視野において再検討しつつ、無名の農具たちによる驚くべき創意のかずかずを記録する。四六判220頁・'76

20 額田巌
包み
結びとともに文化の起源にかかわる〈包み〉の系譜を人類史的視野において捉え、衣・食・住をはじめ社会・経済史、信仰、祭事などにおけるその実際と役割とを描く。四六判354頁・'77

21 阪本祐二
蓮
仏教における蓮の象徴的位置の成立と深化、美術・文芸等に見る人間とのかかわりを歴史的に考察。また大賀蓮はじめ多様な品種とその来歴を紹介しつつその美を語る。四六判306頁・'77

22 小泉袈裟勝
ものさし
ものをつくる人間にとって最も基本的な道具であり、数千年にわたって社会生活を律してきたその変遷を実証的に追求し、歴史の中で果たしてきた役割を浮彫りにする。四六判314頁・'77

23-I 増川宏一
将棋I
その起源を古代インドに、我国への伝播の道すじを海のシルクロードに探り、また伝来後一千年におよぶ日本将棋の変化と発展を盤、駒、ルール等にわたって跡づける。四六判280頁・'77

23-II 増川宏一
将棋II
わが国伝来後の普及と変遷を貴族や武家・豪商の日記等に博捜し、遊戯者の歴史をあとづけると共に、中国伝来説の誤りを正し、将棋宗家の位置と役割を明らかにする。四六判346頁・'85

24 金井典美
湿原祭祀 第2版
古代日本の自然環境に着目し、各地の湿原聖地を稲作社会との関連において捉え直して古代国家成立の背景を浮彫にしつつ、水と植物にまつわる日本人の宇宙観を探る。四六判410頁・'77

25 三輪茂雄
臼
臼が人類の生活文化の中で果たしてきた役割を、各地に遺る貴重な民俗資料・伝承と実地調査にもとづいて解明。失われゆく道具のなかに、未来の生活文化の姿を探る。四六判412頁・'78

26 盛田嘉徳
河原巻物
中世末期以来の被差別部落民が生きる権利を守るために偽作し護り伝えてきた河原巻物を全国にわたって踏査し、そこに秘められた最底辺の人びとの叫びに耳を傾ける。四六判226頁・'78

27 山田憲太郎
香料 日本のにおい
焼香供養の香から趣味としての薫物へ、さらに沈香木を焚く香道へと変遷した日本の「匂い」の歴史を豊富な史料に基づいて辿り、我国風俗史の知られざる側面を描く。四六判370頁・'78

28 景山春樹
神像 神々の心と形
神仏習合によって変貌しつつも、常にその原型＝自然を保持してきた日本の神々の造型を図像学的方法によって捉え直し、その多彩な形象に日本人の精神構造をさぐる。四六判342頁・'78

29 増川宏一
盤上遊戯
祭具・占具としての発生を『死者の書』をはじめとする古代の文献にさぐり、形状・遊戯法を分類しつつその〈進化〉の過程を考察。〈遊戯者たちの歴史〉をも跡づける。四六判326頁・'78

30 田淵実夫
筆
筆の里・熊野に筆づくりの現場を訪ねて、筆匠たちの境涯と製筆の由来を克明に記録しつつ、筆の発生と変遷、種類、製筆法、さらには筆塚、筆供養にまで説きおよぶ。四六判204頁・'78

31 橋本鉄男
ろくろ
日本の山野を漂移しつづけ、高度の技術文化と幾多の伝説とをもたらした特異な旅職集団＝木地屋の生態を、その呼称、地名、伝承、文書等をもとに生き生きと描く。四六判460頁・'79

32 吉野裕子
蛇
日本古代信仰の根幹をなす蛇巫をめぐって、祭事におけるさまざまな蛇の「もどき」や各種の蛇の造型・伝承に鋭い考証を加え、忘れられたその呪性を大胆に暴き出す。四六判250頁・'79

33 岡本誠之
鋏（はさみ）
梃子の原理の発見から鋏の誕生に至る過程を推理し、日本鋏の特異な歴史的位置を明らかにするとともに、刀鍛冶等から転進した鋏職人たちの創意と苦闘の跡をたどる。四六判396頁・'79

34 廣瀬鎮
猿
嫌悪と愛玩、軽蔑と畏敬の交錯する日本人とサルとの関わりあいの歴史を、狩猟伝承や祭祀・風習、美術・工芸や芸能のなかに探り、日本人の動物観を浮彫りにする。四六判292頁・'79

35 矢野憲一
鮫
神話の時代から今日まで、津々浦々につたわるサメの伝承とサメをめぐる海の民俗を集成し、神饌、食用、薬用等に活用されてきたサメと人間のかかわりの変遷を描く。四六判292頁・'79

36 小泉袈裟勝
枡
米の経済の枢要をなす器として千年余にわたり日本人の生活の中に生きてきた枡の変遷をたどり、記録・伝承をもとにこの独特な計量器が果たした役割を再検討する。四六判322頁・'80

37 田中信清
経木
食品の包装材料として近年まで身近に存在した経木の起源を、こけら経や塔婆、木簡、屋根板等に遡って明らかにし、その製造・流通に携った人々の労苦の足跡を辿る。四六判288頁・'80

38 前田雨城
色 染と色彩
わが国古代の染色技術の復元と文献解読をもとに日本色彩史を体系づけ、赤・白・青・黒等におけるわが国独自の色彩感覚を探りつつ日本文化における色の構造を解明。四六判320頁・'80

39 吉野裕子

狐 陰陽五行と稲荷信仰

その伝承と文献を渉猟しつつ、中国古代哲学＝陰陽五行の原理の応用という独自の視点から、謎とされてきた稲荷信仰と狐との密接な結びつきを明快に解き明かす。 四六判232頁・'80

40-I 増川宏一

賭博I

時代、地域、階層を超えて連綿と行なわれてきた賭博。──その起源を古代の神判、スポーツ、遊戯等の中に探り、抑圧と許容の歴史を物語る。全III分冊の〈総説篇〉。 四六判298頁・'80

40-II 増川宏一

賭博II

古代インド文学の世界からラスベガスまで、賭博の形態・用具・方法の時代的特質を明らかにし、夥しい禁令に賭博の不滅のエネルギーを見る。全III分冊の〈外国篇〉。 四六判456頁・'82

40-III 増川宏一

賭博III

聞香、闘茶、笠附等、わが国独特の賭博を中心にその具体例を網羅し、方法の変遷に賭博の時代性を探りつつ禁令の改廃に時代の賭博観を追う。全III分冊の〈日本篇〉。 四六判388頁・'83

41-I むしゃこうじ・みのる

地方仏I

古代から中世にかけて全国各地で作られた無銘の仏像を訪ね、素朴で多様なノミの跡に民衆の祈りと地域の願望を探る。宗教の伝播、文化の創造を考える異色の紀行。 四六判256頁・'80

41-II むしゃこうじ・みのる

地方仏II

紀州や飛騨を中心に草の根の仏たちを訪ねて、その相好と像容の魅力を探り、技法を比較考証して仏像彫刻史に位置づけつつ、中世地域社会の形成と信仰の実態に迫る。 四六判260頁・'97

42 岡田芳朗

南部絵暦

田山・盛岡地方で「盲暦」として古くから親しまれてきた独得の絵解き暦を詳しく紹介しつつその全体像を復元する。その無類の生活暦は、南部農民の哀歓をつたえる。 四六判288頁・'80

43 青葉高

野菜 在来品種の系譜

蕪、大根、茄子等の日本在来野菜をめぐって、その渡来・伝播経路、品種分布と栽培のいきさつを各地の伝承や古記録をもとに辿り、畑作文化の源流とその風土を描く。 四六判368頁・'81

44 中沢厚

つぶて

弥生投弾、古代・中世の石戦と印地の様相、投石具の発達を展望しつつ、願かけの小石、正月つぶて、石こづみ等の習俗を辿り、石塊に託した民衆の願いや怒りを探る。 四六判338頁・'81

45 山田幸一

壁

弥生時代から明治期に至るわが国の壁の変遷を壁塗＝左官工事の側面から辿り直し、その技術的復元・考証を通じて建築史・文化史における壁の役割を浮き彫りにする。 四六判296頁・'81

46 小泉和子
箪笥（たんす）
★第II回江馬賞受賞
近世における箪笥の出現＝箱から抽斗への転換に着目し、以降近現代に至るその変遷を社会・経済・技術の側面からあとづける。著者自身による箪笥製作の記録を付す。四六判378頁・'82

47 松山利夫
木の実
山村の重要な食糧資源であった木の実をめぐる各地の記録・伝承を集成し、その採集・加工における幾多の試みを実地に検証しつつ、稲作農耕以前の食生活文化を復元。四六判384頁・'82

48 小泉袈裟勝
秤（はかり）
秤の起源を東西に探るとともに、わが国律令制下における中国制度の導入、近世商品経済の発展に伴う秤座の出現、明治期近代化政策による洋式秤受容等の経緯を描く。四六判326頁・'82

49 山口健児
鶏（にわとり）
神話・伝説をはじめ遠い歴史の中の鶏を古今東西の伝承・文献に探り、特に我国の信仰・絵画・文学等に遺された鶏の足跡を追って、鶏をめぐる民俗の記憶を蘇らせる。四六判346頁・'83

50 深津正
燈用植物
人類が燈火を得るために用いてきた多種多様な植物との出会いと個個の植物の来歴、特性及びはたらきを詳しく検証しつつ「あかり」の原点を問いなおす異色の植物誌。四六判442頁・'83

51 吉川金次
斧・鑿・鉋（おの・のみ・かんな）
古墳出土品や文献・絵画をもとに、古代から現代までの斧・鑿・鉋を復元・実験し、労働体験によって生まれた民衆の知恵と道具の変遷を蘇らせる異色の日本木工具史。四六判304頁・'84

52 額田巌
垣根
大和・山辺の道に神々と垣との関わりを探り、各地に垣の伝承を訪ねて、寺院の垣、民家の垣、露地の垣など、風土と生活に培われた生垣の独特のはたらきと美を描く。四六判234頁・'84

53-I 四手井綱英
森林I
森林生態学の立場から、森林のなりたちとその生活史を辿りつつ、産業の発展と消費社会の拡大により刻々と変貌する森林の現状を語り、未来への再生のみちをさぐる。四六判306頁・'85

53-II 四手井綱英
森林II
森林と人間との多様なかかわりを包括的に語り、人と自然が共生するための森や里山をいかにして創出するか、森林再生への具体的な方策を提示する21世紀への提言。四六判308頁・'98

53-III 四手井綱英
森林III
地球規模で進行しつつある森林破壊の現状を実地に踏査し、森と人が共存する日本人の伝統的自然観を未来へ伝えるために、いま何が必要なのかを具体的に提言する。四六判304頁・'00

54 酒向昇
海老（えび）
人類との出会いからエビの科学、漁法、さらには調理法を語り、めでたい姿態と色彩にまつわる多彩なエビの民俗を、地名や人名、詩歌・文学、絵画や芸能の中に探る。四六判428頁・'85

55－I 宮崎清
藁（わら）I
稲作農耕とともに二千年余の歴史をもち、日本人の全生活領域に生きてきた藁の文化を日本文化の原型として捉え、風土に根ざしたそのゆたかな遺産を詳細に検討する。四六判400頁・'85

55－II 宮崎清
藁（わら）II
床・畳から壁・屋根にいたる住居における藁の製作・使用のメカニズムを明らかにし、日本人の生活空間における藁の役割を見なおすとともに、藁の文化の復権を説く。四六判400頁・'85

56 松井魁
鮎
清楚な姿態と独特な味覚によって、日本人の目と舌を魅了しつづけてきたアユ――その形態と分布、生態、漁法等を詳述し、古今のアユ料理や文芸にみるアユにおよぶ。四六判296頁・'86

57 額田巌
ひも
物と物、人と物とを結びつける不思議な力を秘めた「ひも」の謎を追って、民俗学的視点から多角的なアプローチを試みる。『結び』、『包み』につづく三部作の完結篇。四六判250頁・'86

58 北垣聰一郎
石垣普請
近世石垣の技術者集団「穴太」の足跡を辿り、各地城郭の石垣遺構の実地調査と資料・文献をもとに石垣普請の歴史的系譜を復元しつつ石工たちの技術伝承を集成する。四六判438頁・'87

59 増川宏一
碁
その起源を古代の盤上遊戯に探ると共に、定着以来二千年の歴史を時代の状況や遊び手の社会環境との関わりにおいて跡づける。逸話や伝説を排して綴る初の囲碁全史。四六判366頁・'87

60 南波松太郎
日和山（ひよりやま）
千石船の時代、航海の安全のために観天望気した日和山――多くは忘れられ、あるいは失われた船舶・航海史の貴重な遺跡を追って、全国津々浦々におよんだ調査紀行。四六判382頁・'88

61 三輪茂雄
篩（ふるい）
臼とともに人類の生産活動に不可欠な道具であった篩、箕(み)、笊(ざる)の多彩な変遷を豊富な図解入りでたどり、現代技術の先端に再生するまでの歩みをえがく。四六判334頁・'89

62 矢野憲一
鮑（あわび）
縄文時代以来、貝肉の美味と貝殻の美しさによって日本人を魅了し続けてきたアワビ――その生態と養殖、神饌としての歴史、漁法、螺鈿の技法からアワビ料理に及ぶ。四六判344頁・'89

63 **絵師** むしゃこうじ・みのる

日本古代の渡来画工から江戸前期の菱川師宣まで、時代の代表的絵師の列伝で辿る絵画制作の文化史。前近代社会における絵画の意味や芸術創造の社会的条件を考える。四六判230頁 '90

64 **蛙**（かえる） 碓井益雄

動物学の立場からその特異な生態を描き出すとともに、和漢洋の文献資料を駆使して故事・習俗・神事・民話・文芸・美術工芸にわたる蛙の多彩な活躍ぶりを活写する。四六判382頁 '89

65-I **藍**（あい） **I** 風土が生んだ色 竹内淳子

全国各地の〈藍の里〉を訪ねて、藍栽培から染色・加工のすべてにわたり、藍とともに生きた人々の伝承を克明に描き、風土と人間が生んだ〈日本の色〉の秘密を探る。四六判416頁 '91

65-II **藍**（あい） **II** 暮らしが育てた色 竹内淳子

日本の風土に生まれ、伝統に育てられた藍が、今なお暮らしの中で生き生きと活躍しているさまを、手わざに生きる人々との出会いを通じて描く。藍の里紀行の続篇。四六判406頁 '99

66 **橋** 小山田了三

丸木橋・舟橋・吊橋から板橋・アーチ型石橋まで、人々に親しまれてきた各地の橋を訪ねて、その来歴と築橋の技術伝承を辿り、土木文化の伝播・交流の足跡をえがく。四六判312頁 '91

67 **箱** 宮内悊 ★平成三年度日本技術史学会賞受賞

日本の伝統的な箱（櫃）と西欧のチェストを比較文化史の視点から考察し、居住・収納・運搬・装飾の各分野における箱の重要な役割とその多彩な文化を浮彫りにする。四六判390頁 '91

68-I **絹** **I** 伊藤智夫

養蚕の起源を神話や説話に探り、伝来の時期とルートを跡づけ、記紀・万葉の時代から近世に至るまで、それぞれの時代・社会・階層が生み出した絹の文化を描き出す。四六判304頁 '92

68-II **絹** **II** 伊藤智夫

生糸と絹織物の生産と輸出が、わが国の近代化にはたした役割を描くと共に、養蚕の道具、信仰や庶民生活にわたる養蚕と絹の民俗、さらには蚕の種類と生態におよぶ。四六判294頁 '92

69 **鯛**（たい） 鈴木克美

古来「魚の王」とされてきた鯛をめぐって、その生態・味覚から漁法、祭り、工芸、文芸にわたる多彩な伝承文化を語りつつ、鯛と日本人とのかかわりの原点をさぐる。四六判418頁 '92

70 **さいころ** 増川宏一

古代神話の世界から近現代の博徒の動向まで、さいころの役割を各時代・社会に位置づけ、木の実や貝殻のさいころから投げ棒型や立方体のさいころへの変遷をたどる。四六判374頁 '92

71　樋口清之
木炭
炭の起源から炭焼、流通、経済、文化にわたる木炭の歩みを歴史・考古・民俗の知見を総合して描き出し、独自で多彩な文化を育んできた木炭の尽きせぬ魅力を語る。四六判296頁・'93

72　朝岡康二
鍋・釜（なべ・かま）
日本をはじめ韓国、中国、インドネシアなど東アジアの各地を歩きながら鍋・釜の製作と使用の現場に立ち会い、調理をめぐる庶民生活の変遷とその交流の足跡を探る。四六判326頁・'93

73　田辺悟
海女（あま）
その漁の実際と社会組織、風習、信仰、民具などを克明に描くとともに海女の起源・分布・交流を探り、わが国漁撈文化の古層としての海女の生活と文化をあとづける。四六判294頁・'93

74　刀禰勇太郎
蛸（たこ）
蛸をめぐる信仰や多彩な民間伝承を紹介するとともに、その生態・分布・捕獲法・繁殖と保護・調理法などを集成し、日本人と蛸との知られざるかかわりの歴史を探る。四六判370頁・'94

75　岩井宏實
曲物（まげもの）
桶・樽出現以前から伝承され、古来最も簡便・重宝な木製容器として愛用された曲物の加工技術と機能・利用形態の変遷をさぐり、手づくりの「木の文化」を見なおす。四六判318頁・'94

76-I　石井謙治
和船 I
★第49回毎日出版文化賞受賞

江戸時代の海運を担った千石船（弁才船）について、その構造と技術、帆走性能を綿密に調査し、通説の誤りを正すとともに、海難と信仰、船絵馬等の考察にもおよぶ。四六判436頁・'95

76-II　石井謙治
和船 II
★第49回毎日出版文化賞受賞

造船史から見た著名な船を紹介し、遣唐使船や遣欧使節船、幕末の洋式船における外国技術の導入について論じつつ、船の名称と船型を海船・川船にわたって解説する。四六判316頁・'95

77-I　金子功
反射炉 I
日本初の佐賀鍋島藩の反射炉と精錬方＝理化学研究所、島津藩の反射炉と集成館＝近代工場群を軸に、日本の産業革命の時代における人と技術を現地に訪ねて発掘する。四六判244頁・'95

77-II　金子功
反射炉 II
伊豆韮山の反射炉をはじめ、全国各地の反射炉建設にかかわった有名無名の人々の足跡をたどり、開国か攘夷かに揺れる幕末の政治と社会の悲喜劇をも生き生きと描く。四六判226頁・'95

78-I　竹内淳子
草木布（そうもくふ）I
風土に育まれた布を求めて全国各地を歩き、木綿普及以前に山野の草木を利用して豊かな衣生活文化を築き上げてきた庶民の知られざる知恵のかずかずを実地にさぐる。四六判282頁・'95

78-II 竹内淳子

草木布（そうもくふ）II

アサ、クズ、シナ、コウゾ、カラムシ、フジなどの草木の繊維から、どのようにして糸を採り、布を織っていたのか——聞書きをもとに忘れられた技術と文化を発掘する。四六判282頁・'95

79-I 増川宏一

すごろくI

古代エジプトのセネト、ヨーロッパのバクギャモン、中近東のナルド、中国の双陸などの系譜に日本の盤雙六を位置づけ、遊戯・賭博としてのその数奇なる運命を辿る。四六判312頁・'95

79-II 増川宏一

すごろくII

ヨーロッパの鵞鳥のゲームから日本中世の浄土双六、近世の華麗な絵双六、さらには近現代の少年誌の附録まで、絵双六の変遷を追って時代の社会・文化を読みとる。四六判390頁・'95

80 安達巖

パン

古代オリエントに起ったパン食文化が中国・朝鮮を経て弥生時代の日本に伝えられたことを史料と伝承をもとに解明し、わが国パン食文化二〇〇〇年の足跡を描き出す。四六判260頁・'96

81 矢野憲一

枕（まくら）

神さまの枕・大嘗祭の枕から枕絵の世界まで、人生の三分の一を共に過す枕をめぐって、その材質の変遷を辿り、伝説と怪談、俗信と民俗、エピソードを興味深く語る。四六判252頁・'96

82-I 石村真一

桶・樽（おけ・たる）I

日本、中国、朝鮮、ヨーロッパにわたる厖大な資料を集成してその豊かな文化の系譜を探り、東西の木工技術史を比較しつつ世界史的視野から桶・樽の文化を描き出す。四六判388頁・'97

82-II 石村真一

桶・樽（おけ・たる）II

多数の調査資料と絵画・民俗資料をもとにその製作技術を復元し、東西の木工技術を比較考証しつつ、技術文化史の視点から桶・樽製作の実態とその変遷を跡づける。四六判372頁・'97

82-III 石村真一

桶・樽（おけ・たる）III

樹木と人間とのかかわり、製作者と消費者とのかかわりを通じて桶樽と生活文化の変遷を考察し、木材資源の有効利用という視点から桶樽の文化史的役割を浮彫にする。四六判352頁・'97

83-I 白井祥平

貝I

世界各地の現地調査と文献資料を駆使して、古来至高の財宝とされてきた宝貝のルーツとその変遷を探り、貝と人間とのかかわりの歴史を「貝貨」の文化史として描く。四六判386頁・'97

83-II 白井祥平

貝II

サザエ、アワビ、イモガイなど古来人類とかかわりの深い貝をめぐって、その生態・分布・地方名、装身具や貝貨としての利用法などを豊富なエピソードを交えて語る。四六判328頁・'97

83-III 白井祥平
貝III
シンジュガイ、ハマグリ、アカガイ、シャコガイなどをめぐって世界各地の民族誌を渉猟し、それらが人類文化に残した足跡を辿る。参考文献一覧／総索引を付す。 四六判392頁 '97

84 有岡利幸
松茸（まつたけ）
秋の味覚として古来珍重されてきた松茸の由来を求めて、稲作文化と里山（松林）の生態系から説きおこし、日本人の伝統的生活文化の中に松茸流行の秘密をさぐる。 四六判296頁 '97

85 朝岡康二
野鍛冶（のかじ）
鉄製農具の製作・修理・再生を担ってきた農鍛冶の歴史的役割を探り、近代化の大波の中で変貌する職人技術の実態をアジア各地のフィールドワークを通して描き出す。 四六判280頁 '98

86 菅 洋
稲 品種改良の系譜
作物としての稲の誕生、稲の渡来と伝播の経緯から説きおこし、明治以降主として庄内地方の民間育種家の手によって飛躍的発展をとげたわが国品種改良の歩みを描く。 四六判332頁 '98

87 吉武利文
橘（たちばな）
永遠のかぐわしい果実として日本の神話・伝説に特別の位置を占めて語り継がれてきた橘をめぐって、その育まれた風土とかずかずの伝承の中に日本文化の特質を探る。 四六判286頁 '98

88 矢野憲一
杖（つえ）
神の依代としての杖や仏教の錫杖に杖と信仰とのかかわりを探り、人類が突きつつ歩んだその歴史と民俗を興味ぶかく語る。多彩な材質と用途を網羅した杖の博物誌。 四六判314頁 '98

89 渡部忠世／深澤小百合
もち（糯・餅）
モチイネの栽培・育種から食品加工、民俗、儀礼にわたってそのルーツと伝承の足跡をたどり、アジア稲作文化という広範な視野からこの特異な食文化の謎を解明する。 四六判330頁 '98

90 坂井健吉
さつまいも
その栽培の起源と伝播経路を跡づけるとともに、わが国伝来後四百年の経緯を詳細にたどり、世界に冠たる育種と栽培・利用法を築いた人々の知られざる足跡をえがく。 四六判328頁 '99

91 鈴木克美
珊瑚（さんご）
海岸の自然保護に重要な役割を果たす岩石サンゴから宝飾品として知られる宝石サンゴまで、人間生活と深くかかわってきたサンゴの多彩な姿を人類文化史として描く。 四六判370頁 '99

92-I 有岡利幸
梅I
万葉集、源氏物語、五山文学などの古典や天神信仰に表れた梅の足跡を克明に辿りつつ日本人の精神史に刻印された梅を浮彫にし、梅と日本人の二〇〇〇年史を描く。 四六判274頁 '99

92-II 有岡利幸
梅II
その植生と栽培、伝承、梅の名所や鑑賞法の変遷から戦前の国定教科書に表れた梅まで、梅と日本人との多彩なかかわりを探り、桜との対比において梅の文化史を描く。四六判338頁・'99

93 福井貞子
木綿口伝（もめんくでん） 第2版
老女たちからの聞書を経糸とし、厖大な遺品・資料を緯糸として、母から娘へと幾代にも伝えられた手づくりの木綿文化を掘り起し、近代の木綿の盛衰を描く。増補版 四六判336頁・'00

94 増川宏一
合せもの
「合せる」には古来、一致させるの他に、競う、闘う、比べる等の意味があった。貝合せや絵合せ等の遊戯・賭博を中心に、広範な人間の営みを「合せる」行為に辿る。四六判300頁・'00

95 福井貞子
野良着（のらぎ）
明治初期から昭和四〇年までの野良着を収集・分類・整理し、それらの用途と年代、形態、材質、重量、呼称などを精査して、働く庶民の創意にみちた生活史を描く。四六判292頁・'00

96 山内昶
食具（しょくぐ）
東西の食文化に関する資料を渉猟し、食法の違いを人間の自然に対するかかわり方の違いとして捉えつつ、食具を人間と自然をつなぐ基本的な媒介物として位置づける。四六判290頁・'00

97 宮下章
鰹節（かつおぶし）
黒潮からの贈り物・カツオの漁法から鰹節の製法や食法、商品としての流通までを歴史的に展望するとともに、沖縄やモルジブ諸島の調査をもとにそのルーツを探る。四六判382頁・'00

98 出口晶子
丸木舟（まるきぶね）
先史時代から現代の高度文明社会まで、もっとも長期にわたり使われてきた刳り舟に焦点を当て、その技術伝承を辿りつつ、森や水辺の文化の広がりと動態をえがく。四六判324頁・'01

99 有岡利幸
梅干（うめぼし）
日本人の食生活に不可欠の自然食品・梅干をつくりだした先人たちの知恵に学ぶとともに、健康増進に驚くべき薬効を発揮する、その知られざるパワーの秘密を探る。四六判300頁・'01

100 森郁夫
瓦（かわら）
仏教文化と共に中国・朝鮮から伝来し、一四〇〇年にわたり日本の建築を飾ってきた瓦をめぐって、発掘資料をもとにその製造技術、形態、文様などの変遷をたどる。四六判320頁・'01

101 長澤武
植物民俗
衣食住から子供の遊びまで、幾世代にも伝承された植物をめぐる暮らしの知恵を克明に記録し、高度経済成長期以前の農山村の豊かな生活文化を愛惜をこめて描き出す。四六判348頁・'01

102 向井由紀子／橋本慶子

箸（はし）

そのルーツを中国、朝鮮半島に探るとともに、日本人の食生活に不可欠の食具となり、日本文化のシンボルとされるまでに洗練された箸の文化の変遷を総合的に描く。　四六判３３４頁・'01

103 赤羽正春

採集　ブナ林の恵み

縄文時代から今日に至る採集・狩猟民の暮らしを復元し、動物の生態系と採集生活の関連を明らかにしつつ、民俗学と考古学の両面から山に生かされた人々の姿を描く。　四六判２９８頁・'01

104 秋田裕毅

下駄　神のはきもの

古墳や井戸等から出土する下駄に着目し、下駄が地上と地下の他界を結ぶ聖なるはきものであったという大胆な仮説を提出、日本の神々の忘れられた側面を浮彫にする。　四六判３０４頁・'02

105 福井貞子

絣（かすり）

膨大な絣遺品を収集・分類し、絣産地を実地に調査して絣の技法と文様の変遷を地域別・時代別に跡づけ、明治・大正・昭和の手づくりの染織文化の盛衰を描き出す。　四六判３１０頁・'02

106 田辺悟

網（あみ）

漁網を中心に、網に関する基本資料を網羅して網の変遷と網をめぐる民俗を体系的に描き出し、網の文化を集成する。「網に関する小事典」「網のある博物館」を付す。　四六判３１６頁・'02

107 斎藤慎一郎

蜘蛛（くも）

「土蜘蛛」の呼称で畏怖される一方「クモ合戦」など子供の遊びとしても親しまれてきたクモと人間との長い交渉の歴史をその深層に遡って追究した異色のクモ文化論。　四六判３２０頁・'02

108 むしゃこうじ・みのる

襖（ふすま）

襖の起源と変遷を建築史・絵画史の中に探りつつその用と美を浮彫にし、衝立・障子・屏風等と共に日本建築の空間構成に不可欠の建具となるまでの経緯を描き出す。　四六判２７０頁・'02

109 川島秀一

漁撈伝承（ぎょろうでんしょう）

漁師たちからの聞き書きをもとに、寄り物、船霊、大漁旗など、漁撈にまつわる〈もの〉の伝承を集成し、海の道によって運ばれた習俗や信仰の民俗地図を描き出す。　四六判３３４頁・'03

110 増川宏一

チェス

世界中に数億人の愛好者を持つチェスの起源と文化を、欧米における膨大な研究の蓄積を渉猟しつつ探り、日本への伝来の経緯から美術工芸品としてのチェスにおよぶ。　四六判２９８頁・'03

111 宮下章

海苔（のり）

海苔の歴史は厳しい自然とのたたかいの歴史だった――採取から養殖、加工、流通、消費に至る先人たちの苦難の歩みを史料と実地調査によって浮彫にする食物文化史。　四六判　　頁・'03

112 屋根 檜皮葺と柿葺 原田多加司

屋根葺師一〇代の著者が、自らの体験と職人の本懐を語り、連綿として受け継がれてきた伝統の手わざを体系的にたどりつつ伝統技術の保存と継承の必要性を訴える。 四六判340頁・'03

113 水族館 鈴木克美

初期水族館の歩みを創始者たちの足跡を通して辿りなおし、水族館をめぐる社会の発展と風俗の変遷を描き出すとともにその未来像をさぐる初の〈日本水族館史〉の試み。 四六判290頁・'03

114 古着（ふるぎ） 朝岡康二

仕立てと着方、管理と保存、再生と再利用等にわたり衣生活の変容を近代の日常生活の変化として捉え直し、衣服をめぐるリサイクル文化が形成される経緯を描き出す。 四六判292頁・'03

115 柿渋（かきしぶ） 今井敬潤

染料・塗料をはじめ生活百般の必需品であった柿渋の伝承を記録し、文献資料をもとにその製造技術と利用の実態を明らかにして、忘れられた豊かな生活技術を見直す。 四六判294頁・'03

116-I 道I 武部健一

道の歴史を先史時代から説き起こし、古代律令制国家の要請によって駅路が設けられ、しだいに幹線道路として整えられてゆく経緯を技術史・社会史の両面からえがく。 四六判248頁・'03

116-II 道II 武部健一

中世の鎌倉街道、近世の五街道、近代の開拓道路から現代の高速道路網までを通観し、道路を拓いた人々の手によって今日の交通ネットワークが形成された歴史を語る。 四六判280頁・'03

117 かまど 狩野敏次

日常の煮炊きの道具であるとともに祭りと信仰に重要な位置を占めてきたカマドをめぐる忘れられた伝承を掘り起こし、民俗空間の壮大なコスモロジーを浮彫りにする。 四六判292頁・'04

118-I 里山I 有岡利幸

縄文時代から近世までの里山の変遷を人々の暮らしと植生の変化の両面から跡づけ、その源流を記紀万葉に描かれた里山の景観や大和・三輪山の古記録・伝承等に探る。 四六判276頁・'04

118-II 里山II 有岡利幸

明治の地租改正による山林の混乱、相次ぐ戦争による山野の荒廃、エネルギー革命、高度成長による大規模開発など、近代化の荒波に翻弄される里山の見直しを説く。 四六判274頁・'04

119 有用植物 菅 洋

人間生活に不可欠のものとして利用されてきた身近な植物たちの来歴と栽培・育種・品種改良・伝播の経緯を平易に語り、植物と共に歩んだ文明の足跡を浮彫りにする。 四六判324頁・'04

120-I 山下渉登
捕鯨 I
世界の海で展開された鯨と人間との格闘の歴史を振り返り、「大航海時代」の副産物として開始された捕鯨業の誕生以来四〇〇年にわたる盛衰の社会的背景をさぐる。 四六判314頁・'04

120-II 山下渉登
捕鯨 II
近代捕鯨の登場により鯨資源の激減を招き、捕鯨の規制・管理のための国際条約締結に至る経緯をたどり、グローバルな課題としての自然環境問題を浮き彫りにする。 四六判312頁・'04

121 竹内淳子
紅花（べにばな）
栽培、加工、流通、利用の実際を現地に探訪して紅花とかかわってきた人々からの聞き書きを集成し、忘れられた〈紅花文化〉を復元しつつその豊かな味わいを見直す。 四六判346頁・'04

122-I 山内昶
もののけ I
日本の妖怪変化、未開社会の〈マナ〉、西欧の悪魔やデーモンを比較考察し、名づけ得ぬ未知の対象を指す万能のゼロ記号〈もの〉をめぐる人類文化史を跡づける博物誌。 四六判320頁・'04

122-II 山内昶
もののけ II
日本の鬼、古代ギリシアのダイモン、中世の異端狩り・魔女狩り等々をめぐり、自然＝カオスと文化＝コスモスの対立の中で〈野生の思考〉が果たしてきた役割をさぐる。 四六判280頁・'04

123 福井貞子
染織（そめおり）
自らの体験と膨大な残存資料をもとに、糸づくりから織り、染めにわたる手づくりの豊かな生活文化を見直す。創意にみちた手わざのかずかずを復元する庶民生活誌。 四六判294頁・'05

124-I 長澤武
動物民俗 I
神として崇められたクマやシカをはじめ、人間にとって不可欠の鳥獣や魚、さらには人間を脅かす動物など、多種多様な動物たちと交流してきた人々の暮らしの民俗誌。 四六判264頁・'05

124-II 長澤武
動物民俗 II
動物の捕獲法をめぐる各地の伝承を紹介するとともに、全国で語り継がれてきた多彩な動物民話・昔話を渉猟し、暮らしの中で培われた動物フォークロアの世界を描く。 四六判266頁・'05

125 三輪茂雄
粉（こな）
粉体の研究をライフワークとする著者が、粉食の発見からナノテクノロジーまで、人類文明の歩みを〈粉〉の視点から捉え直した壮大なスケールの〈文明の粉体史観〉 四六判302頁・'05

126 矢野憲一
亀（かめ）
浦島伝説や「兎と亀」の昔話によって親しまれてきた亀のイメージの起源を探り、古代の亀卜の方法から、亀にまつわる信仰と迷信、鼈甲細工やスッポン料理におよぶ。 四六判330頁・'05

127 川島秀一

カツオ漁

一本釣り、カツオ漁場、船上の生活、船霊信仰、祭りと禁忌など、カツオ漁にまつわる漁師たちの伝承を集成し、黒潮に沿って伝えられた漁民たちの文化を掘り起こす。四六判370頁・'05

128 佐藤利夫

裂織（さきおり）

木綿の風合いと強靭さを生かした裂織の技と美をすぐれたリサイクル文化として見なおす。東西文化の中継地・佐渡の古老たちからの聞書をもとに歴史と民俗をえがく。四六判308頁・'05

129 今野敏雄

イチョウ

「生きた化石」として珍重されてきたイチョウの生い立ちと人々の生活文化とのかかわりの歴史をたどり、この最古の樹木に秘められたパワーを最新の中国文献にさぐる。四六判312頁・'05

130 八巻俊雄

広告

のれん、看板、引札からインターネット広告までを通観し、いつの時代にも広告が人々の暮らしと密接にかかわって独自の文化を形成してきた経緯を描く広告の文化史。四六判276頁・'06